内蒙古民族文化通鉴·研究系列丛书

母语视角中的游牧族群认同史探

喻权中◎著

中国社会科学出版社

图书在版编目(CIP)数据

母语视角中的游牧族群认同史探／喻权中著. —北京：中国社会科学出版社，2023. 3

(内蒙古民族文化通鉴. 研究系列丛书)

ISBN 978-7-5227-1836-1

Ⅰ. ①母… Ⅱ. ①喻… Ⅲ. ①游牧民族—民族历史—研究—中国 Ⅳ. ①K289

中国国家版本馆 CIP 数据核字(2023)第 087537 号

出 版 人 赵剑英
责任编辑 宫京蕾
责任校对 夏慧萍
责任印制 郝美娜

出　　版 中国社会科学出版社
社　　址 北京鼓楼西大街甲 158 号
邮　　编 100720
网　　址 http：//www. csspw. cn
发 行 部 010-84083685
门 市 部 010-84029450
经　　销 新华书店及其他书店

印刷装订 北京君升印刷有限公司
版　　次 2023 年 3 月第 1 版
印　　次 2023 年 3 月第 1 次印刷

开　　本 710×1000 1/16
印　　张 19. 75
插　　页 2
字　　数 334 千字
定　　价 118. 00 元

《内蒙古民族文化通鉴》

编委会

《内蒙古民族文化通鉴》总序

乌　兰

“内蒙古民族文化研究建设工程”成果集成——《内蒙古民族文化通鉴》（简称《通鉴》）六大系列数百个子项目的出版物将陆续与学界同仁和广大读者见面了。这是内蒙古民族文化传承保护建设中的一大盛事，也是对中华文化勃兴具有重要意义的一大幸事。借此《通鉴》出版之际，谨以此文献给所有热爱民族文化，坚守民族文化的根脉，为民族文化薪火相传而殚智竭力、辛勤耕耘的人们。

一

内蒙古自治区位于祖国北部边疆，土地总面积118.3万平方公里，占中国陆地国土总面积的八分之一，现设9市3盟2个计划单列市，全区共有102个旗县（市、区），自治区首府为呼和浩特。2014年，内蒙古总人口2504.81万，其中蒙古族人口458.45万，汉族人口1957.69万，包括达斡尔族、鄂温克族、鄂伦春族“三少”自治民族在内的其他少数民族人口88.67万；少数民族人口约占总人口的21.45%，汉族人口占78.15%，是蒙古族实行区域自治、多民族和睦相处的少数民族自治区。内蒙古由东北向西南斜伸，东西直线距离2400公里，南北跨度1700公里，横跨东北、华北、西北三大区，东含大兴安岭，西包阿拉善高原，南有河套、阴山，东南西与8省区毗邻，北与蒙古国、俄罗斯接壤，国境线长达4200公里。内蒙古地处中温带大陆气候区，气温自大兴安岭向东南、西南递增，降水自东南向西北递减，总体上干旱少雨，四季分明，寒暑温差很大。全区地理上大致属蒙古高原南部，从东到西地貌多样，有茂密的森林，广袤的草原，丰富的矿藏，是中国为数不多的资源富集大区。

内蒙古民族文化的主体是自治区主体民族蒙古族的文化，同时也包括达斡尔族、鄂温克族、鄂伦春族等人口较少世居民族多姿多彩的文化和汉族及其他各民族的文化。

“内蒙古”一词源于清代“内札萨克蒙古”，相对于“外扎萨克蒙古”即“外蒙古”。自远古以来，这里就是人类繁衍生息的一片热土。1973年在呼和浩特东北发现的大窑文化，与周口店第一地点的“北京人”属同一时期，距今50—70万年。1922年在内蒙古伊克昭盟乌审旗萨拉乌苏河发现的河套人及萨拉乌苏文化、1933年在呼伦贝尔扎赉诺尔发现的扎赉诺尔人，分别距今3.5—5万年和1—5万年。到了新石器时代，人类不再完全依赖天然食物，而已经能够通过自己的劳动生产食物。随着最后一次冰河期的迅速消退，气候逐渐转暖，原始农业在中国北方地区发展起来。到了公元前6000—前5000年，内蒙古东部和西部两个亚文化区先后都有了原始农业。

“红山诸文化”（苏秉琦语）和海生不浪文化的陆续兴起，使原始定居农业逐渐成为主导的经济类型。红山文化庙、坛、冢的建立，把远古时期的祭祀礼仪制度及其规模推进到一个全新的阶段，使其内容空前丰富，形式更加规范。“中华老祖母雕像”“中华第一龙”“中华第一凤”——这些在中华文明史上具有里程碑意义的象征物就是诞生在内蒙古西辽河流域的红山文化群。红山文化时期的宗教礼仪反映了红山文化时期社会的多层次结构，表明“‘产生了植根于公社，又凌驾于公社之上的高一级的社会组织形式’（苏秉琦语——引者注），这已不是一般意义上的新石器时代文化概念所能包容的，文明的曙光已照耀在东亚大地上”①。

然而，由于纪元前5000年和纪元前2500年前后，这里的气候出现过几次大的干旱及降温，原始农业在这里已经不再适宜，从而迫使这一地区的原住居民去调整和改变生存方式。夏家店文化下层到上层、朱开沟文化一至五段的变迁遗迹，充分证明了这一点。气候和自然环境的变化、生产力的进一步发展，必然促使这里的人类去寻找更适合当地生态条件、创造具有更高劳动生产率的生产方式。于是游牧经济、游牧文化诞生了。

---

① 田广金、郭素新：《北方文化与匈奴文明》，江苏教育出版社2005年版，第131页。

历史上的游牧文化区，基本处于北纬40度以北，主要地貌单元包括山脉、高原草原、沙漠，其间又有一些大小河流、淡水咸水湖泊等。处于这一文化带上的蒙古高原现今冬季的平均气温在-10℃—20℃之间，年降雨量在400毫米以下，干燥指数在1.5—2之间。主要植被是各类耐寒的草本植物和灌木。自更新世以来，以有蹄类为主的哺乳动物在这一地区广泛分布。这种生态条件，在当时的生产力水平下，对畜牧业以外的经济类型而言，其制约因素无疑大于有利因素，而选择畜牧、游牧业，不仅是这种生态环境条件下的最佳选择，而且应该说是伟大的发明。比起从前在原始混合型经济中饲养少量家畜的阶段，逐水草而居，“依天地自然之利，养天地自然之物”的游牧生产、生活方式有了质的飞跃。按照人类学家L. 怀特、M. D. 萨赫林斯关于一定文化级差与一定能量控驭能力相对应的理论，一头大型牲畜的生物能是人体生物能的1—5倍，一人足以驾驭数十头牲畜从事工作，可见真正意义上的畜牧、游牧业的生产能力已经与原始农业经济不可同日而语。它表明草原地带的人类对自身生存和环境之间的关系有了全新的认识，智慧和技术使生产力有了大幅提高。

马的驯化不但使人类远距离迁徙游牧成为可能，而且让游牧民族获得了在航海时代和热兵器时代到来之前绝对所向披靡的军事能力。游牧民族是个天然的生产军事合一的聚合体，具有任何其他民族无法比拟的灵活机动性和长距离迁徙的需求与能力。游牧集团的形成和大规模运动，改变了人类历史。欧亚大陆小城邦、小农业公社之间封闭隔绝的状况就此终结，人类社会各个群体之间的大规模交往由此开始，从氏族部落语言向民族语言过渡乃至大语系的形成，都曾有赖于这种大规模运动；不同部落、不同族群开始通婚杂居，民族融合进程明显加速，氏族部族文化融合发展成为一个个特色鲜明的民族文化，这是人类史上的一次历史性进步，这种进步也大大加快了人类文化的整体发展进程。人类历史上的一次划时代的转折——从母权制向父权制的转折也是由“放牧部落”带到农耕部落中去的。①

对现今中国北方地区而言，到了公元前一千年左右，游牧人的时期业

① ［苏］Д. E. 叶列梅耶夫：《游牧民族在民族史上的作用》，《民族译丛》1987年第5、6期。

已开始，秦汉之际匈奴完成统一草原的大业，此后的游牧民族虽然经历了许多次的起起伏伏，但总体十分强势，一种前所未有的扩张从亚洲北部，由东向西展开来。于是，被称为“世界历史两极”的定居文明与草原畜牧者和游牧人开始在从长城南北到中亚乃至欧洲东部的广阔地域内进行充分的相互交流。到了“蒙古时代”，一幅中世纪的“加泰罗尼亚世界地图”，如实反映了时代的转换，“世界体系”以“蒙古时代”为开端确立起来，“形成了人类史上版图最大的帝国，亚非欧世界的大部分在海陆两个方向上联系到了一起，出现了可谓‘世界的世界化’的非凡景象，从而在政治、经济、文化、商业等各个方面出现了东西交流的空前盛况”。[①] 直到航海时代和热兵器时代到来之后，这种由东向西扩张的总趋势才被西方世界扭转和颠倒。而在长达约两千年的游牧社会历史上，现今的内蒙古地区始终是游牧文化圈的核心区域之一，也是游牧世界与华夏民族、游牧文明与农耕文明碰撞激荡的最前沿地带。

在漫长的历史过程中，广袤的北方大草原曾经是众多民族繁衍生息的家园，他们在与大自然的抗争和自身的生存发展过程中创造了各民族自己的文化，形成了以文化维系起来的人群——民族。草原各民族有些是并存于一个历史时期，毗邻而居或交错居住，有些则分属于不同历史时期，前者被后者更替，后者取代前者，薪尽而火传。但不论属何种情形，各民族文化之间都有一个彼此吸纳、继承、逐渐完成民族文化自身的进化，然后在较长历史时期内稳定发展的过程。比如，秦汉时期的匈奴文化就是当时众多民族部落文化和此前各“戎”“狄”文化的集大成。魏晋南北朝时期的鲜卑文化，隋唐时期的突厥文化，宋、辽、金时期的契丹、女真、党项族文化，元代以来的蒙古族文化都是如此。

二

蒙古民族是草原文化的集大成者，蒙古文化是草原文化最具代表性的文化形态，蒙古民族的历史集中反映了历史上草原民族发展变迁的基本

① 《杉山正明谈蒙古帝国：“元并非中国王朝”一说对错各半》，《东方早报·上海书评》2014 年 7 月 27 日。

规律。

有人曾用“蝴蝶效应”比喻13世纪世界历史上的“蒙古风暴”——斡难河畔那一次蝴蝶翅膀的扇动引起周围空气的扰动，能量在连锁传递中不断增强，最终形成席卷亚欧大陆的铁骑风暴。这场风暴是由一位名叫铁木真的蒙古人掀起，他把蒙古从一个部落变成一个民族，于1206年建立了大蒙古汗国。铁木真统一蒙古各部之后，首先废除了氏族和部落世袭贵族的权利，使所有官职归于国家，为蒙古民族的历史进步扫清了重要障碍，并制定了世界上第一部具有宪法意义、包含宪政内容的成文法典，而这部法典要比英国在世界范围内最早制定的宪法性文件早了九年。成吉思汗确立了统治者与普通牧民负同等法律责任、享有同等宗教信仰自由等法律原则，建立了定期人口普查制度，创建了最早的国际邮政体系。

13、14世纪的世界可被称为蒙古时代，成吉思汗缔造的大蒙古国囊括了多半个亚欧版图，发达的邮驿系统将东方的中国文明与西方的地中海文明相连接，两大历史文化首度全面接触，对世界史的影响不可谓不深远。亚欧大陆后来的政治边界划分分明是蒙古帝国的遗产。成吉思汗的扩张和西征，打破了亚欧地区无数个城邦小国、定居部落之间的壁垒阻隔，把亚欧大陆诸文明整合到一个全新的世界秩序之中，因此他被称为“缔造全球化世界的第一人”①。1375年出现在西班牙东北部马略卡岛的一幅世界地图——“卡塔拉地图”（又称“加泰罗尼亚地图”，现藏于法国国家图书馆），之所以被称为“划时代的地图”，并非因为它是标明马可·波罗行旅路线的最早地图，而是因为它反映了一个时代的转换。从此，东西方之间的联系和交往变得空前便捷、密切和广泛。造纸、火药、印刷术、指南针——古代中国的这些伟大发明通过蒙古人，最终真正得以在欧洲推广开来；意大利作家但丁、薄伽丘和英国作家乔叟所用的“鞑靼绸”“鞑靼布”“鞑靼缎”等纺织品名称，英格兰国王指明要的“鞑靼蓝”，还有西语中的许多词汇，都清楚地表明东方文化以蒙古人为中介传播到西方的那段历史；与此同时，蒙古人从中亚细亚、波斯引进许多数学家、工匠和管理人员，以及诸如高粱、棉花等农作物，并将其传播到中国和其他

① ［美］杰克·威泽弗德：《成吉思汗与今日世界之形成》，温海清、姚建根译，重庆出版社2014年版，第8页封面。

地区，从而培育或杂交出一系列新品种。由此引发的工具、设备、生产工艺的技术革新，其意义当然不可小觑；特别是数学、历法、医学、文学艺术方面的交流与互动，知识和观念的传播、流动，打破了不同文明之间的隔阂，以及对某一文明的偏爱与成见，其结果就是全球文化和世界体系若干核心区的形成。1492 年，克里斯托弗·哥伦布说服两位君主，怀揣一部《马可·波罗游记》，信心满满地扬帆远航，为的就是找到元朝的“辽阳省”，重建与蒙古大汗朝廷的海上联系，恢复与之中断的商贸往来。由于蒙古交通体系的瓦解和世界性的瘟疫，他浑然不知此时元朝已经灭亡一百多年，一路漂荡到加勒比海的古巴，无意间发现了“新大陆”。正如美国人类学家、蒙古史学者杰克·威泽弗德所言，在蒙古帝国终结后的很长一段时间内，新的全球文化继续发展，历经几个世纪，变成现代世界体系的基础。这个体系包含早先蒙古人强调的自由商业、开放交通、知识共享、长期政治策略、宗教共存、国际法则和外交豁免。①

即使我们以中华文明为本位回望这段历史，同样可以发现蒙古帝国和元朝对我国历史文化久远而深刻的影响。从成吉思汗到忽必烈，历时近百年，元朝缔造了人类历史上版图最大的帝国，结束了唐末以来国家分裂的状况，基本划定了后世中国的疆界；元代实行开放的民族政策，大力促进各民族间的经济文化交流和边疆地区的开发，开创了中华民族多元一体的新格局，确定了中国统一的多民族国家的根本性质；元代推行农商并重政策，“以农桑为急务安业力农”，城市经济贸易繁荣发展，经贸文化与对外交流全面推进，实行多元一体的文化教育政策，科学技术居于世界前列，文学艺术别开生面，开创了一个新纪元；作为发动有史以来最大规模征服战争的军事领袖，成吉思汗和他的继任者把冷兵器时代的战略战术思想、军事艺术推上了当之无愧的巅峰，创造了人类军事史的一系列“第一”、一系列奇迹，为后人留下了极其丰富的精神财富；等等。

统一的蒙古民族的形成是蒙古民族历史上具有划时代意义的时间节点。从此，蒙古民族成为具有世界影响的民族，蒙古文化成为中华文化不可或缺的组成部分。漫长的历史岁月见证了蒙古族人民的智慧，他们在文

---

① ［美］杰克·威泽弗德：《成吉思汗与今日世界之形成》（修订版），温海清、姚建根译，重庆出版社 2014 年版，第 6、260 页。

学、史学、天文、地理、医学等诸多领域成就卓然，为中华文明和人类文明的发展做出了不可否认的伟大贡献。

20世纪30年代被郑振铎先生称为“最可注意的伟大的白话文作品”的《蒙古秘史》，不单是蒙古族最古老的历史、文学巨著，也是被联合国教科文组织列为世界名著目录（1989年）的经典，至今依然吸引着世界各国无数的学者、读者；在中国著名的“三大英雄史诗”中，蒙古族的《江格尔》、《格斯尔》（《格萨尔》）就占了两部，它们也是目前世界上已知史诗当中规模最大、篇幅最长、艺术表现力最强的作品之一；蒙古民族一向被称为能歌善舞的民族，马头琴、长调、呼麦被列入世界非物质文化遗产，蒙古族音乐舞蹈成为内蒙古的亮丽名片，风靡全国，感动世界，诠释了音乐不分民族、艺术无国界的真谛；还有传统悠久、特色独具的蒙古族礼仪习俗、信仰禁忌、衣食住行，那些科学简洁而行之有效的生产生活技能、民间知识，那些让人叹为观止的绝艺绝技以及智慧超然且极其宝贵的非物质文化遗产，都是在数千年的游牧生产生活实践中形成和积累起来的，也是与独特的生存环境高度适应的，因而极富生命力。迄今，内蒙古已拥有列入联合国非物质文化遗产名录的项目2项（另有马头琴由蒙古国申报列入名录）、列入国家级名录的81项、自治区及盟市旗县级名录的3844项，各级非遗传承人6442名。其中蒙古族、达斡尔族、鄂温克族、鄂伦春族等内蒙古世居少数民族的非遗项目占了绝大多数。人们或许不熟悉内蒙古三个人口较少民族的文化传统，然而那巧夺天工的达斡尔造型艺术、想象奇特的鄂温克神话传说、栩栩如生的鄂伦春兽皮艺术、闻名遐迩的“三少民族”桦皮文化……这些都是一朝失传则必将遗恨千古的文化瑰宝，我们当倍加珍惜。

内蒙古民族文化当中最具普世意义和现代价值的精神财富，当属其崇尚自然、天人相谐的生态理念、生态文化。游牧，是生态环保型的生产生活方式，是现代以前人类历史上惟一以人与自然和谐共存、友好相处的理念为根本价值取向的生产生活方式。游牧和狩猎，尽管也有与外在自然界相对立的一面，但这是以敬畏、崇尚和尊重大自然为最高原则、以和谐友好为前提的非对抗性对立。因为，牧民、猎人要维持生计，必须有良好的草场、清洁的水源和丰富的猎物，而这一切必须以适度索取、生态环保为条件。因此，有序利用、保护自然，便成为游牧生产方式的最高原则和内在要求。对亚洲北部草原地区而言，人类在无力改造和控制自然环境的条件下，游牧生产方式是维持草畜平衡，使草场及时得到休整、涵养、恢复的自由而能动的最佳选择。我国北方的广大地区尽管数千年来自然生态环境相当脆弱，如今却能够成为我国北部边疆的生态屏障，与草原游牧民族始终如一的精心呵护是分不开的。不独蒙古族，达斡尔族、鄂温克族、鄂伦春族等草原世居少数民族在文化传统上与蒙古族共属一个更大的范畴，不论他们的思维方式、信仰文化、价值取向还是生态伦理，都与蒙古族大同小异，有着多源同流、殊途同归的特点。

随着人类历史进程的加速，近代以来，世界各地区、各民族文化变迁、融合的节奏明显加快，草原地区迎来了本土文化和外来文化空前大激荡、大融合的时代。草原民族与汉民族的关系日趋加深，世界各种文化对草原文化的作用和影响进一步增强，农业文明、工业文明、商业文明、城市文明的因素大量涌现，草原各民族的生产生活方式，乃至思想观念、审美情趣、价值取向都发生了巨大变化。虽然，这是一个凤凰涅槃、浴火重生的过程，但以蒙古族文化为代表的草原各民族文化，在空前的文化大碰撞中激流勇进，积极吸纳异质文化养分，或在借鉴吸纳的基础上进行自主的文化创新，使民族文化昂然无惧地走上转型之路。古老的蒙古族文化，依然保持着她所固有的本质特征和基本要素，而且，由于吸纳了更多的活性元素，文化生命力更加强盛，文化内涵更加丰富，以更加开放包容的姿态迎来了现代文明的曙光。

三

古韵新颜相得益彰，历久弥新异彩纷呈。自治区成立以来的近 70 年间，草原民族的文化事业有了突飞猛进的发展。我国社会主义制度和民族区域自治、各民族一律平等的宪法准则，党和国家一贯坚持和实施的尊重、关怀少数民族，大力扶持少数民族经济文化事业的一系列方针政策，从根本上保障了我国各民族人民传承和发展民族文化的权利，也为民族文化的发展提供了广阔空间。一些少数民族，如鄂伦春族仅仅用半个世纪就从原始社会过渡到社会主义社会，走过了过去多少个世纪都不曾走完的历程。

一个民族的文化发展水平必然集中体现在科学、文化、教育事业上。在历史上的任何一个时期，蒙古民族从来不曾拥有像现在这么多的科学家、文学家等各类专家教授，从来没有像现在这样以丰富的文化产品供给普通群众的消费，蒙古族大众的整体文化素质从来没有达到现在这样的高度。哪怕最偏远的牧村，电灯电视不再稀奇，网络、手机、微信微博业已成为生活的必需。自治区现有 7 家出版社出版蒙古文图书，全区每年都有数百上千种蒙古文新书出版，各地报刊每天都有数以千百计的文学新作发表。近年来，蒙古族牧民作家、诗人的大量涌现，已经成为内蒙古文学的一大景观，其中有不少作者出版有多部中长篇小说或诗歌散文集。我们再以国民受教育程度为例，它向来是一个民族整体文化水准的重要指标之一。中华人民共和国成立前，绝大多数蒙古人根本没有接受正规教育的机会，能够读书看报的文化人寥若晨星。如今，九年义务教育已经普及，即便是上大学、读研考博的高等教育，对普通农牧民子女也不再是奢望。据《内蒙古 2014 年国民经济和社会发展统计公报》显示，全自治区 2013 年少数民族在校大学生 10.8 万人，其中蒙古族学生 9.4 万人；全区招收研究生 5987 人，其中，少数民族在校研究生 5130 人，蒙古族研究生 4602 人，蒙古族受高等教育程度可见一斑。

每个时代、每个民族都有一些杰出人物曾经对人类的发展进步产生深远影响。正如爱迪生发明的电灯“点亮了世界”一样，当代蒙古族也有为数不少的文化巨人为世界增添了光彩。提出“构造体系”概念、创立地质力学学说和学派、提出“新华夏构造体系三个沉降带”理论、开创油气资源勘探和地震预报新纪元的李四光；认定“世界未来的文化就是中国文化复兴”、素有“中国最后一位大儒家”之称的国学大师梁漱溟；在国际上首次探索出山羊、绵羊和牛精子体外诱导获能途径，成功实现试管内杂交育种技术的“世界试管山羊之父”旭日干；还有著名新闻媒体人、文学家、翻译家萧乾；马克思主义哲学家艾思奇；当代著名作家李准……这些如雷贯耳的大名，可谓家喻户晓、举世闻名，但人们未必都知道他们来自蒙古族。是的，他们来自蒙古民族，为中华民族的伟大复兴，为全人类的文明进步做出了应有的贡献。

历史的进步、社会的发展、蒙古族人民群众整体文化素质的大幅提升，使蒙古族文化的内涵得以空前丰富，文化适应能力、创新能力、竞争能力都有了显著提升。从有形的文化特质，如日常衣食住行，到无形的观念形态，如思想情趣、价值取向，我们可以举出无数个鲜活的例子，说明蒙古文化紧随时代的步伐传承、创新、发展的事实。特别是自 2003 年自治区实施建设民族文化大区、强区战略以来，全区文化建设呈现出突飞猛进的态势，民族文化建设迎来了一个新的高潮。内蒙古文化长廊计划、文化资源普查、重大历史题材美术创作工程、民族民间文化遗产数据库建设工程、蒙古语语料库建设工程、非物质文化遗产保护、一年一届的草原文化节、草原文化研究工程、北部边疆历史与现状研究项目等，都是这方面的有力举措，收到了很好的成效。

但是，我们也必须清醒地看到，与经济社会的跨越式发展相比，文化建设仍然显得相对滞后，特别是优秀传统文化的传承保护依然任重道远。优秀民族文化资源的发掘整理、研究转化、传承保护以及对外传播能力尚不能适应形势发展，某些方面甚至落后于国内其他少数民族省区的现实也尚未改变。全球化、工业化、信息化和城市化的时代大潮，对少数民族弱势文化的剧烈冲击是显而易见的。全球化浪潮和全方位的对外开放，意味着我们必将面对外来文化，特别是强势文化的冲击。在不同文化之间的交往中，少数民族文化所受到的冲击会更大，所经受的痛苦也会更多。因为，它们对外来文化的输入往往处于被动接受的状态，而对文化传统的保护常常又力不从心，况且这种结果绝非由文化本身的价值所决定。换言之，在此过程中，并非所有得到的都是你所希望得到的，并非所有失去的都是你应该丢掉的，不同文化之间的输入输出也许根本就不可能“对等”。这正是民族文化的传承保护任务显得分外紧迫、分外繁重的原因。

文化是民族的血脉，内蒙古民族文化是中华文化不可或缺的组成部分，中华文化的全面振兴离不开国内各民族文化的繁荣发展。为了更好地贯彻落实党的十八大关于文化建设的方针部署，切实把自治区党委提出的实现民族文化大区向民族文化强区跨越的要求落到实处，自治区政府于 2013 年实时启动了“内蒙古民族文化建设研究工程”。“工程”包括文献档案整理出版，内蒙古社会历史调查、研究系列，蒙古学文献翻译出版，内蒙古历史文化推广普及和“走出去”，“内蒙古民族文化建设研究数据库”建设等广泛内容，计划六年左右的时间完成。经过两年的紧张努力，从 2016 年开始，“工程”的相关成果已经陆续与读者见面。

建设民族文化强区是一项十分艰巨复杂的任务，必须加强全区各界研究力量的整合，必须有一整套强有力的措施跟进，必须实施一系列特色文化建设工程来推动。“内蒙古民族文化建设研究工程”就是推动我区民族文化强区建设的一个重要抓手，是推进文化创新、深化人文社会科学可持续发展的一个重要部署。目前，“工程”对全区文化建设的推动效应正在逐步显现。

“内蒙古民族文化建设研究工程”将在近年来蒙古学研究、“草原文化研究工程”“北部边疆历史与现状研究”、文化资源普查等科研项目所取得的成就基础上，突出重点，兼顾门类，有计划、有步骤地开展抢救、保护濒临消失的民族文化遗产，搜集记录地方文化和口述历史，使民族文化传承保护工作迈上一个新台阶；将充分利用新理论、新方法、新材料，有力推进学术创新、学科发展和人才造就，使内蒙古自治区传统优势学科进一步焕发生机，使新兴薄弱学科尽快发展壮大；“工程”将会在科研资料建设，学术研究，特色文化品牌打造、出版、传播、转化等方面取得突破性的成就，推出一批具有创新性、系统性、完整性的标志性成果，助推自治区人文社会科学研究和社会主义文化建设事业蓬勃发展。“内蒙古民族文化建设研究工程”的实施，势必大大增强全区各民族人民群众的文化自觉和文化自信，必将成为社会主义文化大发展大繁荣，实现中华民族伟大复兴中国梦的一个切实而有力的举措，其“功在当代、利在千秋”的重要意义必将被历史证明。

（作者为时任内蒙古自治区党委常委、宣传部部长，“内蒙古民族文化建设研究工程”领导小组组长）

目　录

问题的提出

这是一个问题套着问题的题目。

众所周知，“轴心时代”的理念是卡尔·雅斯贝斯首先提出的。卡尔·雅斯贝斯的《历史的起源与目标》有三个关键词：“轴心期”、起源、目标。“轴心期”具体指：要在公元前500年前后的时期内和在公元前800年到公元前200年的精神中，找到这个历史轴心。将这个历史轴心作为“历史的分界线”，即是“我们今天所了解的人开始出现”的分界线。这个分界线简称为“轴心期”①。

在卡尔·雅斯贝斯的笔下，“轴心期”文明的特征被归纳为社会现象与精神运动两个层面。

从社会现象的层面看，在中国、印度和西方三个地区，众多哲学流派出现了。在中国有孔子、老子、墨子、庄子、列子和诸子百家；在印度出现了《奥义书》与佛陀；从伊朗到以利亚，先知纷纷出现。而希腊贤哲如云，有荷马、哲学家巴门尼德、赫拉克利特和柏拉图，还有许多悲剧作者以及修昔底德和阿基米德等。

这些哲学流派分别展开了精神传播运动。孔子、墨子和其他哲学家游历中原，到处赢得信众，建立了学派，希腊诡辩家和哲学家到处漫游，而佛陀则在各地云游中度过一生。

从精神运动层面看，其特点是反思意识的产生，“三个地区的人类全都开始意识到整体的存在、自身和自身的限度。人类体验到世界的恐怖和自身的软弱”。从这一时期开始，“人类都已迈出了走向普遍性的步伐”②。

---

① ［德］卡尔·雅斯贝斯：《历史的起源与目标》，魏楚雄、俞新天译，华夏出版社1989年版，第7—8页。

② ［德］卡尔·雅斯贝斯：《历史的起源与目标》，魏楚雄、俞新天译，华夏出版社1989年版，第8页。

历史的“长时段”愈发凸显出这一时期对人类发展的指导意义。正如凯伦·阿姆斯特朗在其名著《轴心时代》评价的那样：“在现今的困境当中，我相信人们能够找到德国哲学家卡尔·雅斯贝斯（Karl Jaspers）所称的‘轴心时代’给予我们的启示，因为它对于人类的精神发展颇为关键。”①

问题缘起于卡尔·雅斯贝斯“对轴心期论点的查审”。三个问题，前两个“轴心期事实上存在么”“类似现象的性质是什么”都得到了卡尔·雅斯贝斯的正面回答；只有第三个问题：“什么造成了轴心期之事实？”卡尔·雅斯贝斯却表达的是寄希望于未来的态度：“对奥秘的疑惑本身就是一项卓有成效的理解行动，因为它为深入研究提供了出发点。”②

卡尔·雅斯贝斯的《历史的起源与目标》发表于1949年。其后五年，1954年，另一位对世界产生重要影响的历史学家、哲学家，阿诺德·约瑟夫·汤因比，一气发表了《历史研究》最后七篇中的六篇，即“大一统国家”“大一统教会”“英雄时代”“文明在空间中的接触”“文明在时间上的接触”“为什么研究历史”，完成了其以文化形态学视角重新认识世界的代表作主体部分（《历史研究》中的最后一篇“历史的反思”推出，要在7年之后）。

汤因比对文化形态的基本看法如下：**历史研究单位**。汤因比认为：“历史研究的可以自行说问题的单位既不是一个民族国家，也不是另一极端上的人类全体，而是我们称之为社会的某一群人类。”从而抛弃了传统史学中的国别史与断代史的概念，而代之以一个个文明（或社会）。**文明的数量**。在汤因比，文明考察的视界扩大了，从斯宾格勒的八种发展到26种。在这些文明之间，存在某种亲属关系，即上代文明与下代文明的关系。他承认西方文明也只不过是这类文明中的一个而已，从而疏离了西方传统史学中的“西欧中心论”的陈说。**文明的可比性**。在汤因比看来，以上这些文明尽管出现时间有先有后，但都是可以进行比较的。**文明的起源**。在于“挑战与应战”。汤因比分析了第一代六个文明的起源，得出了

---

① ［英］凯伦·阿姆斯特朗：《轴心时代》，孙艳燕、白彦兵译，海南出版社2010年版，第2页。

② ［德］卡尔·雅斯贝斯：《历史的起源与目标》，魏楚雄、俞新天译，华夏出版社1989年版，第15—27页。

文明的产生是对一种特别困难的环境进行成功的应战的结果。**文明生长的尺度**。汤因比认为，并不是所有文明都是能顺利成长壮大的，事实上，有些文明流产了，有些文明则在它们生长的早期就停止了，这显然是因为挑战过量而致。在他看来，文明生长的尺度应当是，在一系列的挑战和应战的过程中，场所发生了转移，即从文明的外部环境移入文明的内部。在这种逐渐升华的过程中表现出来的“自决能力”，才是文明成长的标志。文明生成的过程最终归结为这个社会内“自决能力”的不断增长，而这正是由那些富有创造性的少数人所促成的。**文明衰落的原因**。汤因比认为，文明衰落的原因是“自决能力”的丧失。①

其中，“文明的起源”与“文明生长的尺度”两论点，恰恰可以构成对“什么造成了轴心期之事实”的回答。是的，如雅斯贝斯所言：“这些（论者按：指‘中国、印度和西方三个互不知晓的地区’）发展最初彼此独立，它们之间没有真正的交流和互相刺激。”② 只是从人类发展史角度解读，历史是在同一时间给了几乎所有的群体一份生存的挑战：公元前2000至轴心时代开始的一种剧烈变动的环境。这其中，正好有西方、印度、中国文明生长的尺度为这一挑战做好了准备，使其各自的文明“自决能力”可以创生出新的价值体系和文化样态。

在中国，王巍以为：这一时期，在相当广阔的空间范围里，发生了较为剧烈的变革，一些原来相当繁荣的文化衰落了，一些新的文化脱颖而出，不同地区文化发生不同程度的接触、碰撞和融合，从而改变了原来这些地区的文化格局和向文明社会迈进的步伐（我将其称之为该地区的“文明化进程”）。“总而言之，夏王朝在中原地区建立之后，周围地区的文化与社会并非出现了真正意义上的退步，而是由于自然和社会、内部与外部的原因，其文明化进程或多或少地改变了方向，即从原来的以自己的独自发展为主的轨道，改变为在中原夏商王朝为核心共同发展的轨道上来。就中华文明形成的总体趋势而言，是从多元走向一体，各地先进的文化因素汇聚到中原，经过整合，形成夏、商文明，又向周围地区辐射，到了商代二里冈期，商文化对周围地区产生了强烈的影响，促进了各地区的

---

① 《阿诺德·约瑟夫·汤因比的代表性著作》，百度知道，2018-05-01。

② ［德］卡尔·雅斯贝斯：《历史的起源与目标》，魏楚雄、俞新天译，华夏出版社1989年版，第23页。

文明进程，使其逐渐融入到以中原地区的华夏族为核心的中华文明多元一体的体系之中，从而掀开了中华文明和中华统一国家形成、发展的新篇章。”① 而轴心时代中国思想史，正是一部为中华文明多元一体的体系的创新发展提供精神滋润思想支撑的历史。

在西方，城邦社会与商业交往的文明基础，构成其应对剧烈变动的环境挑战的出发点，促使民主与契约精神成为其文化传统，并伴随着城邦社会与商业交往中心的不断迁移而得以系统化与精细化，个体的价值平等体现成为其社会得以维系的前提。在现代西方国家语言里，如英语、法语、德语、西班牙语、俄语等语言中的“民主”一词，都是从古希腊语的“demokratia”一词演变而来。古希腊语中的“demokratia”一词，由“demos”和“kratos”两部分构成，“demos”的意思是“人民”“地区”，“kratos”的意思是“统治”“管理”，因此所谓“民主”是指“人民的统治”或者“人民的管理”。

而印度文明，其高地屏障减弱了环境挑战力度，让这里成了众多带着族群原有惯习而来的族群的新家园。于是，尽管这一时期，在印度也出现了思想活跃、百家争鸣的状况，世界三大宗教之一的佛教产生在这一时期，佛教的创始人释迦牟尼和中国儒教的创始人孔子都生活在这一时代。但是，在文明起源时期，中国与印度有着重要的不同。在佛教出现以前，印度已经有婆罗门教，也就是印度教的前身。婆罗门教的种姓制度是从雅利安人部落内部的三种人演变而来。所以，印度的宗教和社会是与生俱来联系在一起的。在古代印度，由于希望死后灵魂转世为更好的形态和等级，“施舍”成为古代印度“制度性”的善德。之所以说它是“制度性”的，是因为施舍的范围之广，程度之大，已经影响到古代印度的政治和经济制度。从吃、穿、金钱，到房屋、土地、灌溉设施，人世间的一切都可作为施舍物。实行施舍的从平民百姓，到富商国王，都进行施舍。而施舍的对象主要是僧侣和寺院。这样，就造成了印度强大的寺庙经济。

三大文明的发展道路依汤因比的“文明生长的尺度”理论，恰恰是由一种历史的合力构成。然而，汤因比也促进了人们的进一步思考：一方面历史合力必然的多样性，决定了没有什么普世文化样态供人类选择；另

① 王巍：《公元前2000年前后我国大范围文化变化原因探讨》，《考古》2004年第1期。

一方面，文明生长并不单单取决于创新与改革的力度，更重要的是其具有的“合尺度性”。1961 年，72 岁的汤因比完成了《历史研究》中的最后一册“历史的反思”。1977 年，在汤因比逝世两年后，皮埃尔·布迪厄在巴黎出版了其代表作之一《实践与反思——反思社会学导引》①，初步提出来其思想核心的“场域、惯习和资本”三概念。

所谓场域概念，布迪厄认为：“一个场域可以被定义为在各种位置之间存在的客观关系的一个络，或一个构型。”我们可以将场域理解为由各种关系系统或络构成的社会空间。首先，场域是由各种关系构成的系统。从这一层面上来看，场域是由各种关系构成的系统，要理解场域的含义，就要从关系的角度出发。其次，场域是一个社会空间。场域的社会空间又包含两层含义，即相对独立性和充满斗争性。最后，场域的边界是经验的，场域间的关联是复杂的。

至于惯习概念，布迪厄认为惯习是一种社会化了的主观性。首先，惯习既是个人的又是集体的。惯习来自个人与群体长期的实践活动，经过长期的实践活动积累，经验就会内化为个人的意识，从而指挥和调动个人与集体的行为。其次，惯习又是历史的。历史存在于惯习之中，惯习是历史的产物，人们的行动和行为方式总是带有历史的痕迹，惯习一边显示着原有的历史痕迹的同时又一边对历史进行一定的改造以适应新的境遇与挑战。最后，惯习是开放的和能动的。布迪厄认为，惯习与习惯不同，习惯具有无意识性，机械性和重复性，并且不具有创造和建构性，而惯习在历史中不断创生与发展，表现出创造性。惯习记载了个人的生活经验与生活环境、个人的受教育程度、个人所属的阶级性质以及个人的个性与禀赋。

何谓资本概念？布迪厄将资本分为经济资本、社会资本、象征性资本与文化资本。经济资本可以理解为传统意义上的货币。社会资本是行动者凭借加入某个关系而积累起来的资源总和，可以理解为可以凭求助和利用的一种资本，包括自身的社会关系和家庭背景，其实质就是成员享有某个或某些集体共同拥有的资本，行动者社会资本的总量取决于他所能有效动员的关系络规模和与他有联系的人所拥有的资本总量。

---

① ［法］皮埃尔·布尔迪厄：《实践与反思——反思社会学导引》，李猛、李康译，中央编译出版社 1998 年版，第 134 页。

总之，布迪厄在人与社会之间开辟了一个关系的领域，并通过“场域、惯习和资本”三层面发掘“实践、记忆、适应、认同、改革、创新”的场域组合及其对个人与社会的双向影响。于是，所谓的“合尺度性”“历史的合力”，在此理论的参与下，变得丰满与立体起来。

借助这一理念，也凭借一系列草原母语结晶的字书与经典的场域化识读：《突厥语大辞典》《蒙古秘史》《穆卡迪马特蒙古语词典》《简明夏汉字典》《古突厥语碑铭研究》《满汉大辞典》《蒙汉词典》《蒙古译语女真译语汇编》等蕴含的草原智慧，应该会给人们讲述出被传统上视为经典的轴心时代三大文明所遮蔽的历史，为亚斯贝斯所忽略、汤因比所认定为衰败的游牧文明，必将显现出其历史的合理性与生命力。

需要强调的是，本书力图做到的“草原母语视角中的文化试读”，首要的正是复原那些曾经得到民族内部认同却逐渐被历史长河浸没、权力颠覆误读的文化原生态；其次才是考察这种文化原生态与它民族文化间的交融与认同的历史。因此，这种比较之中的“复原”与“考察”，就必须建立在“轴心时代”之后各大文明形态中的核心价值理念建立的基础上，再向文化源、流的两端回溯与延展。就本书而言，这种回溯与延展上至4.7万年前草原游猎意识的最初符号化，下至13世纪草原文化认同体系基本完成的前夜。至于13世纪之后的草原文化认同体系具体内涵，恐怕需要更大体量的专著加以完成。

试想一下，中古以来系列草原母语结晶的字书与经典，历来更多地被当成历史事件、人物的补充、译语的需要；实际上，作为记忆的凝结，它们的文化含量丝毫不逊色于世界上的任何文字。依“场域、惯习和资本”概念，学会在草原文明自觉的视野中去认识世界，这些中古以来系列草原母语结晶的字书与经典，将会解开亚斯贝斯关于轴心时代的困惑，纠正汤因比对游牧文明的误判，展现出“实践、记忆、适应、认同、改革、创新”的场域组合下，因草原文明的重读而面貌一新的人类文明进程。

第一章　草原记忆中的“秩序天下”之发端

1909年，沙俄人科兹洛夫以所谓科考的名义，采取恐吓威胁和行贿的办法，进入黑水城。盗掘的文献有举世闻名的西夏文刊本和写本达8000余种，还有大量的汉文、藏文、回鹘文、蒙古文、波斯文等书籍和经卷，以及陶器、铁器、织品、雕塑品和绘画等珍贵文物。这些文物文献数量很大，版本大都完整，是研究西夏王朝甚至于和西夏王朝同时的宋、辽、金王朝，还有元朝历史的“无价之宝”。

时至今日，108年过去了，俄国收藏的文献整理工作尚未结束。俄国方面出版的文献13册，仅是价值相对较小的一部分。即便如此，就可见的西夏文献，已经可以让人们窥见一方经过草原文明自觉体认与思考的全新天地。限于文字，拙文仅从汉文献的重新思考与考古资料比照解读的角度，以“草原记忆自觉之路中的西夏文”“草原记忆中的天下溯源”“西夏草原记忆的变革之途”“西夏草原记忆身份认同之结点”为题，掠影一下西夏母语中的“秩序天下”之发端。

第一节　草原记忆自觉之路中的西夏文

吴团英先生的一句话意味深长：我们不单要以现有的文化视野看草原，更要学会在草原文明自觉的视野中去认识世界。[①] 依照汤因比的文化形态理论，文明形态的生命力，取决于其是否经历了文明自觉体认与思考，而后成功地应对了历史的挑战。草原文明的坚韧与蓬勃，亦需要在公元6—16世纪的以自己的母语和文字展示其文明自觉体认与思考历程中寻

① 吴团英：首届文化自信北大论坛发言，2017年7月。

找根源。

就目前所见，草原民族最早以自己的母语和文字展示其文明自觉体认与思考的要数突厥族。古代突厥文是在我国北方建立的突厥汗国（552—745年）和回纥（古代维吾尔）汗国（745—840年）使用的文字。因其在外形上与古代日耳曼民族使用的儒尼（rune）文相似，所以有些学者称之为古代突厥儒尼文。又因为用这种文字写成的主要碑铭是在蒙古鄂尔浑（Orkhon）河流域发现，所以也称之为鄂尔浑突厥文（Orhon Turkic Script），语言称之为鄂尔浑突厥语（Orhon Turkic）。又因为这种文字也在叶尼塞（Yenisey）河流域发现，所以也称之为叶尼塞文。其多块重要碑铭呈现的突厥语—汉语双语对照，尤其是麻赫默德的《突厥语大辞典》的传世，为认识草原母语和文字中的文明自觉体认与思考开了先河。

公元618年，随着盛唐的建立，唐太宗"自古皆贵中华，贱夷狄，朕独爱之如一"思想得以全面贯彻，华夏边缘诸族先后试图以集中体现其民族声音的文字体系创立，来回应盛唐"独爱之如一"的民族认同潮流。走在最前面的为吐蕃王朝。公元629年吐蕃王国的创建者松赞干布登赞普位，公元7世纪前后吐蕃王朝的大臣吞弥·桑布扎根据梵文"兰扎体"，结合藏文声韵，创制藏文正楷字体，又根据"乌尔都体"创制藏文草书。自此藏文开始成文。回鹘文，是公元8—15世纪维吾尔族的文字，用以书写回鹘语。回鹘文为全音素文字，有18个辅音字母及5个元音字母。字母在词头、词中、词末会有不同写法。回鹘文由上至下拼写成列，列与列由左至右排。成吉思汗兴起后，曾以回鹘字母拼写蒙古语，成为回鹘式蒙古文，而满文则借自回鹘式蒙古文字母。

紧随其后，契丹在辽太祖神册五年（920年）及晚后几年，先后创制了契丹大字和契丹小字两种文字，随着哈剌契丹（亦称黑契丹）建立的西辽（1124—1211年）灭亡，终于成为死文字；金国则仿依契丹大字和汉字为基础试制女真文字，于1119年、1138年先后颁行，此即后世所谓女真大字和女真小字，1413年的《永宁寺记碑》女真文碑刻，表明女真文直至15世纪仍在部分区域使用。

西夏文又名河西字、番文、唐古特文，是记录西夏党项族语言的文字，西夏景宗李元昊正式称帝前的公元1036年（大庆元年），命野利仁荣一干人创制，为仿汉字创制的表意体系文字，被西夏定为"国书"。西夏人上自佛经诏令，下至民间书信，均用西夏文字书写。为方便人们学习西夏文字，西夏还编写了字典12卷。1227年西夏亡于蒙古帝国，其后人在一定范围内延续使用至明朝中期，成为探寻西夏后裔踪迹的有力佐证。自西夏文字被发现以来，这些字典以及一批佛教经卷和手书作品，在内蒙古西部地区多有发现。西夏文字属汉藏语系的羌语支，跟现代的羌语和木雅语关系最密切。

蒙古文字主要包括中国境内蒙古族通用的回鹘式蒙古文；以及蒙古国主要使用的西里尔蒙古文。据中外史乘记述，1204年成吉思汗征服乃蛮部以后，蒙古族开始采用回鹘字母拼写自己的语言。元世祖忽必烈1269年颁行“蒙古新字”（不久改称“蒙古字”，今通称“八思巴文”）后，回鹘式蒙古文的使用一度受到限制。元代后期，回鹘式蒙古文又逐渐通行。到17世纪时，回鹘式蒙古文发展成为两支，一支是通行于蒙古族大部分地区的现行蒙古文，另一支是只在卫拉特方言区使用的托忒文。历史上的蒙古文献，保存了丰富的文化遗产。用蒙古文写成的历史文献、文学作品、语文工具书以及译成蒙古文的汉文典籍、佛教经典，据中国有关方面统计（1979年），近1500种。改革开放以来，蒙古文出版的政治、经济、文化、科学、教育、文学等方面的图书每年均迅猛增长，其中包括中外名著的译本，并发行了多种报刊。仅以2019年第五届八省区蒙古文图书展为例，计有民族出版社、辽宁民族出版社、内蒙古人民出版社、内蒙古教育出版社等14个单位约3200种、2万余册图书参展，均为近年来出版的蒙古文图书，以及期刊、音像制品、电子出版物，部分汉文主题类、民族类图书和期刊。

满文是中国满族使用过的一种拼音文字。1599年清太祖努尔哈赤命额尔德尼和噶盖二人参照蒙古文字头创制满文，俗称无圈点满文或老满文。1632年清太宗皇太极令达海（1594—1632年）对这种文字加以改进。满文在清代作为“国书”在文牍中与汉文并用。并编写过历史、文学和语言文字等方面的著述，翻译了《孟子》《资治通鉴纲目》《三国演义》《聊斋志异》等大量汉籍。辛亥革命后，满文基本上不再使用。现在保存下来的满文档案数以百万件，可谓包罗万象，涉及面极为广泛，是研究清初社会性质、清代历史、中国对外关系以及满语满文演变情况的珍贵资料。

以往的草原文字学研究，只把目光停留在各种草原民族文字在其民族的文化发展上起过的重要作用与贡献上。然而，更为重要的是，如何将蒙古语、满语这草原语言文化的双峰，理解成为数千年草原文化积淀的结果。这其中，蒙古文更是至今仍在倾诉草原族群心声的唯一活的语言形态。从这一视角出发的草原母语文化系列研究，首先必须廓清一个截至13世纪现代蒙古语满语诞生前草原记忆与思想的语言形态尝试史。

而在这场“草原语言形态尝试史”中，西夏文以其拥有羌语为基底的跨汉藏语系和阿尔泰语系的历史记忆与理解，独特的表意文字的双语（羌语—汉语）诠释与文化展示，丰富的字书与中世纪文献翻译，占据了特殊的地位。只有在草原民族以自己的母语和文字展示其文明自觉体认与思考历史之途中，深刻认识西夏文字的文化内涵，我们才有可能驶入历史的蒙古语、满语这仪态万方的人文海洋，真正达到吴团英先生所说的不单要以现有的文化视野看草原，更要学会在草原文明自觉的视野中去认识世界！

第二节　西夏草原记忆中的天下溯源

无一例外，“秩序天下”的构建，都将从人文溯源起步。于是，《简明夏汉字典》（以下简称《简》）开篇的第一字当仁不让地担负起了这一责任。

䋈（0001）〔齿头音，西醉切，音恤〕

①种、苗、裔也。（名）例：（术恤）根种、后裔、（同32A5）[①]，种姓、种族、民族（庄Ⅱ610.640、语501）。释：种，生上母下，种者根也，根种也；又苗子之小谁之种谓（海40.221）；②胤也；③明也；④习也。

同汉文献的人文溯源相比照，即刻便会有一个同样音“xu”的著名汉字映入眼帘：华胥的“胥”。只是五千年来担当文化圈中心角色所必需的多重容纳与重建，消磨掉了其对这个发音为“xu”的神圣称谓的原初

① 括弧中的文字为《简明夏汉字典》引书的略写：主要有“同”（《同音》）、“文”（《文海》）、“珠”（《番汉合时掌中珠》）、“聂”（聂斯克《西夏语文学》）等。

记忆。于是，便衍生出了“胥，蟹醢也”（《说文》），“青州之蟹胥”（《周礼·庖人》注），胥就这样成了蟹酱之食。

好在文化的多重容纳与重建，也积淀下了众多具有原初记忆要素的具体讲述，这里择要摘引一二。

《山海经·海内东经》引用《河图》曰：“大迹在雷泽，华胥履之而生伏羲”；《竹书年·前篇》“太昊之母，居于华胥之渚，履巨人之迹，意有所动，虹且绕之，因而始娠，生伏羲于成纪。”

这些具体讲述似乎都在强调一点：“胥”字的从“足”从“肉”构型，显然得义于“履大人迹而得骨肉”。现在，与“胥”同音的西夏文缀，明确其义为“种、苗、裔也”，体现了西夏文对于重建华夏原初记忆的重要补充功能。

历史总是喜欢将重要的一幕以惊人相似地方式重新上演。于是，数千年以后的姜嫄“履帝武敏歆”，让我们更加体会到：草原记忆将“履巨人迹”的华胥还原为那个与“胥（恤）”同音的西夏文缀，溯清其“种、苗、裔也”原意，影响之深远。

《诗经·生民》写姜嫄神奇的受孕一章中，最关键的一句话是“履帝武敏歆”，对这句话的解释众说纷纭，历来是笺注《诗经》的学者最感兴趣的问题之一。毛传把这句话纳入古代的高禖（古代帝王为求子所祀的禖神）祭祀仪式中去解释，云：“后稷之母（姜嫄）配高辛氏帝（帝喾）焉。……古者必立郊禖焉，玄鸟至之日，以大牢祠于郊禖，天子亲往，后妃率九嫔御，乃礼天子所御，带以弓韣（dú），授以弓矢于郊禖之前。”认为是高辛氏之帝率领其妃姜嫄向生殖之神高禖祈子，姜嫄踏着高辛氏的足印（乃礼天子所御），施行了一道传统仪式，就此怀孕得子。郑玄笺则主张姜嫄是踩了上帝的足迹而怀孕生子的。云：“姜嫄之生后稷如何乎？乃禋祀上帝于郊禖，以祓除其无子之疾，而得其福也。帝，上帝也；敏，拇也。……祀郊禖之时，时则有大神之迹，姜嫄履之，足不能满履其拇指之处，心体歆歆然，其左右所止住，如有人道感己者也。于是遂有身。”这样的解释表明君王的神圣裔传来自天帝，是一个神话。然在后世，上述的解释遭到了王充、洪迈、王夫之等人的否定。现代学者闻一多对这一问题写有《姜嫄履大人迹考》专文，认为这则神话反映的事实真相，“只是耕时与人野合而有身，后人讳言野合，则曰履人之迹，更欲神异其事，乃曰履帝迹耳”。他采纳了毛传关于高禖仪式的说法，并对之作了文化人类学的解释：“上云禋祀，下云履迹，是履迹乃祭祀仪式之一部分，疑即一种象征的舞蹈。所谓‘帝’，实即代表上帝之神尸。神尸舞于前，姜嫄尾随其后，践神尸之迹而舞，其事可乐，故曰‘履帝武敏歆’，犹言与尸伴舞而心甚悦喜也。‘攸介攸止’，‘介’，林义光读为‘愒（qí）’，息也，至确。盖舞毕而相携止息于幽闭之处，因而有孕也。”① 闻一多的见解是可取的。

将华胥“履巨人迹”与“履帝武敏”做一比较会发现，更古远的华胥尚未与帝与天建立联系，所谓“太昊之母”，不过是后人对华胥氏早于“帝、天”时代的概说罢了。唯有在草原记忆中，华胥的“华”与“母、妈、娘也”才在同一个“mo”音下血肉在一起！

（一）𗰗（2467）〔轻唇音，为巴切，音嚩〕

①花、华也。（名）

例：〔随嚩〕华丽（同 10B5）。

释：花，妙（嚩）果右；花者华也，香花也，秀丽也，艳也，色美丽之谓。（海 70. 142）

②音（怀）也。

（二）𗼃（5162）〔重唇音，没盃切，音没〕“母、妈、娘也。（名）”

这可以看作一个宣言，草原记忆在告诉历史：在草原文化族群与农业文化族群分野之前，认同“胥”为“种、苗、裔也”的族团，依托以天水成纪为中心的大地湾考古文化，就已经以花草树木为“MO”，为“母、妈、娘”。附带一句，按照西夏人的记忆，“华胥”之“华”又可称“无（MO）怀”，则《管子·封禅》：“昔 无怀氏 封泰山。”尹知章注：“〔无怀氏〕古之王者，在伏羲前。”也并非只是空穴来风。

第三节　西夏草原记忆的变革之途

西夏的草原记忆第二个变革之途，当归之于党项人的自称之确立。党

① 《闻一多全集》第 2 卷《古典新义》，开明书店 1948 年版。嗣后出版社作为《神话与诗》单行本出版。

项人的自称自是其民族认同的重要环节之一，然而，学界至今却仍在尔玛、弥药、木雅、唐古忒之间纠缠不清。其实，汉文献中“弭药”亦即“弥药”一词只出现过两次，一是《旧唐书·党项传》：“吐蕃强盛，拓跋氏渐为所逼，遂请内徙，始移其部落于庆州，置静边等州以处之。其故地陷于吐蕃，其处者为其役属，吐蕃谓之‘弭药’。”二是《新唐书·党项传》：“后吐蕃寖盛，拓跋畏逼，请内徙，始诏庆州置静边等州处之。地乃入吐蕃，其处者皆为吐蕃役属，更号‘弭药’。”而“唐古特”（TQngut）这个名称，最早见于公元 735 年鄂尔浑河畔的古突厥儒尼文毗伽可汗碑东面第 24 行。可见弥药、唐古特均为外族的它称。在党项人自己的字书《同音》里，党项人的自称只有一个，即“[illegible]（列谢）夏人、党项人（同 35B2）”《简》序号 2280，亦收此字，谓“〔正齿音，音射（你）〕番、党项人也。（名）”对此，党项人给出了自己的解释：“番者党项也，弥药也，番人之谓也。（杂 9. 242）。”意即：“党项也，弥药也”，使其文化认同在一起的只因“列谢（番）”之“谢”，只因“谢”衍生于“胥”之“种、苗、裔也”。

草原记忆的原初性，使西夏人溯着历史之河，将自己的“种、苗、裔也”直接追寻至华胥！所谓“列谢”之“谢”，所谓“射（你）”，与华胥之“胥”绝非音近那么简单。譬如：

[illegible]（5243）〔齿头音，音斜〕“人，民，庶也。（名）”

例：“（斜与）庶民”（同 31B5）；

而也是《同音》，又释音“亚俞”的西夏文[illegible]为“第八子”（同 43A2）。也就是说：“与（俞）”的“庶民”之中，是包含了“子”这一血缘、种裔认同在内的。“斜（谢）与（俞）”者，“（华）胥子民”之强调也。于是这才有了华胥子孙著名的“轩辕”、“薰鬻”、“鲜虞”称谓，以及放勋之“勋”、大禹之“禹”、列谢之“谢”等的“华胥”皈依。

草原记忆的华胥溯源，需要西夏文系列的语境还原才具有说服力。“庶民、子民者”，明显与“种、苗、裔也”具有一种从血缘认同到社会认同的承继与发展。草原记忆告诉历史，此二者转折的节点就在“少典”。为了显现其中的历史逻辑性，不妨先将西夏文中的诸“天”做一系统考察。

统观现存的六千余字的西夏文，“天”作为民族“秩序天下”构筑的梁柱，总计呈现为七个层面：

第一，𗼃（3666）〔舌头音，梯更切，音天、电〕天、电也。（名）（汉语借词）

例：（阿天）高天。（同15B6）

释：天，地左天右；天者地名（天都）也；又极高天上所电用之谓也。（海52.141）

第二，𗏁（3950）〔齿头音，六七切，音嚼〕天，乾也。（名）

例：（嚼兀）同天（同32B5）；

乾：天（同丁33A68背注）

释：乾，天左翅下，乾者天也，霄也，众生之蔽依处也。（海9.271）

第三，𗼇（0510）〔牙音，艺获切，音兀〕皇、天也。（名）

例：（兀没）皇天。（同21A6）

释：皇，乾左青左；皇者皇天也，乾也，霄也，众生之覆盖遮蔽处也。（海87.261）

第四，𗼈（3513）〔重唇音，梅勒切，音没〕

①天也。（名）例：（兀没）皇天（同3A2）

释：天，修左终全；天者乾也，皇也，霄也，众生之覆盖遮蔽处也。（海33.162）

②活业，营生也。

第五，𗼉（1107）〔牙音，鬼骨切，音兀、额〕天、皇也。（名）

例：（额邓）天圣（同26A7）

释：天，皇左贤左；天者天圣也，圣贤也，圣殿也，圣贤也梵也。（海35.111）

第六，𗼊（0124）〔来日音，离堵切，音胪〕

①脑、头、首也。（名）例：（吴［户］胪）头脑。（同47A6）

释：头者脑也，顶也，领端所致也。（海10.232）

②天也。

第七，𗼋（2532）〔舌头音，音宁〕日、天也。（名）

例：（力宁）日月。（同14A2）

释：节者时限也，十日、十五节时之谓（海80.222）

七个层面的“天”，有三个被主持造字的元昊添上了“皇”字。当然，这三个皇天功用也各不相同，且待另文解析“草原记忆中的秩序创新”时详说；余下四个，第六第七是各自用来表“时、空”的“天”；只有第一第二个“天”透着玄奥：(1) 与皇天同样的“众生之蔽依处”圣相，却不敢加“皇”字于其上；(2)“极高天”明显有“皇天”之上语义；(3)“电用”、“乾也”之谓，暗示“电”者、“嚼”者皆非其名。如此煞费心机曲用谐音，只有一种可能：避“讳”。三点玄奥一同指向了著名的少典与女登、附宝的故事。

《史记·五帝本纪》：“黄帝者，少典之子。”张守节正义：“母曰附宝，之祁也，见大电绕北斗枢星，感而怀孕，二十四月而生黄帝于寿丘。”

《国语·晋语四》：“昔少典娶于有蟜氏，生黄帝、炎帝。”

《汉书人表考》：“少典娶有蟜氏，名附宝，感大电绕枢，孕二十五月，以戊巳日生黄帝于天水。”

《帝王世纪》：炎帝“母曰妊姒[1]，有蟜氏女登为少典妃，游华阳，有神龙首，感生炎帝。人身牛首，长于姜水（宝鸡），有圣德，以火德王，故号炎帝。初都陈，又徙鲁。又曰魁隗氏，又曰连山氏，又曰列山氏。”

原来，“极高天上所电用”即为少典传奇的特指，而“电”借代“典”，“嚼”借代“蟜”，更是纹丝扣合！更有甚者，西夏记忆竟然知道少典之“少”，非大昊少昊之“少”，借汉字“叟”标音，即：

𗅢（0464）〔音序、叟〕

①高也，𗅢𗅢（命叟）同高（同 2B4）；②宏伟；③又音“序”、“绪”。

少（叟）典（电）者，即诸汉文献中的“大（宏伟）电”，草原记忆中的“极高天”。

关于有蟜氏，当下颇为流行的说法，是将其视同于《山海经》中的“蟜虫”崇拜及其部落，详可见许顺湛、李德方、黄吉博、马世之

① 古以兄妻为姒，弟妻为娣。如：“娣妇谓长妇为姒妇”（《尔雅·释亲》），“吾不以妾为姒”（《左传·成公十一年》），注：“昆弟之妻，相谓为姒”。“妊姒”显然模拟的是弟妻附宝的口吻，称兄妻为“怀孕的姐姐（妊姒）”，潜隐的话语为：这段历史是黄帝部落讲述的。

等人著述。[①] 这其实是误将有蟜氏的后世迁徙衍生事迹，当成了有蟜氏本源。

首先，少典氏与有蟜氏非但不是图腾崇拜的标志，而且是英雄时代开始构建“秩序天下”的第一基石。无论汉文献还是西夏文，都明示过“少典氏与有蟜氏”的“极高天上所电用之谓也”的身份与形象。

其次，有蟜氏的形象，可在西夏文对有蟜氏的女登、附宝两位少典妃的命名记忆中进一步显现。何谓女登？西夏文葆有的古音告诉人们：“女登”者，“女圣”也：

[illegible]（2463）〔舌头音，音鄧、宁〕

①圣、贤也。（名）②又音（提）、（地）、（点）、（底）、（定）也。

由此，我们不仅得知：“有蟜氏女登（鄧）”本为“有蟜氏女圣”；而且进一步明了，其身为“少典妃”而又兼有了“典（点）”之音。有蟜与少典融为一体的记忆，唯一藏存在了西夏文中：

[illegible]（3642）〔齿头音，七六合切，音嚼〕闪电也。（名）

至于附宝，西夏文的记忆中更与“大电”（少典）如出一家：

[illegible]（4530）〔重唇音，百角切，音豹、咆〕霹雳也。（名）

“附宝”二音的迭出，其实会很自然地让人们想到汉文献中“伏羲”“雹戏”互用之例；就像当西夏文道出“女登（鄧）”即“女圣”的真相，便会水到渠成地使人联想到夸父逐日道渴而死时，其手杖化为的那片圣林便既叫“鄧林”又叫“枫林”，联想到伏羲的风姓。

也是西夏文，在明示：华胥的“华”音“嚩（没）”，联通了整个羌语文化圈包括西夏语以“[illegible]（3513）〔重唇音，梅勒切，音没〕天也。（名）例：（兀没）皇天（同 3A2）”开启的“天（没）”文化形态的同时，又赋予了汉字“嚩”原本没有的“为巴切”注音[②]，暗示了在羌语世界包括西夏语文化圈之外，活跃于汉语文化圈的“女娲（为巴切）”本与华胥同源的关系。

西夏文以“胥（恤）”所葆有的“明”，再到“伏”、“雹”所葆有

---

① 许顺湛：《中原远古文化》，河南人民出版社 1983 年版，第 411 页；李德方、黄吉博：《黄帝炎帝的老家分别为新郑和洛阳》，《中国古都研究》（第 15 辑），三秦出版社 2004 年版；马世之：《有蟜氏故里及其相关问题》，《黄河科技大学》2011 年第 2 期。

② 详见《简明夏汉字典》“[illegible]”（2467）释文。

的“霹雳”，以致“少典（叟电）”、“蟜（嚼）”的“闪电”，复原了华胥族远古的秩序构建中，生命之源怎样由草木世界升华为“极高天”的光辉天下之记忆！

其实，汉文献的斩断“少典氏—有蟜氏”与“伏羲氏—女娲氏”的血缘关系，不啻是一场革命，是炎黄部族为树立“父权天授”认同力的必要牺牲。从此，少典氏才冠上了“有熊氏”国君的美称。“有熊”非熊，所以，最好也别费心去寻找，花大气力废除母权统治的炎黄二帝再为少典氏打扮出熊图腾崇拜的文献记载。“有熊”是一个互注的并列词，原意还保存在西夏文的那个复原记忆系统中：

𗏁（1448）〔喉音，余由切，音有〕子，男，丈夫也。（名）

𗏂（1085）〔来日音，祀妻切，音祀（移）〕，男，雄，子也。（名）

原来，有熊（雄）国即《山海经》中的“丈夫国”，此时已然“衣冠带剑”做勇士征战之态，与其后依然葆有“有蟜氏”安登之“安”，却蜕变为“居一门中”之贤淑态的女子国，判若两极！我在旧著考证过，《山海经·海外西经》与“丈夫国”同出的“巫咸国”“女子国”“轩辕国”，皆在山西涑水流域的巫咸山与安邑附近。[①]“丈夫国”即为少典氏“有熊国”，然后才有新郑的黄帝国君的“有熊国”。

现在可以谈谈，西夏文的记忆中，“有蟜氏”是怎样畸变为“蟜虫”部落的：

《山海经·中次六经》：“缟羝山之首，曰平逢之山，南望伊洛，东望谷城之山，……有神焉，其状如人而二首，名曰蟜虫，是为螫虫，实惟蜜蜂之庐。”

这是众前贤以为“有蟜氏”为“蟜虫”亦即蜜蜂图腾部落的唯一凭据。只是没人深究：“蜜蜂之庐”的“蟜虫”，并非即是蜜蜂，而只是蜜蜂的一家子，本家而已。这个蜜蜂的本家，学名叫作蜂鸟天蛾，英文直译为蜂鸟鹰蛾。蜂鸟蛾又被称为昆虫世界里的“四不像”。因为蜂鸟蛾首先像蝶，长长的喙管，尖端膨大的触角。还有色彩缤纷、美丽炫目的翅膀；它又像蜜蜂，在夏秋季节飞舞于百花丛中采食花蜜，并发出清晰可闻的嗡

① 喻权中：《中国上古文化的新大陆——〈山海经·海外经考〉》，黑龙江人民出版社1992年版。

嗡声；它还像南美洲的蜂鸟，夜伏昼出，很少休息，取食时，和蜂鸟一样，时而在花间盘旋，时而在花前疾驰。主要分布亚洲、南欧、北非和北美等地。中国河南山西一带，更是其主要聚集地之一（见图 1-1）。

图 1-1 蟜虫

这种看似双头的“四不像”虫，中国民间对它们早有观察，并有其不同的地方名称。在河南巩县，农民称这种“嗡嗡飞”的小精灵为“鬼使婆”，说是过世的阴间亲人派到阳间通知后人及时祭拜的使者。① 在西夏文中，这种似蜂似鸟的“虫”又被音称为“卡”

𗁅（2359）〔牙音，庆哈切，音卡〕（卡）虫名也（音）。

例：（卡部）（小虫）（同 26B3）

释：（卡），（卡左虫全）；为雀子水中往变（卡部）谓。（合编甲 11. 103）

因此“蟜虫”又叫“乔（蟜）卡”，是“有蟜氏”派来阳间的精灵。岁月沧桑，随着华夏族北迁部分在完成“以变北狄”的使命中的被北狄化，“乔（蟜）卡”鸟作为在满—通古斯语族广为流传的送子精灵，消磨尽了其与“有蟜氏”功能上的最后联系，变更成了源于“男性生殖器”与“鸡”形象的祭祀物。考证详见旧文《东北亚诸族创世与起源神话考原》，恕不赘述。②

更大的收获还在于，西夏文诸“天”的系统考察让人们第一次意识

① 祖九牛的新浪博客：《“蜂鸟”，“蜂鸟鹰蛾”与“鬼使婆”》，2007 年 11 月 4 日。

② 喻权中、张碧波：《东北亚诸族创世与起源神话考原》，《社会科学战线》2001 年第 1 期。

到，草原记忆一直知道：在草原记忆自觉文化认同之前，那些“皇天”尚未诞生之时，先祖们已经将“众生之蔽依处也”的神圣职能，赋予了炎黄二族的母族有蟜氏。“嚼（蟜）天”对汉语讲述的世界早已陌生，却一直与“华胥”一起，撑起了草原溯源的第一方“秩序天下”！《汉书·匈奴传》记：单于遣使遗汉书云：“南有大汉，北有强胡。胡者，天之骄子也，不为小礼以自烦。”在汉语世界的视野里，一直将此“骄”理解为“宠爱”“骄纵”；直到西夏文𗁬（1213）字呈现在世人面前，才知道此前的误读有多么的深谬：

𗁬（1213）〔来日音，音邪〕骄傲也。例：（邪迷）骄娇。（同52B1）

释：譬如骄子不可用也（孙X）

克恰诺夫释义：“骄子”；龚煌城例句：“骄子”。

原来，“骄之子”只是“邪（胥）”旗帜下的“子民、庶民”的权利。天之骄子的草原读法当为“天之骄（蟜）—子（‘邪’［胥］或‘斜与’）”。

两兄弟部族一同体认了“众生蔽依”之天，及天道显现之“极高天”，却也意味着分手的开始。结果，给天水岐山之原，姜水姬水之川这些原本炎黄合居的区域，留下了许多一地二称，一水两名的怪现象。最有名的还数《山海经·大荒西经》的“轩辕国”之记：

有轩辕之国，江山之南棲为吉，不寿者乃八百岁。

毕沅注“轩辕国”：“《水经注》云，南安姚瞻以为黄帝生于天水，在上邽城东。”却未能道明“棲为吉”的含义；倒是西夏文，道出了个中的原委：

𗅉（3314）〔来日音，音切〕江山。（名）例：（切药吞）江山，八野。（同32A6）

释：江山，八山天地四围。（同丁32B77背注）

注意，这里“八”，取的是其原初义“分开”，即《说文》：“八，别也，象分别相背之形。”与“歧”同义，因此西夏文才取“切（歧）”以标音。原来，西夏人尚知晓，江山即是岐山。用西夏记忆的解释，“江山之南棲为吉”就是在说，源出古代所称的右扶风郡杜陵岐山之“棲

（漆）”水，在江（岐）山以南，就因为姬姓的黄帝轩辕氏而改名“吉（姬）”水了。在西夏文字记忆中，铭刻了“棲漆”“吉（姬）”转化痕迹的，并非只此一例，譬如：

𗠇（4308）〔齿头音，捷（尼习）子切，音籍〕漆也。

同理，顾名思义，至扶风以上的漆水之“漆”，也应该因姜姓炎帝列山氏的居地而改称“姜”水。郦氏在《水经注·渭水》条下引《淮南子》云：“岐水出石桥山，东南流……二川并逝，俱为一水，南与横水合，自下通得岐水之目，俗谓之小横水，亦或名之米流川。迳岐山西，又屈迳周城南，城在岐山之阳而近西，所谓居岐之阳也。非直因山致名，亦指水取称矣。又历周原下，北则中水乡成周聚，故曰有周也。水北，即岐山矣。昔秦盗食穆公马处也。岐水又东迳姜氏城南为姜水。”

其实，两兄弟部族一定要厘清自己的“种、苗、裔也”，回溯华胥、少典、有蟜，本身就蕴含了浓浓的悲剧意味。结果，就有了“轩辕氏”“烈山氏”的分手与战争。“轩辕氏”就不必细说了，原本义同于“斜与”——“胥”之子民，只是到了周人，才将“轩辕”篡改成了“天鼋（元）”——天之元子，藏起了姬族是少典少子的原本；“烈山氏”原本“炎帝之号”，《左传·昭公二十九年》云：“有烈山氏之子曰柱，为稷，自夏以上祀之。”韦昭注：“烈山氏，炎帝之号也。”已经有人指出源于“烈山而耕”所获美称，并因为这种生产方式，与“逐水草而居”的兄弟部族轩辕氏发生根本性冲突。炎帝之名，或以为“榆罔”，或以为“魁隗”，明显倾向于有地域守护职能的地神系统。譬如“罔”，全赖西夏记忆，世人才明白，在这里是读作“华胥”之“华”，华夏古音为“嚩（MO）”。西夏文献记载：银州大族罔氏本是党项首领李光俨之妻，然在被宋封为卫国太夫人后，罔氏又被称为“卫慕氏”。加之“榆”同西夏文“子民”的音“与”完全相合，“榆罔”者，“华胥”子民之谓明矣！西夏文中，原以“嵬、隗”音为标记的地域守护职能的地神系统，已经被元昊修正皈依为了帝王之族诸“嵬名”的专利，六千余西夏文中，只剩下“护羊神”，还承袭着由“华胥”而得的“嚩（MO）”或“没”音，头顶着“神”的桂冠；然而余下被剥夺“神、天”外衣的百余个音“没”或“嵬”的西夏文，其骨髓与内涵中的神圣意味，依然可以追索得到。这一点，已经被葛维汉的田野调查和中国学者的系列《雅砻江流域民族考报告》屡屡证实。[①] 于是，我们终于可以得知，党项人为何要自称“列谢”了：“列谢”者，烈山氏子民之宣言也。

第四节　西夏草原记忆身份认同之结点

西夏的草原记忆第三个变革之途，开始于六世纪见诸文献的党项族首领的陆续内附。先是拓跋宁丛（554 年），随后有细封布赖（629 年）、拓跋赤辞（631 年），这些内附浪潮已有先贤专文论述。需要关注的是：这些首领们的名号呈现出前所未有的阿尔泰语系民族特点：“赤辞”者，音近于蒙古语—满语的共同语“cinciiambi”，“仔细看、审视”之意。[②] 结合与拓跋赤辞一同降唐的其侄子拓跋思头，其“思头”音近于蒙古语—满语的共同语“sithumbi”，“专心、勤笃”之义，[③] 党项的这支拓跋源于东胡系列的可能性蛮大。至于“细封布赖”，《辽史》卷 115：“病者不用医药，占巫者送鬼，西夏语以巫为‘厮’也。”“细封”者，“厮封”亦即“大巫”也；又因其具有“送鬼”之异能，称之为“细封布赖”。“布赖”又称“不离”，孙伯君、聂鸿音曾考证：“《燕北杂记》曰：‘戎主别有鼓十六面，发更时擂动，至二点住，三更时再擂，呼为倍其不离鼓，是惊鬼’。既然‘倍其不离’意为惊鬼之鼓，那么，‘不离’buri 义当为‘鬼’。”[④] 正因为“细封布赖”为驱鬼大巫，其举部内附后，宋太宗才依其名，封其赐地为“轨（鬼）州”。

耐人寻味的还是“宁丛”，在《隋书·党项传》中，拓跋宁丛为拓跋党项在隋朝的首领，却被称为满语—蒙古语共同语中著名的“nakcu”（舅舅）。[⑤] 对于拓跋氏，母舅的地位至高无上传统悠久。历数拓跋史，公元 220 年，力微便是以舅舅的身份，平整“没鹿回”部酋长窦宾之子的

---

① 葛维汉：《葛维汉民族学考古学论著》，巴蜀书社 2004 年版；李绍明、童恩正主编：《雅砻江流域民族考察报告》，民族出版社 2008 年版。

② 高娃：《满语蒙古语比较研究》，中央民族大学出版社 2005 年版，第 231 页。

③ 高娃：《满语蒙古语比较研究》，中央民族大学出版社 2005 年版，第 351 页。

④ 孙伯君、聂鸿音：《契丹语研究》，中国社会科学出版社 2008 年版，第 52 页。

⑤ 高娃：《满语蒙古语比较研究》，中央民族大学出版社 2005 年版，第 330 页。

叛乱，吞并其部众，因众酋长皆服从力微，然后才有力微的“控弦上马二十余万”（《魏书·序纪》）之势；公元329年，拓跋翳槐舅父贺兰蔼头，率领贺兰部及其他各部酋长共立翳槐为代王，原代王纥那无法抵抗，只好弃奔宇文部。“宁丛（舅舅）”的称呼可理解为：公元六世纪的拓跋氏，还处于强势融入与塑造党项族阶段。

其实，在此之前，跨语族的认同重整在整个草原已接近于完成：“以变北狄”的奉薰育为祖，已经在突厥的“腾格里”文化和伊朗“纳昏特”（“纳”，太阳；“昏特”，灵、子。）① 文化的影响下，改造为匈奴的“撑梨孤涂”崇拜；“鲜虞”一名最早出现于《国语·郑语》。《国语·郑语》幽王八年（前774年）云：“当成周者，南有荆蛮、申、吕、应、邓、陈、蔡、隋、唐；北有卫、燕、狄、鲜虞、潞、洛、泉、徐、蒲……是非王之支子母弟甥舅，则皆蛮、夷、戎、狄之人也”。此时也将殷“箕子苗裔”之子姓，改造成了“鲜虞”原初的“胥”之子民词义。《汉书·地理志》注引应劭云：“新市，本鲜于子国，今鲜虞亭是也。”司马彪《续汉书·郡国志》中山国新市条：“有鲜虞亭，故国子姓。”1977年天津武清出土的东汉《鲜于璜碑》亦说鲜虞璜为殷“箕子之苗裔”。更证实了子姓一说，不仅为子姓，而且为箕子的后裔。于是，替代“列谢”，“党项”族称应运而生。有论文称党项最早以“Tanghut”的指称出现于鄂尔浑突厥儒尼文碑铭上，其实此碑铭是唐玄宗开元二十三年（735年）之事，已经是拓跋宁丛以党项首领名义内附之后200余年。并且，“Tanghut”也并非“党项”的音译，而是突厥对党项的它称“唐古特”之音译。只不过透过这一他称，可以使人了解到，“党项”的组成，真的是“撑梨”或“唐”或“党”+“孤涂”或“古特”或“斜（项）”。党项人通过这种“斜（项）”所代表的传统坚守，与“撑梨”或“唐”或“党”所意味的跨语族的认同，将多种族的草原诸部落，以适合其生存特点的、“天与守护神”为核心的“秩序天下”认同，奇迹般地组合起来！

① 喻权中：《变形于世界神话体中的“哈多”》，《阿尔泰神话研究回眸》，民族出版社2011年版，第523页。

第二章　草原记忆中的秩序创新

第一节　“七”之天，欧亚草原交融的产物

西夏文提供的“秩序天下”之初始框架，除了回溯历史，让我们得以重拾那久违了的文明曙光，还令人感到一种文化多元涵化过程中的冲突，一份熟悉中的陌生。

首先，已经有人质疑：“自甲骨文被发现以来，研究者们发现一个令人尴尬的现象。尽管天道在中国文化中占有重要的地位，尽管传世典籍中频繁的提到了天，但甲骨文中却没有一个字可以解释为 sky、heaven，商人也不崇拜天。甲骨文中的‘天’形字，一般都做大讲。如天邑商即大邑商，天乙就是大乙。故而自郭沫若在《先秦天道观之进展》中提出‘天’的观念是殷周之际产生以来，学者多从之。商自然也就不存在天崇拜，他们主要是祖先崇拜和自然崇拜。”①

七层面向的天之组合，不见于其他任何一种汉文献记载；倒是近年王炳华先生的力作《说“七”——求索青铜时代孔雀河绿洲居民的精神世界》值得加以关注。王炳华先生认为：在新疆罗布淖尔孔雀河水系青铜时代遗址，如古墓沟、小河墓地，虽早在距今 4000—3500 年前，时代古远，但正当古代先民步入文明的过程中。“七”这个神秘数字，已充斥在观念形态至日常生活的诸多方面，许多细节，既可助益对“七”这一神秘数字所以产生的解码，又有助于解析相关思想文化发展的内涵。在它与西亚苏美尔、南亚印度、亚洲东部黄河流域大地相关“七”数概念的关系中，也满溢发人遐思的问题：它们之间是一个怎样

---

① ukor（悠客）：《天和天崇拜——吐火罗人献给华夏族的最大礼物》，水木社区（Fri Aug 6 02：03：12 2010）。

的关系？是一个中心？还是殊途同归？值得拓展思路，结合其他文化元素，展开多方位的研究。①

王炳华先生所言“结合其他文化元素”，比较关键的要数分子人类学的种落测定。这方面，吉林大学边疆考古研究中心教授朱泓等人，从古DNA角度研究小河居民的人种类型，吉林大学生命科学学院教授周慧及其指导的博士生李春香等获得了小河墓地58个人类个体的线粒体DNA序列，研究结果表明小河早期人群是分别带有东部欧亚谱系和西部欧亚谱系的群体。② 找到了这一“七”文化“充斥在观念形态至日常生活的诸多方面”群落的归属。而放眼西亚东亚文明初始的天神体系，其与西夏文记忆的可比性便脱颖而出。

凯伦·阿姆斯特朗在其名著《轴心时代》第一章的开篇写到“尝试实践轴心时代的第一个民族是居住在俄罗斯南部大草原的牧人，他们自称为雅利安人”。随后，凯伦描述了这群牧人的“众神体系”：

> 随着时间的流逝，雅利安人发展出了更加有条理的众神体系。起初，他们崇拜一位苍天神——被称为“Dyaus Pitr”的创世者。然而，正如其他高位神那样，“Dyaus”如此遥不可及，以致最终被一些更易为人们亲近的神灵取代，而它们全部与自然和宇宙之力融为一体。伐楼那（Varuna）维护宇宙的秩序，密特拉（Mithra）是风暴、雷电和赋予生命的雨露之神，正义和智慧之神马兹达（Mazda）与太阳与星宿相关联。神圣的武士因陀罗（Indra）与一条叫作布利陀罗（Vritra）的长着三个头的龙搏斗，使秩序远离混乱。对于文明社会至关紧要的火，也是一位神灵，雅利安人将它称为阿耆尼（Agni）。阿耆尼不仅仅是火的神圣守护者，他确实是在每一个炉膛中燃烧的火。③

① 王炳华：《说“七”——求索青铜时代孔雀河绿洲居民的精神世界》，王炳华主编：《孔雀河青铜时代与吐火罗假想》，科学出版社2017年版，第251页。

② 《中国社会科学院：科技考古揭秘小河墓地出土奶酪》，《中国社会科学报》2014年3月18日。

③ ［英］凯伦·阿姆斯特朗：《轴心时代》，孙艳燕、白彦兵译，海南出版社2010年版，第6页。

比较西夏文七层面向的天之组合，不难发现，西夏文不仅单音节化了古羌语，也单音节化了雅利安人的众神体系。其中：

1. 那位“遥不可及”的“高位神 Dyaus（狄雅乌思）”，在西夏文中被略称为了𗼇（3666）〔舌头音，梯更切，音天、电〕“天、电也。（名）（汉语借词）例：（阿天）高天。（同 15B6）释：天，地左天右；天者地名（天都）也；又极高天上所电用之谓也。（海 52.141）”+𗹦（4600）〔牙音，额陆切，音悟〕“誓也。（动）”。以对应雅利安人的众神体系中“狄雅乌思”即是天神又是天的体现的双重身份。

2. 伐楼那（Varuna）“维护宇宙的秩序”的圣贤身份，则对应了𗍫（1107）〔牙音，鬼骨切，音兀、额〕“天、皇也。（名）例：（额邓）天圣（同 26A7）释：天，皇左贤左；天者天圣也，圣贤也，圣殿也，圣贤也梵也。（海 35.111）”。

3. 密特拉（Mithra）的“风暴、雷电和赋予生命的雨露之神”，诠释了𘉋（3513）〔重唇音，梅勒切，音没〕“①天也。（名）例：（兀没）皇天（同 3A2）释：天，修左终全；天者乾也，皇也，霄也，众生之覆盖遮蔽处也。（海 33.162）②活业，营生也。”“赋予生命”可谓“活业，营生也”的直译。

4. 至于“与太阳与星宿相关联”的马兹达（Mazda），虽然音读与𗼃（2532）〔舌头音，音宁〕“日、天也。（名）例：（力宁）日月。（同 14A2）释：节者时限也，十日、十五节时之谓（海 80.222）”相去较远；但西夏文另有𗼃𗾈，释为“〔墨力〕日月（同 4B7）”，音义俱近于“Mazda”。

5. 说到“神圣的武士因陀罗（Indra）与一条叫作布利陀罗（Vritra）的长着三个头的龙搏斗”，《山海经·大荒东经》有此故事的一个翻版：“大荒东北隅中，有山名曰凶犁土丘。应龙处南极，杀蚩尤与夸父，不得复上，故下数旱。旱而为应龙之状，乃得大雨。目开而日出，目闭而日落。”其中，两“陀罗”即满语蒙古语共同语（相当于阿尔泰语系原始语）中的“下”“坠落”①；西夏文中的𗗙（3792）〔来日音，累独

① 《至元译语·方隅门》：“下　驮落”，见贾敬颜、朱凤合辑《蒙古译语 女真译语汇编》，天津古籍出版社 1990 年版，第 14 页。《满语蒙古语比较研究》“tuhembi 落，跌倒，坠，掉落”，见高娃《满语蒙古语比较研究》，中央民族大学出版社 2005 年版，第 371 页。

切，音六〕“低下也。（形）”，或𗃬（0394）〔来日音，音嘞〕“下也。（副）”皆从“不得复上”得义而来。至于“应龙”与“因”音近自不必说；而“夸父”又名“博父”，而“博”亦可视为“布利”之略读，则“布利”可做“夸父”。有意味的是两种文化价值观的不同，令故事中的主人公身份发生了置换：《山海经·海外西经》：“丈夫国在维鸟北，其为人衣冠带剑。”其中，“维鸟”在羌语中即为“鹰”。这一记忆尚留存于西夏文中：𘝦（5420）〔舌上音，（声韵不详），音纽〕“鹰也。（名）”例：𗏳𘝦𘝦（伟纽）“鹰、雄鹰（同20A2），鹰鹞（千佛）。”其“伟纽”“维鸟”一也。而丈夫国的“衣冠带剑”则是象形于“甫”字，因“甫”“父”相同，因此而成。

“丈夫国”既解，这个应龙（维鸟）旁边的“父（丈夫国）”，当然就是“夸父”了。《山海经》下文的“所经国亡”，也是由记应龙杀夸父而来。如此“因陀罗—应龙”的原型才应该是“长着三个头的龙”；而“布利陀罗—夸父”的原型，“衣冠带剑”的“丈夫”，当然只能译作“武士”。而故事结果倒置的缘由，皆因雅利安文化价值观中悠久的视龙为凶恶物使然。

具体到西夏文七层面向的天之组合，“应龙—维鸟—因陀罗”对应的，当为𘞄（0510）〔牙音，艺获切，音兀〕“皇、天也。（名）𘞄𗏁（兀没）皇天。（同21A6）释𘞄：皇者皇天也，乾也，霄也，众生之覆盖遮蔽处也。（海87.261）”因为在西夏文中，鹰除了叫“伟纽”，也与“天”一样读作“兀”。即𗏳（5861）〔牙音，音兀〕“雕，鹫也。（名）”；而“布利陀罗—夸父”对应的则应是𗼇（0124）〔来日音，离堵切，音胪〕“①脑、头、首也。（名）𘝞𗼇（吴［户］胪）头脑。（同47A6）释𗼇：头者脑也，顶也，领端所致也。（海10.232）②天也。”突出强调可以“带冠”的“头脑”，可见，在“应龙—维鸟—因陀罗”与“布利陀罗—夸父”的两个文化传统中，西夏文化选择的是认同东方的华夏牧人的文化传统。

6. 最后是阿耆尼（Agni），“不仅仅是火的神圣守护者，他确实是在每一个炉膛中燃烧的火”。西夏文中对应的有𗏹（4557）〔来日音，音俗（移足）〕“①火炬也。（名）②烛也。”𗿢（4360）〔舌头音，能落切，音奴〕“火苗也。（名）”前一字对应阿耆尼（Agni）的“耆”，后一字对应阿耆尼（Agni）的“尼”。就是说，除了发语词，阿耆尼（Agni）的两种略读，西夏文都具备了。只是，作为黄帝炎帝母亲的有蟜氏，并非一般的与火的关联，而是担当着“火的神圣守护者”，因此，“有蟜”作为满语—蒙古语共同语，强调的是“jorimbi 指，指示”[①] 或者“jori-①指向，导向，引向；使往……去。②起誓。”[②] 皆与“蟜”音相近，亦与“神圣守护者”之义相通。

这里有一个关键性的词语：“陀罗”。时下的解释一律指向星相学，所谓“陀罗星，北斗助星，为凶危乃扫马煞星，忌星，性蹉跎，捞叨。主勇敢而残忍”。其实，这种解释源于游戏物“坨螺”与“因陀罗”的杂烩。所谓“性蹉跎，捞叨”，源于游戏物“坨螺”不停地旋转与随之的嗡嗡作响；而“主勇敢而残忍”，则是源于雅利安人在“学会如何驯服大草原上的野马并将它们套在战车上”后，宗教发生的剧烈转变。如凯伦·阿姆斯特朗所言：古老的雅利安宗教曾经劝诫人们互利互惠、自我牺牲，以及对动物的友善。而这对那些偷窃牲畜的盗贼来说已经不再具有吸引力。他们心中的英雄是精力充沛的因陀罗，他杀死了巨龙，驾着战车行驶在天上的云层中。因陀罗如今是那些劫掠行凶者所立志追求的神圣典范。[③]

结果，“陀罗”由“下界（天神）”的借词，一变而成为“主勇敢而残忍”的代名词。没有人去反问一声：怎样拿“主勇敢而残忍”解释释迦牟尼的贤妻耶输陀罗？

“陀罗”借自原蒙古先民，或者说阿尔泰语藏缅语尚未细分的蒙古草原群体语词，由原义“下（土）”衍生而为专指那些“降省下土”或者来自下土的天神们。清楚了这一点，意味着清楚了：大约在公元 1500 年前，由“俄罗斯南部大草原”南下的雅利安牧人，在遭遇了拥有应龙战夸父故事的蒙古草原华夏族牧人后，将象征华夏族牧人血腥兼并的应龙战夸父故事，吸纳改进为了新的因陀罗杀巨龙故事；同时，华夏族牧人也借此遭遇，丰富了自身的以诸天层面为代表的秩序世界，并遗存在了西夏文的记忆中。

---

① 高娃：《满语蒙古语比较研究》，中央民族大学出版社 2005 年版，第 308 页。

② 保朝鲁编：《穆卡迪马特蒙古语词典》，内蒙古大学出版社 2002 年版，第 71 页。

③ ［英］凯伦·阿姆斯特朗：《轴心时代》，海南出版社 2010 年版，第 9 页。

第二节 从“天”之 koke、Abka 到“三正”与“三一”

现有的民族走廊概念的应用和实践，首先是从藏彝走廊开始的，其地理范围大体包括西南横断山脉、六江流域这一片南北狭长、呈走廊形态的区域。西南丝绸之路，即是由此区域中的众多道路连接和延伸而形成的。汉代张骞第一次出使西域到达大夏（今阿富汗）时（约在公元前129年），见“蜀布、邛竹杖”，得知从蜀地（今四川）经身毒（今印度）到大夏存在一条民间的通道，并认为在西域未通的情况下“从蜀宜径，又无寇”，此后开始汉朝对西南的经略。

然而，雅利安人与西夏的七层面向的天之组合比较，揭示出了这里早在公元前1500年时，就已经成为欧亚文化交汇的热土。欧亚草原的文化交往由来已久。以致勒内·格鲁塞在其名著《草原帝国》的头一行字便写下“现在已知最早的欧亚之路是北方的草原之路”，早到旧石器时代的奥瑞纳文化便已进入中国北方。[①] 然而，当代史学界考古学界公认，轮式交通工具的传播，才是伟大的丝绸之路开通的先决条件，“专门的草原游牧和半游牧形成的重要的先决条件是交通工具的发明，因为交通工具让放牧人首次跟上他的牲畜”[②]。叶莲娜·伊菲莫夫纳·库兹米娜的《丝绸之路史前史》认为：“根据赞同柴尔德的食物生产‘一元中心说’的大多数学者的研究（Childe，1951，1954），轮式交通工具在公元前第四千纪晚期发明于西亚，而在公元前第三千纪从西亚传播到次生文明区：高加索、兴都斯坦（Hindustan）西北部、东南欧和南俄草原。”[③] 进入“夏”历史时段的这个号称目前所见最早的类“车”字陶器刻符，似乎也支撑着这一点（见图2-1）。

1996年，考古工作者有了重大发现。在商汤所都“西亳”河南偃师

---

① ［法］勒内·格鲁塞：《草原帝国》，蓝琪译，商务印书馆2014年版，第23页。

② ［俄］叶莲娜·伊菲莫夫纳·库兹米娜：《丝绸之路史前史》，［美］梅维恒英文编译，李春长译，科学出版社2015年版，第28页。

③ ［俄］叶莲娜·伊菲莫夫纳·库兹米娜：《丝绸之路史前史》，［美］梅维恒英文编译，李春长译，科学出版社2015年版，第26页。

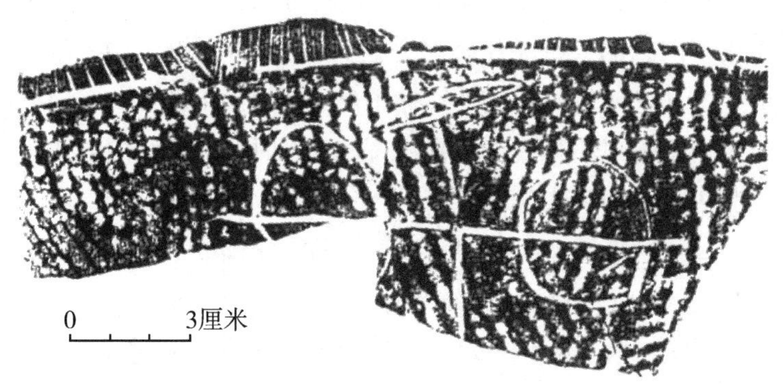

图 2-1　洛阳皂角树出土二里头文化陶器刻符

有学者认为这应当就是目前所见最早的“车”字。

商城东北隅的一次发掘中，考古工作者在底层路土面靠近城墙的部位发现了两道东西向顺城墙并行的车辙遗迹。已经发掘的车辙长 14 米，轨距只有 120 厘米左右，与辛塔什塔—彼德罗夫卡两轮多辐条轮辐战车的车轴较短之特征相吻合。北车辙距离城墙约 20—30 厘米。车辙痕迹呈凹槽状，口部一般宽约 20 厘米，深约 3—5 厘米。发掘者认为，车辙肯定是由双轮车碾压所致。车辙之间的路土面布满不规则的小坑，可能是长期被拉车的动物踩踏所致。此外，在郑州紫荆山铸铜遗址中发现制造车軎所用的陶范，在偃师商城也曾发掘出一件青铜质地个体较小的车軎；车軎个体较小意味着车轴短小。偃师商城约为公元前 16 世纪所建，它和辛塔什塔—彼德罗夫卡文化结束的时间以及“雅利安人迁徙”的时间相当接近。

两大草原上的文化动荡挑战着原有的文化秩序，于是，在相距不到 400 年的时间里，两大草原先后做出了自己的应对。从伊朗高地至天山绿洲，一位“祭司大约在公元前 1200 年声称，阿胡拉·马自达（Ahura Mazda）委托他来恢复大草原的秩序。他的名字是琐罗亚斯德（Zoroaster）”①。“大草原上空前的暴力促使琐罗亚斯德将古老的雅利安众神划分为两个敌对的集团。善良的男女必须不再向因陀罗和迪弗献祭，不应邀请他们来到神圣的领地。相反，他们必须完全献身于马兹达神、神圣的不

① ［英］凯伦·阿姆斯特朗：《轴心时代》，孙艳燕、白彦兵译，海南出版社 2010 年版，第 10 页。

朽者和其他阿胡拉，唯有他们能带来和平、正义和安全。”[①] 为此，琐罗亚斯德重组了旧日的天神系统：马兹达，“一个单一的、独一无二的神。马兹达的七个光芒四射的随从——神圣的不朽者（Holy lmmortals）——也是神：每一个都表现了马兹达的属性之一，同时又以传统的方式与七个原始造物的其中之一相关联”。[②]

只是，这一次琐罗亚斯德的秩序重整的文化影响，却止步于了蒙古草原的“天”之koke、Abka的传统恪守。

蒙古语中的“koke（T. koke）①绿的，青的；蓝色的。②天，天空”[③]。满语中原本无此词，只有一外来词语与其音同，即“K'ork'a〔名〕廓尔硌，今尼泊尔”[④]。《文选·曹植〈七启〉》：“今予廓尔，身轻若飞。愿反初服，从子而归。”张铣注：“廓尔，开悟貌。”当与蒙古语中的“koke（T. koke）①绿的，青的；蓝色的。②天，天空”，具有亲缘关系；满语“kek称心如意的，畅快的，惬意的，满意的”，则更似“廓尔，开悟貌”的衍生。

“天”之koke之所以会一直恪守在草原记忆之中，是因为其被赋予的顽强的生命力与再生能力。首先，蒙古语清晰地用同一“koke”将“①绿的，青的；蓝色的。②天，天空”与“吮，吸；吸取”能力捆绑在了一起，天由此成了强大的生命维护者，甚至被形象地喻为“kǒken//kǒke//kǒk乳房；乳头”[⑤]；天在草原猎者和牧民眼中，直接被视为了生命的供养者。其不可分割性自然远胜于作为“独一无二的神”。其次，在草原记忆之中，koke还被赋予了“再生”义的动词词性，成为“kokere-（T. koker）①开始变绿。②变蓝”[⑥]。使“koke”具备了成长为“长生天”的要素。

至于满语中的“Abka〔名〕①天，天空，太空。②天气。③上帝，

---

① ［英］凯伦·阿姆斯特朗：《轴心时代》，孙艳燕、白彦兵译，海南出版社2010年版，第12页。

② ［英］凯伦·阿姆斯特朗：《轴心时代》，孙艳燕、白彦兵译，海南出版社2010年版，第12页。

③ 保朝鲁编：《穆卡迪马特蒙古语词典》，内蒙古大学出版社2002年版，第80页。

④ 安双成主编：《满汉大辞典》，辽宁民族出版社1993年版，第932页。

⑤ 保朝鲁编：《穆卡迪马特蒙古语词典》，内蒙古大学出版社2002年版，第82页。

⑥ 保朝鲁编：《穆卡迪马特蒙古语词典》，内蒙古大学出版社2002年版，第80页。

老天爷，皇天，苍天”①。其词源“Aba”，满语称之为“〔名〕打围，狩猎。〔副〕何在，哪里”②；蒙古语则释义为“①打猎，狩猎。②猎物”③。可见在对“打猎”的记忆上，两语族是有着共同的来源的，可以上溯至其尚未分成两语族且都主要靠狩猎为生的时代。当然，那个文明尚未完成区域化的悠远年代，“Abka”的影响似乎弥漫了整个欧亚草原。于是，西夏文的𗼇（5981）〔喉音，（声调不详），音阿〕“①一也。（数）……”饶宗颐的《上古塞种史若干问题——于阗史丛考序》提到：雅利安人的米丹尼王国语，“如‘一’之aika-相当于梵文的eka”，似乎都在佐证着“天”之koke、Abka时代影响之久远。

第三节　“三一”传统在草原文化中的流布

“三一说”最早源于《道德经·四十二章》：“道生一，一生二，二生三，三生万物。”

对于历史文献而言，“三一”一词似乎首见于《史记·封禅书》：“古者天子三年一用太牢，具祠神三一：天一、地一、泰一。”三正者，应即三政（正、政相通）。三政亦即三礼——即古人对天神、地祇、人鬼之三大祭祀也。《书·尧典》：“咨四岳有能典朕三礼?”马融注：“三礼，天神地祇人鬼礼。”古人以祭祀为国之大政，故称此三礼为三正（政）。然而，最初包含“三一”传统的文化实践，却屡屡生发于草原族群。譬如内蒙古自治区西辽河上游白岔河川榆树广彩绘岩画（见图3-2），被学界认定为6000年前红山文化早期的文化遗存。其上便绘出了多个“三一”形态：三个肩并肩手挽手的人、三头猪、三只掌印……每一个样态都包含了草原独特的文化内涵。而近日在大兴安岭松岭区壮志天书台新发现的岩画中，同样出现“三个肩并肩手挽手的人”，他们的左旁，绘出了一个倾斜着的人面。右旁的三权杖及身后的人群，强调出三者“主人”的身份；而三人脚下（似乎是展开的双翼）的托举物，以及再其下一蹲踞一伸展双臂者，则透露出三人其被祭祀或被祈求的文化意义（见图2-2）。

---

① 安双成主编：《满汉大辞典》，辽宁民族出版社1993年版，第24页。

② 安双成主编：《满汉大辞典》，辽宁民族出版社1993年版，第23页。

③ 保朝鲁编：《穆卡迪马特蒙古语词典》，内蒙古大学出版社2002年版，第1页。

图 2-2 大兴安岭松岭区壮志天书台岩画①

两幅岩画，令人不由得记起同一块土地的后人——契丹族著名的传说。《契丹国志》卷一有一个传说中“三主”的记载：

> 后有一主，号廼呵，此主特一骷髅，在穹庐中覆之以毡，人不得见。国人有大事，则杀白马灰牛以祭，始变人形，出视事，已，即入穹庐，复为骷髅。因国人窃视之，失其所在。复有一主，号曰喎呵，戴野猪头，披猪皮，居穹庐中，有事则出，退复隐入穹庐如故。后因其妻窃其猪皮，遂失其夫，莫知所如。此复一主，号曰昼里昏呵，惟养羊二十口，日食十九，留其一焉，次日复有二十口，日如之。是三主者，皆有治国之能名，余无足称焉。

其中，“三主”均称之的“呵”，已经孙伯君、聂鸿音考订为“汗（呵）*qan/qo：汉意为‘王’”②。至于“廼呵”，特征有三：（1）可做骷髅人形之互变；（2）享“杀白马灰牛以祭”；（3）名号音读近于“廼

① 中共大兴安岭地委宣传部：《大兴安岭岩画》，2017 年，第 92 页。

② 孙伯君、聂鸿音：《契丹语研究》，中国社会科学出版社 2008 年版，第 65 页。

(nar)。由是知其必为太阳神。其一，太阳神由人面到骷髅形的互变每每见于阴山贺兰山岩画；其二，《辽史·兵卫志》云："凡举兵，帝率蕃汉文武臣僚，以青牛白马祭告天地、日神。"其三，《穆卡迪马特蒙古语词典》(以下简称《穆》)记"naran//nar 太阳，日"①。二主"喎呵"，已有文章释得"喎"汉意为"猪"②；而"昼里昏呵"的"昼(畫)"，笔者过去指出过为"画(畫)"字所讹，"画里"《至元译语》记为"羊忽你"；《穆》则曰："qonin (T. qoi) 绵羊。"至于"昏"，当为"quri'a-"的急读。"quri'a-①集中，集合，召集到一起。②收集，积攒。③加，加在一起。"③当用以描述"畫里昏呵""留其一焉，次日复有二十口"的神奇聚集能力。

原来，三主即天(迺呵)、地(喎呵)、人世(畫里昏呵)三界之主。北方草原文明历来有以三神(人或兽、禽)相联组成秩序一体的文化传统。广为人知的是距今6000年前赵宝沟类型中的三神兽陶尊，据其发掘报告者云："尊形器上的动物形图像的各部，系分别根据现实生活中的猪、鹿和鸟首的形象提炼而成，但猪首下作蛇身，鹿首或鸟首左侧纹饰则似由羽翼抽象出来。它们已不是单纯现实动物形象的写照，而是人们创造的崇拜对象，神化了的灵物。三种灵物图像都向右侧，绕器一周，颇有宇宙无穷任巡游的宏大气魄，现象地反映出当时人们幻想中的神灵超人的伟大。"④(见图2-3)

此外，初步判断为红山文化晚期的兴隆洼遗址第二地点，"在21号灰坑内发现一件三个女人裸体蹲坐相拥、手臂交叉相搂的陶塑"⑤。

除了空间把握的"三一"外，草原记忆中，还将时间的十二时辰也做出"三一"化强调。这一点，集中体现在同时期出土的鹿纹陶尊上。蒙古语记忆中，称"鹿"为"bugu (T. ~)"而与"鹿"具有最近的亲

---

① 保朝鲁编：《穆卡迪马特蒙古语词典》，内蒙古大学出版社2002年版，第92页。

② 孙伯君、聂鸿音：《契丹语研究》，中国社会科学出版社2008年版，第113页。

③ 保朝鲁编：《穆卡迪马特蒙古语词典》，内蒙古大学出版社2002年版，第127页。

④ 郭大顺：《辽西古文化的认识》，《庆祝苏秉琦考古五十五年论文集》，文物出版社1989年版，第208页。

⑤ 中国社会科学院考古研究所内蒙古第一工作队：《内蒙古赤峰市兴隆沟聚落遗址2002—2003年的发掘》，《考古》2004年第7期。

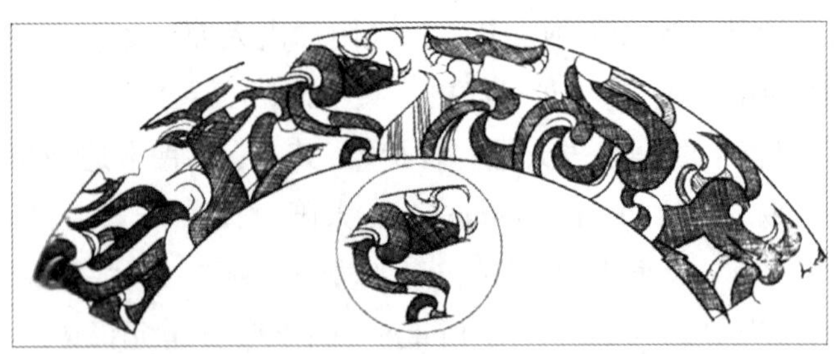

图 2-3 赵宝沟文化陶尊上的猪龙图案

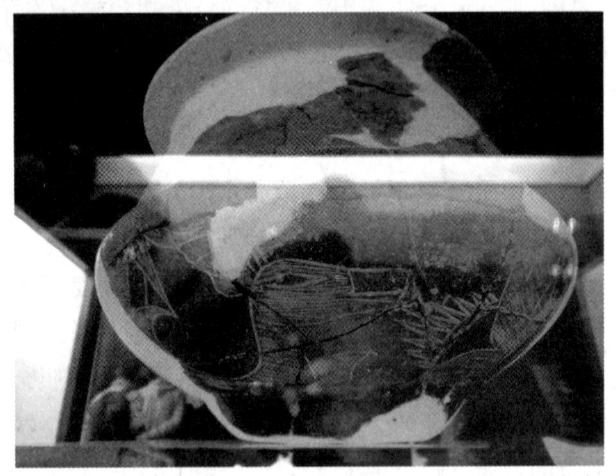

图 2-4 赤峰博物馆藏：陶尊形器（赵宝沟文化）

缘关系的词便是“bugur（T. boguz）（→bugar）~ morin 怀驹的（骒）马”。[①] 其中，“morin”为蒙古语和满—通古斯语共同语“马”，现在已鲜有疑问。余下的“bugur”自然就是“怀驹”或广泛意义的“孕育”之义，所以，迄今为止出土的陶器鹿纹其身份当皆为“女鹿”。这一点，与三神兽陶尊一同出土的赵宝沟文化鹿纹陶尊形器体现得最为充分。

赵宝沟文化（今敖汉旗境内）是继兴隆洼文化之后，在西辽河流域取得支配地位，并对红山文化发展产生过重大影响的又一支重要远古文化。其主要经济形式为原始农业，狩猎经济占有一定比重。这一时期先民已存在等级高低之分，社会分工已趋明显，表现出发达的原始宗教信仰和浓重的生殖崇拜。

① 保朝鲁编：《穆卡迪马特蒙古语词典》，内蒙古大学出版社 2002 年版，第 21 页。

神兽纹陶尊出土于敖吉乡喇嘛板村的一个山坡台地上，地名南台地。此台地三面环山，西高东低，东望视野开阔，教来河由南向北流去，适宜于古人类的居住，也适宜于原始农业与原始畜牧业的发展。在这遗址上有房屋遗迹40余个，出土神兽纹陶尊的房址编号为F1，位在整个遗址的西部高台上。据原报告介绍，此处可能系先民们“在此举行某些宗教活动”之处，“或者是崇拜祭祀的场所”，也就是祭天、祀地、祭祖的庙堂。房基内出土陶尊14件，其中5件刻画有神兽纹天象图案，再加上残片上的神兽纹天象图案，原报告说包括有“四灵”，即包含了四时天象的内容在内。现据已发表的四件：神兽太阳纹一件，神兽月相纹两件，神兽星辰纹一件，构成四灵。

值得注意的是，当下学界对猪首、鹿首和神鸟组合的“灵物图像”的研究，常常将其与一同出土的另外三件神兽纹图案陶尊割裂开来。其中代表性论述当属冯时，他的《中国天文考古学》称：“如果我们把小山星图看做是二分日的天象记录，那么对星象的计算表明，作为鸟象的张宿和作为鹿象的危宿于二分日时位于南中天的时间约为公元前5000年至前4000年，而小山先民恰好生活在那个时代。”① 以鹿象为二十八宿中的危宿。

然而，对照同时出土的“鹿纹陶尊”可知，女鹿在小山文化中担负着司天孕日之责。由“鹿纹陶尊展开图”（见图2-5）看出，女鹿绕陶尊一周，孕育的是四角光芒的卯时之日，六角光芒的巳时之日，和九角光芒的申时之日（九角光芒的完整纹饰可见图2-4）。

卯时日出，又名日始、破晓、旭日等：指太阳刚刚初兴，冉冉东升的那段时间（5—7时）；而“兴”者，“称”也，《礼记·月令》：“〔孟春之月〕是月也，不可以称兵，称兵必天殃”即是；巳时日出，又名日禺等，指临近中午的时候（9—11时）。如此图像，难免令人联想到文献记载生二男“称、禺”的颛顼妃子女禄。因为“禄”“鹿”本就相通。史游《急就章》说：“射魃辟邪除群凶。”颜师古注《急就章》云：“射魃辟邪，皆神兽名，多同天禄（又称天鹿）对举。《十州记》云：‘聚窟州有辟邪天鹿。’”

---

① 冯时：《中国天文考古学》，中国社会科学出版社2010年版，第150页。

鹿纹陶尊展开图

图 2-5 赵宝沟文化鹿纹陶尊形器

其实，在他书中，记女禄另外尚有一子，即《世本·帝系》的“颛顼娶于滕氏，滕氏奔之子谓之女禄，产老童”。“老”在这里应读为“暮”，如同“天姥山”的“姥”音“mo”一理。“暮童”者“暮日”也，指申时，亦称日晡之时。时间为下午三点到下午五点。而一同出土的陶尊中，恰恰有一幅图展示的是一头即将孕育出九角光芒的女鹿绕尊自环（见图 2-5）。九角连同上述的四角、六角，分别代表了地支的“卯、巳、申”三时，表明颛顼的历法变革，已经具备了天干地支以构建秩序。所谓“昔在颛顼，命南正重司天，火正黎司地”（《史记·太史公自序》）即是。已经有人指出：“禄、鹿”又通“黎”，历史上有个叫钟离的国家，司马迁写作终黎，考古出土的钟离国青铜铭文又写作童鹿，童丽。“黎司地”也就是“（女）禄（鹿）司地。”

由此可见，所谓三神兽陶尊，表现的正是日月星三辰构成的颛顼时代新秩序。如陆思贤先生所言：“鹿龙作鱼身鱼尾，并生出了太阳与月亮，是为‘孳尾’的最高寓意。《国语·周语下》韦昭注：‘辰，日月之会’，辰即河蚌（详下），鸟龙作鸟首蚌身，即表示‘日月之会’的天象。”① 至于猪龙所代表的斗星之司，称谓或“重”或“童”或“终”，表达的即是“司天”之职。

在此基础上，草原“鹿纹陶尊”上对“卯—巳—申”三时辰的特殊强调，恰恰体现出了几千年来草原“三牧”的传统。即一天之内露水收尽后的“卯”时之牧，避开大热的“巳”时之牧和日晡之时的“申”时之牧。

图 2-6　敖汉旗兴隆沟的兴隆洼文化

小山文化所在的敖汉南邻朝阳，而据《晋书》记载，公元 294 年鲜卑首领慕容廆移居的大棘城，并且成为前燕王慕容皝的早期都城，乃是颛顼“故墟”，即颛顼帝故城遗址所在。根据近些年来在北票境内发现的鲜卑早期城址和墓葬群情况，专家们推测，棘城（即颛顼“故墟”）应在今朝阳市东北几十华里的北票境内大凌河流域一带（旧说在义县境内）。从考古学文化上看，距今五千多年前以牛河梁坛、庙、冢为代表的红山文化，应是颛顼的方国文化。后来，颛顼帝率领部族从辽西地区移往中原，居于帝丘（今河南濮阳一带）。② 草原“鹿纹陶尊”体现出的时间“三一”律，当亦出现在这一时期。

---

① 陆思贤：《神话考古》，文物出版社 1995 年版，第 295 页。

② 详见喻权中《中国上古文化的新大陆——〈山海经·海外经〉考》之“务隅山考”，黑龙江人民出版社 1992 年版，第 399—410 页。

第三章　寻找草原文化认同的超级符号（1）

第一节　数词中的游牧世界

1. 原自母亲与共食的“一”

说到草原文化认同的超级符号，数词必定是其中的重要部分。阿尔泰语系的三大语族：满—通古斯语族、蒙古语族、突厥语族，加之以羌语为基底的西夏文，其中各有来历的数词，当他们被还原于词源构筑的语境中，就会讲述出色彩斑斓的草原文化如何孕育与起源的故事。

吴安其先生可谓当下对阿尔泰语系三大语族语言的数词最有影响的研究者。其研究成果将阿尔泰语的数词置于阿尔泰语系整体发展的文化背景中加以把握。提出：阿尔泰语系的文化背景为七八千年前辽河西北一带的兴隆洼文化，五六千年前演变为红山文化，其组织为母系氏族社会或较为简单的部落社会，迁徙是当时语言传播的主要方式。阿尔泰人部落联盟大约出现于距今三四千年前，与黄河流域的居民有较为密切的关系。《诗经》时代称他们为“玁狁”或“狄”，秦汉时称其为匈奴。[①]

也许是吴安其先生过于想强调其“迁徙是当时语言传播的主要方式”的理论支点，构筑起“突厥、蒙古、满—通古斯、朝鲜和日本诸语的数词有相对独立起源，称其为阿尔泰语的数词。其中‘一’ ‘二’来自‘少’，‘三’或来自手指示数法，‘四’有同源关系，‘五’的读法来自各自‘手’的读法，‘六’‘七’‘八’‘九’可能来自肢体或手指示数法的语言表达”[②] 的框架体系。为此，吴安其先生列举了“东亚语言的

① 吴安其：《阿尔泰语的数词》，《语言研究》2012 年第 3 期。

② 吴安其：《阿尔泰语的数词》，《语言研究》2012 年第 3 期。

‘一’‘二’通常来自‘少’，如台湾南岛语系的语言，泰雅语‘一’qutux 和赛德克语‘少’qutuh < * qutiq 有词源关系，阿尔泰语的‘一’‘二’有不同的来源，它们都来自‘少’‘小’等”[①] 作为支撑。

令人有些费解的是，先生为何不直接用泰雅语“一”“少”做一词源关系的梳理？譬如《赛考利克泰雅语语言能力检定考试笔试模拟试题》中有如下问句：

①pirangyaw su pirakawas su pirapila su（你现在有多少钱？）

②pira kwara mtswe su（你有多少兄弟姐妹？）

③Cipoq balay qu qulih la！（鱼儿变少了。）

明显见出泰雅语“一”qutux 与“少”Cipoq 之间并不存在词源关系；倒是显现出了泰雅语“少”Cipoq 与《华夷译语·数目门》“少 啜延 cühen”之间的语言传播痕迹。而泰雅语的“多少”pira，更浓厚地显现出了其与诸突厥语中的“分开”以至由此可以溯及的突厥语动词“分”和数词“一”bir 的词源联系。

最为典型的例子是《华夷译语·数目门》：“一 你刊 nigen”“二 豁牙儿 qoyar”“少 啜延 cühen”[②] 并举，明显看出：蒙古语数词“一”“二”与量词“少”并非同源。而其《华夷译语·人事门》又称“作伴 那可（撒）撤 nöküce”[③]，与之同《穆》：“niken//nigen ①一，一个。②某一个。③同一个，同样的”[④]；“niketke 结上，扎住，绾住，系住”[⑤] 相参照，可发现，蒙古语的数词“一”不但与量词“少”无直接缘分，而且是以“同一”“整一”“作伴”等表达“集合为一”的词类作为词源。

由此，我们必须先返回到哈斯巴特尔。哈斯巴特尔从 20 世纪 90 年代起，便以系列论著探讨了阿尔泰语系诸语族数词的起源及其发展。早期的《试论蒙古语数词“一”的起源》，从历史发展角度比较分析了蒙古语数

① 吴安其：《阿尔泰语的数词》，《语言研究》2012 年第 3 期。

② 贾敬颜、朱风合辑：《蒙古译语 女真译语汇编》，天津古籍出版社 1990 年版，第 52 页。

③ 贾敬颜、朱风合辑：《蒙古译语 女真译语汇编》，天津古籍出版社 1990 年版，第 50 页。

④ 保朝鲁编：《穆卡迪马特蒙古语词典》，内蒙古大学出版社 2002 年版，第 95 页。

⑤ 保朝鲁编：《穆卡迪马特蒙古语词典》，内蒙古大学出版社 2002 年版，第 96 页。

词 nigen “一”的起源及其发展。认为它是由*emün+﹏ken 的派生形式演变而来的，词根*emün 同满语 emu “一”和鄂温克语 emun “一”具有同源关系。*emün 来源于“母亲”一词。① 21 世纪初，哈斯巴特尔通过对阿尔泰语系三大语族语言的数词“一”进行词源及其之间关系的探讨研究，认为：①阿尔泰诸语之间，仅就数词这个层面上，蒙古语和满语数词“一”具有同源关系；而突厥语数词“一”另有来源；它们没有共同的词源关系。②阿尔泰诸语之间，在同源词这个层面上，数词“一”在蒙古语、满语、突厥语中都有其同源词。③在词源上，阿尔泰诸语数词“一”都来源于母系社会时期共食制条件下的食物分配。阿尔泰语诸语之间存在着发生学联系。②

具体到“数词 bir‘一’的比较”，哈斯巴特尔列举了：

> 蒙古语
>
> bör﹏bür（代词）都、大家；böri﹏büri（后置词）每一个、每；börin﹏bürin（形容词）全的，等。
>
> 满语
>
> Biredei 全、都、同；Bireme 一概、一切；burtai 同、都、全、一概等词中的词根 bire-、bur-。
>
> 从语音形式到语义上，凸显出“以上词同突厥语数词‘一’bir 保持同源关系。”③

同时，哈斯巴特尔“分析突厥语数词 bir‘一’的来源关系时注意到，在突厥语中存在着与 bir 基本相近的一个动词 bøl-‘分’”，“同时动词‘分’还有另一个派生词，它表达‘分开’的语义”。它在诸突厥语中的分布情况如下：

---

① 哈斯巴特尔：《试论蒙古语数词“一”的起源》，《民族语文》1995 年第 2 期。

② 哈斯巴特尔：《关于阿尔泰诸语数词“一”及其相互关系》，《满语研究》2003 年第 2 期。

③ 哈斯巴特尔：《关于阿尔泰诸语数词“一”及其相互关系》，《满语研究》2003 年第 2 期。

维吾尔语 parqilas-
哈萨克语 parqisala-
柯尔克孜语 parqala-
……”

到此，泰雅语“多少”pira 在诸突厥语的“分开”的语义中找到了其源头。

2. 补上阿尔泰语系数词“一”发展链条的缺环

只是，在吴安其先生的“泰雅语‘一’qutux 和赛德克语‘少’qutuh<＊qutiq 有词源关系”提问中，似乎认为：单单语音的相似，并没有讲清来源于词根＊emün“母亲”一词的满—通古斯语数词 emu“一”和蒙古语数词 nigen“一”，是怎样裂变出承载了蒙古语、满语诸阿尔泰语的“全、都、同；大家”等词义的突厥语数词 bir“一”的？由此，吴安其先生才试图在“迁徙”视角中补上这一缺环。

确实存在怎样一个缺环；只是，吴安其先生的“一”“二”来自“少”说还是无法满意补上这一缺环。泰雅语“一”qutux 和赛德克语“少”qutuh<＊qutiq，更多的应是一种借代关系，如同汉语中的“一穷二白”“一无是处”；《穆》：“cö：n 少，不多，数量少的。”“cö：n cö：n ora'u：lba tü：ni üiledü 把他渐渐（一点一点）地导入了工作里。”[①] 都存在以数词“一”代量词“少”或者以量词“少”代数词“一”的词例。

实际上，缺环在溯源的开端“＊emün 来源于‘母亲’”一词说便存在。如果说《华夷译语·数目门》中的“一额木”[②]“来源于母系社会时期共食制条件下的食物分配”，《女直译语·人物门》中的“母额墨”[③] 构成了分配主持者，则分配明显还缺少实施的时空规定。值得注意的是，在安双成主编的《满汉大辞典》中，“Emke”的释义除了“〔数〕一”还有“又作逐一”项；[④] 给予证明的是，与“Emke”并出具有同源关系的有“Emde〔时位〕同，共同，一起，一块儿”，“Emkeci〔数〕连

① 保朝鲁编：《穆卡迪马特蒙古语词典》，内蒙古大学出版社 2002 年版，第 30 页。
② 贾敬颜、朱凤合辑：《蒙古译语 女真译语汇编》，天津古籍出版社 1990 年版，第 247 页。
③ 贾敬颜、朱凤合辑：《蒙古译语 女真译语汇编》，天津古籍出版社 1990 年版，第 236 页。
④ 安双成主编：《满汉大辞典》，辽宁民族出版社 1993 年版，第 109 页。

一个也……”等词条，① 充分显示了 Emke“一”与共食制的“共”的发生学联系。蒙古语数词 nigen“一”虽然发生了 * emün+_ken 的派生形式演变；但一直被人们忽略的是：《华夷译语·人事门》记载的“歇息阿木 amu”条，② 实际上残存了完成部族共食制最直接的时空构筑。

额墨“母”→emu“一”→Emke“一，又作逐一”→Emde“共同，一起”→amu“歇息”，共同成就了原始阿尔泰语的数词“一”及其文化内涵，然后才有传播意义上的 * emün+_ken 的派生形式演变而来的蒙古语数词 nigen“一”，同时领会突厥语的数词 bie“一”如何在阿尔泰诸语数词“一”层面上具有的同源性。

3. 西夏文中兼容各方数词“一”的草原文化风貌

耐人寻味的是：连接蒙古语族、满语族与西南诸羌的西夏国，其上个世纪末才得以批量发现的西夏文字与文献，竟然兼顾了古华夏语和阿尔泰语诸族数词“一”的音读及其文化内涵。

其中，[illegible]（5981）〔喉音·ja（声调不详）音阿〕“①一也。（数）②加在动词前，构成动词趋向范畴形式之一，表示上方。③加在动词前，表示业已进行。④加在动词前，构成动词疑问式，表示疑问。⑤作为语助，具有‘大、都、已、所’等义”，显然来自满—通古斯语族数词“一额木”的略读；

[illegible]（5553）〔牙音，音伎（宜）〕“或、时、乃、而、一、各、也。（连）”，则葆有着蒙古语数词 nigen“一”的开头；

至于[illegible]（0100）〔来日音，力羞切，音娄〕“一也。（数）”，又明显带出由突厥语数词“一”bir 词尾变化而来；

此外，[illegible]（4855）〔齿头音，族精切，音尽〕“一、单也。（数）”；[illegible]（0448）〔牙音，音其〕“①一、某一也。（数）②有也。”则分别对应了汉藏语系藏缅语族羌语支纳木依语数词 ji^{31}“一”和 qi^{53}“一些（指数量）”③

其后，羌语数词又影响到藏语。《吐蕃简牍综录》，共收录了吐蕃简

① 安双成主编：《满汉大辞典》，辽宁民族出版社 1993 年版，第 108—109 页。

② 贾敬颜、朱风合辑：《蒙古译语 女真译语汇编》，天津古籍出版社 1990 年版，第 47 页。

③ 刘辉强：《纳木依语概要》，《雅砻江流域民族考察报告》，民族出版社 2008 年版，第 365—395 页。

牍464支，其中藏文数词“一”频出，音读注释皆为“ji”。如“博玛（蕃人）领受：茹本达萨结之农田一突”“班丹领受：资悉波之田地三突，军官俸田一突，茹本之新垦荒地一突，副先锋官田一突……”[①] 等。及至现代的藏语读本，仍将藏语数词“一”读音标注为“基”，如：“一年 老基，一月 达瓦基，一天 尼玛基，一小时 曲最基，一分钟 嘎玛基……”

西夏文数词“一”也影响到了同时代的契丹族。《辽史·国语解》释“君基，太一神，福神名”[②]。

令人惊喜的是，西夏文对“一”的集合性记忆让人们得以窥见草原文化与华夏族文明悠远的联系。西夏文载𘟙（5356）〔舌头音，低杰切，音爹〕“①独、一也。（形）𘟙𗼃〔跌勒〕单独（同13A3）。②专印也”；𗍫（5300）〔舌头音，睹吃切，音的〕“①假若也。（连、助）②一也”。从释文中可知，“一”在这里已经派生为了“形、连、助”词类。而释文对派生义“①独、一也。②专印也”的揭示，有理由将其与西夏同时代的契丹之dili“敌烈”联系起来。《钦定辽史国语解》卷二云：“德哷，蒙古语上也。卷四六作敌烈。”元初的《至元译语·方隅门》则记为“上迭剌”[③]。

由于“敌烈（跌勒）”的“上”，被西夏文释文揭示：达到了“①独、一也。（形）𘟙𗼃〔跌勒〕单独（同13A3）。②专印也”的境地，其汇入“一”词义簇之前的词源便只能是殷墟卜辞中的“帝”。胡厚宣先生在其《殷代之天神崇拜》文中说：“武丁时卜辞中称帝者甚多，实为殷人之天神。”随后，在归纳“帝”“其权能力量厥有八端”之余，揭示了“帝”之所以派生出后世“①独、一也。（形）②专印也”的原因：“甲骨文大半为卜祭先祖之辞，其祭帝者，则绝未之有。盖以帝之至上独尊，不受人间之享祭，故不能以事祖先之礼事之也。”至于“专印”之释，则当来自于胡厚宣先生谈及的“帝”词义之演进：

> 同时，随社会之进化，神权渐渐没落，王权渐渐扩张，人王乃亦

---

① 王尧、陈践：《吐蕃简牍综录》，文物出版社1986年版，第27页。

② 旧注不知“基”为“一”之音读，皆句读为“君基太一神，福神名”。殊不知“太一”即释“基”，“神”即释“君”，“福神名”则是对其神格的交代。

③ 贾敬颜、朱风合辑：《蒙古译语 女真译语汇编》，天津古籍出版社1990年版，第14页。

得称帝，如廪辛康丁时称祖甲为帝甲：

贞其自帝甲又有。

廪辛康丁亦自称为帝，……帝乙帝辛时卜辞称文武丁为文武帝，……而帝乙帝辛者亦以帝名，因人王亦可名帝，故于天神之帝，遂加“上”字以别之，如廪辛康丁时卜辞言：

上帝若王。

意谓上帝者在天之帝也，帝者在人间之帝也。①

所以“帝（[illegible]）”至西夏，才又派生出帝王专用印“[illegible]嵬名礼部专印（考1）”之“专印也”词义。

对于“殷不祭帝”，旧释皆取“中国古代祭祀祖宗的方法取近舍远”之说。《礼记·祭法》记载：“有虞氏禘黄帝而郊喾，祖颛顼而宗尧。夏后氏亦禘黄帝而郊鲧，祖颛顼而宗禹。殷人禘喾而郊冥，祖契而宗汤。周人禘喾而郊稷，祖文王而宗武王。”被司马迁称之为黄帝炎帝之父的少典因此自然在不祭之列。少典在先秦诸子的著作中很少出现，只是在《史记》中出现过两次，更别谈禘、郊之事。胡厚宣先生的“盖以帝之至上独尊，不受人间之享祭，故不能以事祖先之礼事之也”说，得到了西夏文记忆的支持。

除了[illegible]（5356）〔舌头音，低杰切，音爹〕“①独、一也。（形）[illegible][illegible]〔跌勒〕单独（同13A3）。②专印也”与“帝”具有密切的同源关系，更有一西夏文道出了“少典”的特殊身份：

[illegible]《简》序号3666字：〔舌头音，梯更切，音天、电〕天、电也。（名）（汉语借词）

例：（阿天）高天。（同15B6）

释：天，地左天右；天者地名（天都）也；又极高天上所电用之谓也。（海52.141）

在“草原记忆中的‘秩序天下’之发端”一章中，我曾经分析了西

① 胡厚宣：《甲骨学商史论丛初集》，齐鲁大学国学研究所1944年版，第281—301页。

夏文秩序构筑的七个“天”字里“𗁅”显现出的微妙：具有“极高天”的尊崇，却不像其他诸天要被皇权打上其“皇天”的烙印；身带“电用”之效用，却不同于其他诸天被赋予“众生蔽依”之具体职责。胡厚宣先生之言则可谓一语中的。从此，在阿尔泰语系诸族中，便同时并存了以词根*emün“母”为源头，源于现实世界母系社会时期共食制条件下食物分配的“额木”一；和以词根“典（极高天）”或“敌烈（上）”为源头，源于宗教世界阿尔泰语系与汉藏语系诸族相互认同的𗁅𗁆〔跌勒〕“单独，一”。

4. “一”在传播中的被改造

只是，哈斯巴特尔在“蒙古语数词 nigen‘一’的起源及其发展”，是怎样“由 emün+_ken 的派生形式演变而来的”问题上，未能做出如“*emün‘一’来源于‘母亲’一词”的详细论证。

其实，蒙古语数词 nigen“一”的起源及其发展完全承接了满语额墨“母”的发展变化。请注意：《女直译语·人物门》（阿波本）的“母 额墨”，在《女直译语·人物门》（格鲁柏本）中是记作“母 厄宁”的。[1]《简明满汉辞典》中也说：“Eme〔名〕母亲，（与 Eniye 同）。”[2] 但是，在具体应用上，二者是具有微妙的差异的。

“母额墨 Eme”中的“me”，当源于满语的“Meme〔名〕奶头，乳房”。[3] 其后的发展则如上所言，经历了：额墨“母”→emu“一”→Emke“一，又作逐一”→Emde“共同，一起”→amu“歇息”，共同成就了原始阿尔泰语的数词“一”及其文化内涵；

而“母 厄宁 Eni（ye）”中的“ni”，却是更多的原来指“类”或指代。如“meni〔代〕我们的”[4]；《女直译语·人物门》中的“大人 昂帮捏麻、家人 博亦捏麻、老人 撒答捏麻”[5] 等等，计在称各色人物时用了19个“捏麻”。这就难怪《穆》中，蒙古语会更形象地释为“ni'a：-粘

① 贾敬颜、朱风合辑：《蒙古译语 女真译语汇编》，天津古籍出版社1990年版，第286页。

② 刘厚生等：《简明满汉辞典》，河南大学出版社1988年版，第110页。

③ 安双成主编：《满汉大辞典》，辽宁民族出版社1993年版，第755页。

④ 安双成主编：《满汉大辞典》，辽宁民族出版社1993年版，第751页。

⑤ 贾敬颜、朱风合辑：《蒙古译语 女真译语汇编》，天津古籍出版社1990年版，第286—287页。

住，贴住，粘附在……上”。[①] 于是，为了同满语数词“一”的额墨“母”→emu“一”→Emke“一，又作逐一”→Emde“共同，一起”→amu“歇息”发生发展之路相区别，蒙古语一方面遮蔽了“eme”满语里原有“母亲”之义，改造成为“①妇女，女人，妻。②雌，牝，母的”[②]。母亲称谓则变迁为了“eke 母，母亲”[③]。虽然其派生词中仍葆有带着“一”痕迹的“ekile-开始，着手”[④] 一类词汇，但其指向则鲜明的规定在了“ke：li 肚子，腹”、“ke：litü 怀孕的”[⑤] 层面。另一方面，蒙古语的“niken//nigen①一，一个。②某一个。③同一个，同样的”[⑥]，直接将“一与同一”词义集合在了同一词语中。

待到突厥语的数词 bir“一”，其实只是延续着满语、蒙古语数词“一”蕴含义的发展之路，将发展到蒙古语数词 nigen“一”已经具有的 bi“我”[⑦] 之义，改造成了突厥语的 birle“一起，同，与”以强调突厥语的数词 bir“一”，既源于阿尔泰语系数词“一”的发展之路，又是本民族的“我（bi）”所独具的，从中可见出突厥族凸显自我的意识之强烈。在这番改造之后，我们已找不到数词 bir“一”与“母亲”在词语上的任何联系，《突厥语大辞典》为例：

Ana 母亲。　　《突》卷一（99）

Uma 母亲。吐蕃语。这个词可能是阿拉伯人遗留给他们的。　　《突》卷一（98）

前一例突厥语 Ana“母亲”，即便智慧如穆赫默德·喀什噶里，也已经忘记了其与蒙古语数词 nigen“一”的渊源关系；至于后一例，从“可能”透露出的犹疑可知，作者竟然已不知上溯与吐蕃关系密切的羌语。

---

① 保朝鲁编：《穆卡迪马特蒙古语词典》，内蒙古大学出版社 2002 年版，第 94 页。

② 保朝鲁编：《穆卡迪马特蒙古语词典》，内蒙古大学出版社 2002 年版，第 42 页。

③ 保朝鲁编：《穆卡迪马特蒙古语词典》，内蒙古大学出版社 2002 年版，第 41 页。

④ 保朝鲁编：《穆卡迪马特蒙古语词典》，内蒙古大学出版社 2002 年版，第 41 页。

⑤ 保朝鲁编：《穆卡迪马特蒙古语词典》，内蒙古大学出版社 2002 年版，第 78 页。

⑥ 保朝鲁编：《穆卡迪马特蒙古语词典》，内蒙古大学出版社 2002 年版，第 95 页。

⑦ bi“我”为满语蒙古语共同语，见《华夷译语·人物门》“我必 bi”条，及阿波文库本《女直译语·人物门》“我必”。

在以羌语为基底的西夏文里有：

> 𗼃（0510）〔牙音，艺获切，音兀〕“皇、天也。（名）例：𗼃（兀没）皇天（同 21A6）。释：乾也，霄也，众生之覆盖遮蔽处也。（海 87.261）”
>
> 𗉘（3513）〔重唇音，梅勒切，音没〕“①天也。（名）例：（兀没）皇天（同 3A2）释：皇也，霄也，众生之覆盖遮蔽处也。（海 33.162）②活业，营生也。”

其音读“兀没”，其功能“众生之覆盖遮蔽处也”，都道出了两词语与突厥语 Ana“母亲”、Uma“母亲”的传播学联系。

认清这些，“杀、分”等动词具有的派生意义才能得到更好地梳理。

第二节　“手掌”与杀害：草原猎民的最悠久记忆

1. 来自四万年前的“手掌”与杀害

《自然》最近在线发表了一篇论文 Palaeolithic cave art in Borneo，描述了一幅迄今已知最早的具象绘画。婆罗洲发现的这幅洞穴画描绘了一只并不清晰的动物图案，可以追溯到至少 4 万年前（见图 3-1）。[①]

这一发现势必让学术界重新评估 2007 年一篇题为《内蒙古西辽河地区发现罕见彩绘岩画》的官方报道：

> 新华网内蒙古频道 10 月 7 日电（记者李泽兵）近日，内蒙古自治区西辽河上游白岔河川发现一幅罕见的新石器时代红山文化时期彩绘岩画，记载上古这一地区部族的社会动态，展现出上古人类活动很多有价值的信息。（见图 3-2）

① 转引自搜狐・环球解密：《沉睡 4 万年！印尼洞穴壁画曝光，改写最古老具象艺术纪录》，2018-11-08。

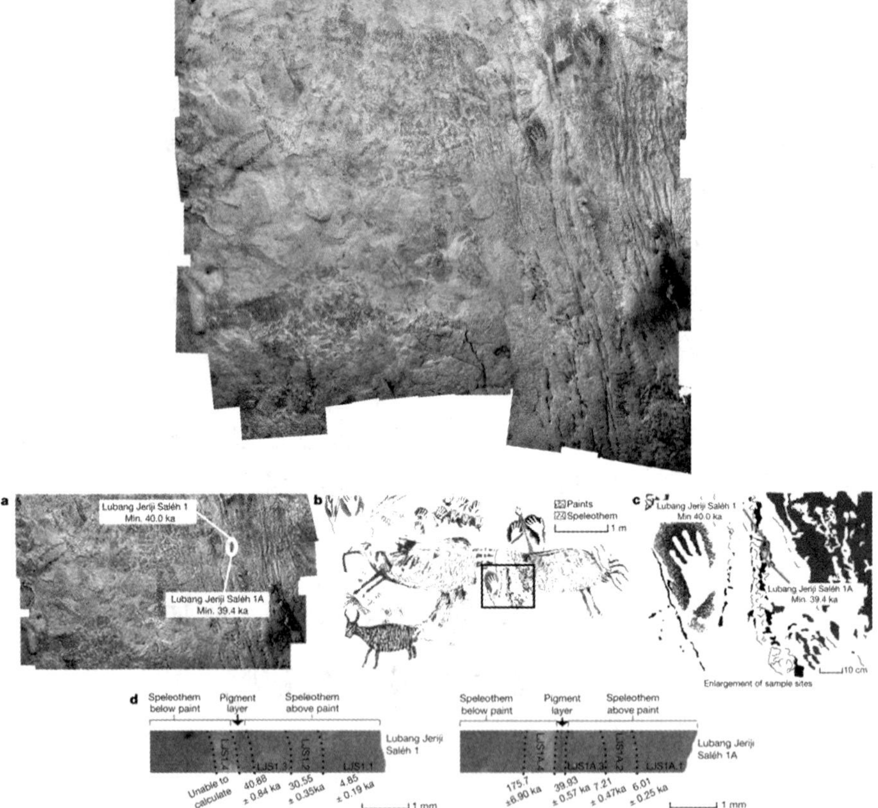

图 3-1　来自婆罗洲的世界上最古老的具象绘画至少有 4 万年的历史

图 3-2　内蒙古自治区西辽河上游白岔河川榆树广村彩绘岩画

据发现者吴甲才先生撰文介绍：

榆树广彩绘岩画在内蒙古克什克腾旗万河永乡榆树广村西200米，白岔河西岸，悬崖底部距河床4米高的位置上，岩画面向东方，彩绘面积5128平方米。目前据掌握的相关资料来看，这幅彩绘画所包涵的内容在20万平方公里的红山文化区域内，是十分罕见的。

彩绘岩画罕见处有几大特点：

辽西及内蒙古东部地区用红赭石做颜料绘制上古时期组画是十分稀少的。目前这幅地面有走兽、地上有飞鸟、地中有舞动的人群岩画，仅此一幅。

彩绘岩画手印首次发现，结束了东北地区岩画中只有刻磨手印而无彩绘手印的历史。它的出现可与法国著名的拉斯科彩绘岩画中的手印相媲美。

上古人类崇猪的意识在岩画中得以再现，这一意识以往只是从出土的玉猪龙和陪葬的猪体等器物中进行推测，而这一幅猪型岩画的出现进一步证明了，以往专家推测古人崇猪的思想是正确的。

这幅彩绘岩画应该是记载上古这一地区部族的社会动态或是一个重要的活动事件，其中首次发现了巫师舞动的身影。

彩绘岩画内容分析

这幅上古红山文化时期的彩绘岩画，上下高2.2米，左右宽2.4米，画中有各类舞动的人32个，各种走动的动物10个，飞鸟2只，写意人物脸1面，人手3只，禽鸟爪1只，表意的通道2条。画面不大，但在画中反映上古景致内容却很丰富。画面各种姿势的人物具多，占画面各类形物总数的70%，其中画面最醒目的是处在中心位置舞动的巫师，巫师脸部看不清，但是巫师舞动的飘带却柔长、优美、自然，飘落的柔带联接了比巫师个矮的人身上，是情系，还是洗礼；是欢庆收获的共舞，还是部众为了祈求什么，通过巫师法术舞技与神灵沟通。不管怎样，能看到六千年前手持长而柔的飘带，舞动轻盈多姿体态的画面，是十分难得的。

巫师左边是一只跳动的驼鸟（驼鸟在这里已绝迹，但是我们可以在内蒙古博物馆看到从翁牛特旗出土的上古驼鸟蛋化石）。巫师和驼鸟周围有15个人，舞动的人群中一猪向东北方面行走，后边有一个高大的人，像是在拉扯猪的尾巴跟他一起行走（有考古资料表明猪在九千年前就被人驯化了，人拉猪的动作是向人展示了驯化猪的成果）。巫师的前方有一只大梅花鹿、一只小鹿和一个人在奔跑，他们与猪应该是同一方向绕舞动的人群行跑。绕巫师舞动的人群前还有4个人，他们像是另一个部族或家族成员在那里等待巫师的洗礼。

巫师的左上方以3口行走野猪为中心，构出了另一个区域画面，这3口野猪一字排开，向东北方向行进，它们脚下有两条长长的线条，它表意应该是猪的通道，通道下边有一股水在流淌，通道的前下方有3个肩并肩手挽手的人，像是（肩扛）撑猪通道的木杆，还是跳上古的排子舞，尚未有合适的答案。三猪的正下方有做着不同姿势的5个人，猪的正上方有1人手持2个圆圈像是站在猪身上，他的前边还有1条犬（考古资料表明犬一万两千年前就被人驯化了），它们向同一方向行走。三猪身上还有1只飞鸟，下方有2只动物在观看，它们的背后还有1只动物和2个人向东南方向观行。

这幅画最让人费解的还有上古时期的人类的手印和一只禽爪印。这3只手印与现代人手相比，手掌宽度大体相同，但是，五指均比现代人短一些，平均短2—3公分，这3只手印，可辨出右手2只，左手1只。手印表明是什么，在岩画界通常说法是一种力量的象征，但笔者从这几只上古人类手印中，看到了另外的东西，那就是它给我们展示了红山文化时期人手型的大小和手的功能。一般岩画会把手与脚印刻在一起，而这幅岩画，没有人的脚印，却有飞禽的爪印，这又给后人提供了十分广阔的想象空间，是不是禽能上天，人的手力大灵巧，两者的结合更能展示红山先人力大无比的法力，或者是表露对生存资源动植物的占有欲。同时画中绘出一幅人脸，这张脸整体看是十分怪异的，尖尖的头、半圆的耳、直立的眼和微笑的嘴组成，这幅脸与现代人不同的是没绘出鼻子，眼睛是直立的，像是狼眼。它是神灵的使者，还是崇拜的化身，无法定论。

这幅岩画看不到射猎撕杀的场面，出现的是人与动物和谐相处歌舞升平的景象。它折射出上古人类活动很多有价值的信息。[①]

时隔十年，2017 年中国新闻网又有题为《内蒙古新发现一处旧石器时代彩绘手印岩画》刊出：

> 中新社呼和浩特 5 月 24 日电（记者李爱平）内蒙古自治区阿拉善右旗文物局 24 日对外披露，近日文物人员在该旗曼德拉苏木一个洞窟内发现旧石器时代中晚期彩绘手印岩画。

两文对照，说明内蒙古草原从旧石器时代中晚期直至新石器时代红山文化时期，一直盛行着彩绘手印岩画和彩绘手印题材岩画。这些手掌印在讲述着什么？虽然已有发现者和学者的详细描述与分析，但人们仍然渴望听到当事人的声音哪怕是其后人的记忆。可喜的是，世代生活在内蒙古草原上的东胡后裔——蒙古语族原住民们，和突厥语族的智者，各为后世留下了记录中世纪蒙古语和突厥语的《穆》与《突厥语大辞典》，书中通过对“手掌”这一关键词汇的解构，展示了蒙古语突厥语对此类事件的悠远记忆。

2. 阿尔泰语系三大语族“手掌印”文化记忆比较

首先，其来自蒙古语记忆，即“alaqan 手掌”[②]。其中 aiaqan 应为两部分组成：ala + qan。先看 ala，《穆》记为“ala - 杀死，杀害。~ ba qurbanu teme：n 宰杀了作为牺牲的骆驼”。[③] 而 qan 即《穆》“qanga-// qanqa-（T. qandur-使满足）”[④] 的主体部分。

qan“满足”+ala“杀害”如何就构成了“手掌”的？那幅来自婆罗洲的世界上最古老的具象绘画将此进程精彩地展示给了现代世界：两个手掌印在了披毛犀之类的大动物身上，于是神奇的一幕产生了，大动物的身上，凭空地从两手掌之间生出了一柄投枪，刺入了动物的脊梁！原来，草

---

① 吴甲才：《解读西辽河上游一幅罕见的上古人类活动的彩绘岩画》，《赤峰学院学报》（汉文哲学社会科学版），《红山文化研究专辑》（2008 年）。

② 保朝鲁编：《穆卡迪马特蒙古语词典》，内蒙古大学出版社 2002 年版，第 3 页。

③ 保朝鲁编：《穆卡迪马特蒙古语词典》，内蒙古大学出版社 2002 年版，第 3 页。

④ 保朝鲁编：《穆卡迪马特蒙古语词典》，内蒙古大学出版社 2002 年版，第 116 页。

原的古猎人们之所以近万年间始终热衷于在岩画上绘出手掌，是因为他们深信：在顺势巫术作用下，手掌印具有满足猎人捕杀到猎物欲念的神奇功效。

一声“ala”对于草原原住民到底有多神奇？除了岩画的展示之外，不妨沿着草原词语记忆之旅做一探访。

有人将蒙古语族和突厥语族中的 ala“手掌”与 ula“脚掌”作比较，认为：

> 蒙古语：alaga/alag（手掌、蒙古语族语言中词义相同）、布里亚特方言：alag、卫拉特方言：olaqɛi、达斡尔语：xaləg、东部裕固语：halaGan、土族语 xalag、保安语：hɛlgə、维吾尔语：（突厥语族语言里词义相同）、哈萨克语：alaqan、柯尔克孜语：alaqan、乌兹别克语：ɛlqan、塔塔尔语：alaqan。
>
> 蒙古语：ula/ül（“脚掌、或鞋底、根底”，蒙古语族语言中词义相同）、布里亚特方言：ul、卫拉特方言：ul、达斡尔语 ual、东部裕固语：ula、土族语：ula、东乡语：ula；=古代突厥语：ul（“基础”“基石”，突厥语族语言里词义相同）、维吾尔语：ul、柯尔克孜语：ul、乌兹别克语：ul。
>
> 这两组词指人的肢体部位，因圆唇、非圆唇元音交替，出现了 ala 和 ula 两种词根形式。①

比较确实可以说明一种“因圆唇、非圆唇元音交替，出现了 ala 和 ula 两种词根形式”的普通语言学现象；但却无法解释 ala 为何还必须附上 qan 或 ga、g 才构成“手掌”意义，更无法梳理清楚满语蒙古语和突厥语的 ala 意义簇内在的关联。

《突厥语大辞典》告诉人们，ala 派生出了百花园般的话语：

> Ala 花斑，身体上有白斑的人。这个词在谚语中是这样用

① 照日格图：《论蒙古语与突厥语词根中的元音交替现象》，《中央民族大学学报》2010 年第 6 期。

的：kixi alasï iqtinyïlkï alasï taxtïn 人的花斑在里边，牲畜的花斑在外边。这则谚语是指那些用表面的善良来掩盖内心的恶念的人。

《突》卷一（99）

Ala 表示“慢”之义的助词。Ala ala 慢点儿，且慢。

《突》卷一（99）

Arïx 经线。arix arkag 经纬线。　《突》卷一（67）

Alix 出水口，从河流、湖泊引水的口子（龙头）。

《突》卷一（67）

Alix 收，收取。向负债人讨债。　《突》卷一（67）

Arïg 帐篷的覆盖物。巴尔斯汗语。　《突》卷一（69）

Arïg 干净的。　《突》卷一（69）

Alïg 坏的，恶劣的（事物）。乌古斯语和奇普恰克语。

《突》卷一（69）

Alik 鸟之喙。　《突》卷一（73）

Arpa 大麦。这个词在谚语中是这样用的：Arpasïzat axumas arkasïz alp qerik sïyumas 没有大麦，马儿不能翻山越岭；没有后援，英雄不能冲锋陷阵。这则谚语用于劝人在任何事情上都要互相帮助。

《突》卷一（133）

Arka 背，脊背。

Arka 后援，后盾。遇到困难时给予援助的人。这个词在谚语中是这样用的：arkasïz alp qerik sïyumas 没有后援的英雄不能冲锋陷阵。

《突》卷一（138）

暂且打住。单就这 12 个词语，已经可以帮助我们更深一层地领会上面的两个手掌印岩画，以及余下的那些语焉不详的同样读音 ala 的词汇。

第一个 ala，应该是真正狩猎人对手掌印巫术的鄙视视角，称 ala 只是以“内心的恶念”来占有猎物，与之相关的还有第八个例句“Alïg 坏的，恶劣的（事物）”；有了突厥语关于 ala 谚语的对照，我们才能领会蒙古语的“ala（T. ~）①花斑的。②杂色的，花（哨）的。”[①] 原来“花斑”

① 保朝鲁编：《穆卡迪马特蒙古语词典》，内蒙古大学出版社 2002 年版，第 3 页。

不过是恶念的一种指征。

第二个 ala 正相反，“慢点儿，且慢”的语调模拟，捕捉了巫者品味到奔跑的猎物准备实施手掌印之神态，而第五例的“收，收取。向负债人讨债”，和第七例的“干净的”，则深描出了施手掌印巫术者的心理依据。

第三个词语“Arïx 经线”，让人们进一步理解了西辽河上游白岔河川的手掌印彩绘岩画，表现的不是“六千年前手持长而柔的飘带，舞动轻盈多姿体态的画面”。即便巫师有时可能有舞飘带的闲心，也万不会费力去画到悬崖上去；岩画是在展现由 ala 手掌印派生出来的巫术“Arïx 经线”，有了这一巫术，ala 手掌印就可以穿越时空，随心所欲！

据国际媒体 2012 年 6 月报道，在西班牙北部发现了欧洲最为古老的洞穴壁画，距今至少 4.08 万年。洞穴壁画上有很多手模喷绘，以及点状、棒状绘画。在这一洞穴壁画发现前，人们认为法国的肖维特洞穴壁画是人类最早的洞穴壁画。壁画的年代测定没有使用最权威的放射性碳测年法，因为壁画的颜料不是使用的有机颜料。科学家通过使用铀放射性衰变法最终将壁画的年代确认为约 4 万年前。[①]（见图 3-3）其中串联手掌印的点状与“Arïx 经线”，虽然有后世施展巫术所为的嫌疑，当也在旧石器晚期的洞穴文化时段范围内。将其与西辽河上游白岔河川的手掌印彩绘岩画相比照，更可见出 ala 手掌印派生巫术“Arïx 经线”历史之悠久。

与之相关联的是第六例的 Arïg“帐篷的覆盖物”，应该是 ala-“杀死，杀害”另一派生方式。承袭红山文化的小河沿文化，即在其墓葬的陶器上，刻下了如此这般的 Arïg“帐篷的覆盖物”符号：两支 ala 手掌印，扯着一袭 Arïg“帐篷的覆盖物”，正盖向代表生命的飞鸟与象征氏族的“哈拉”[②]，形成了 ala 手掌印的另一种形态的“杀害”（见图 3-4）。

第四个词语“Alix 出水口，从河流、湖泊引水的口子（龙头）”，在岩画上，词语之意被体现为“它们（猪）脚下有两条长长的线条，它表意应该是猪的通道，通道下边有一股水在流淌”。其实，无论是满—通古

---

① 转引自《人类最早的画作与史前人类的洞穴壁画》，搜狐网，2018-11-28。

② 王兴运：《古代伊朗文明探源》（商务印书馆 2008 年版）列举公元前 3000 年后半叶的埃兰线形文字“尹苏辛纳克铭文”，其中便有与大南场古棚山陶器上相同文字，解读为“hal-国家”。

图 3-3　西班牙埃尔卡斯蒂约洞的手印

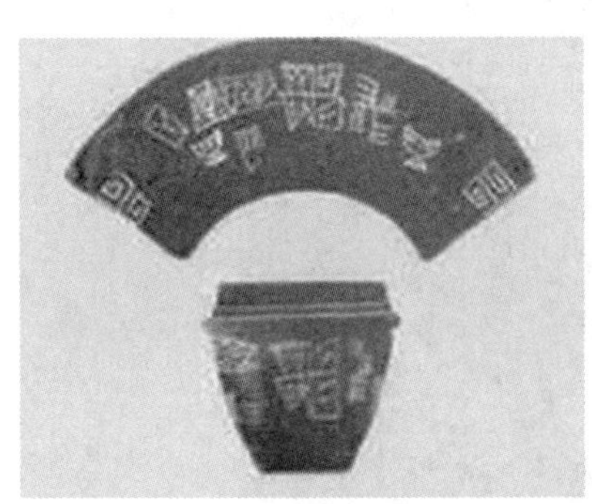

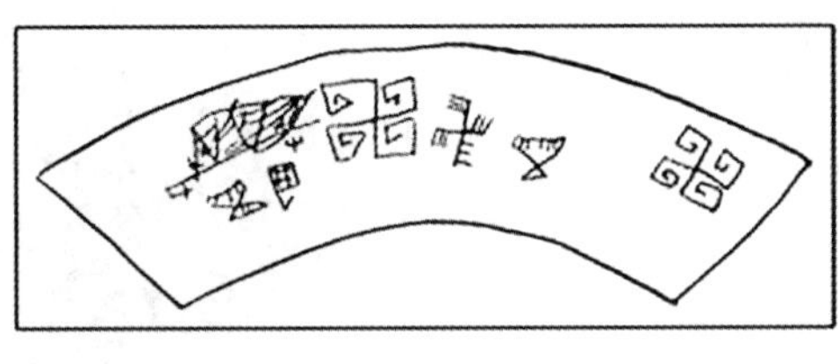

图 3-4　大南沟石棚山墓葬陶器上的文字符号及其摹写

斯语族还是蒙古语族或者突厥语族，就没有一家称“猪”的词语能与Alix够上词源关系。细看岩画可知，“Alix出水口，从河流、湖泊引水的口子（龙头）”是其上方两只ala“手掌印”施展穿越巫术时留下的。流水不过象征了山水天三界的被穿越，因此Alix的构词，会选代表“上、天”的deli或者“山”的ali词语其中之“li”；若无山或天的穿越，只是平面的“水口子”，虽然也有一种是纳入ala手掌印故事记忆的，但称呼就没了那神气，唤作“口子　阿马撒儿 amasar”①。而“河　木连 müren”是少有的阿尔泰语系满—通古斯语族、蒙古语族、突厥语族的共同语，“水口子” Alix 换称 amasar，突出“河”亦即“mü”在其中，应该是阿尔泰语系诸族的共识。岩画的后人对此记忆深刻，时至《突厥语大辞典》《穆》时代，仍然称“穿过”为“argula”②——在 ala“手掌印”的中间，分别放入代表“上”的“（de：）r（i）”、代表“出，出来，出去”的“g（ar）”、代表“水”或“石”的“u（su）”或“兀黑”。

第十至十二个词语，将 ala 手掌印派生词从宗教世界搏杀世界拉回到了族群世界，这里，感受得到现实中古猎人间的温暖情谊。原出于“ala-杀死，杀害”的“alaqan 手掌”，用在同伴的“Arka 背，脊背”，竟然变为了“Arka 后援，后盾”。草原生存方式决定其文化认同，情也好杀也罢，在草原，对万物联系与分辨的重视从“ala 手掌印”及其派生词义分析中可见一斑。在著名导演史蒂芬·莫斯的《王朝》第一辑“黑猩猩”中，我们终于见到了“ala 手掌印”用以表示族群内同伴友谊的始源性镜头：黑猩猩王“大卫”在半空中用手掌擎起了另一位曾经的黑猩猩王“亚瑟”的手掌，共同战斗的同盟就此诞生！（见图 3-5）

图 3-5　史蒂芬·莫斯的《王朝》第一辑“黑猩猩”，王者结盟。

① 贾敬颜、朱风合辑：《蒙古译语 女真译语汇编》，天津古籍出版社 1990 年版，第 27 页。

② 穆赫默德·喀什噶里：《突厥语大辞典》（卷二），民族出版社 2002 年版，第 338 页。

然而，起码至红山文化时期，ala“手掌印”说已有层次之分了。就如同红山文化的巫者男的一律只右臂戴一支玉环而女的则一色双臂皆戴环（见图3-6及图释文），代表着巫觋的ala“手掌印”专注于沟通自然万物一事；而女巫则除了沟通自然万物一事还多了沟通生死的神职。由此，被称为红山文化时代的榆树广彩绘岩画，其“手掌印”分别呈现一支与两支不同形态便其理自明了。一支的，自是右臂戴一支玉环，专注于沟通自然万物一事，在岩画上则体现为专注于令记忆中的鸵鸟现形并擒住；双支的，因为有象征了穿越山水天三界的流水口，又有双“手掌印”旁代表类似“玄鸟生商”的禽爪在，则同时代表沟通自然万物与沟通生死的两圣职之义昭然。至于ala“手掌印”派生义的第九例Alik“鸟之喙”，自然令人联想到由“玄鸟生商”演化而来的满族著名的神鹊衔朱果起源神话。

图3-6　“N2Z1M4出土，标本第3号。外径7.2、内径5.9、厚0.6厘米。出土于左腕部。如无特殊原因，牛河梁的女性大巫双手带镯，而男巫只右手带镯，这也是一种奇俗。①

时光荏苒，与蒙古语族和突厥语族相比，更为古老的满—通古斯语对ala“手掌印”的文化记忆反倒愈加模糊。一方面，ala作为形容词，成了“原鸟”“原禽”中的“原”，古老到了只知“此鸟不落洼处，常

① 大毛说玉：《再探牛河梁：6000年风雨神都的云中绝唱》（二）（2015-02-04 22：25：44）。

止高原”[①]；另一方面，alambi 衍化为了及物动词“①讲，说，告诉，诉说。②划（桦树皮）”[②]，淡化为了桦树皮上的记忆。

只是，如果你够细心，就会在满语 arambi 的重新集合中读出微妙：“arambi〔及、不及〕①（凡指）做、干、办、搞。②写，书写，开列。③盖，搭，建造，修建。④制作，制造。⑤做作，装作。⑥作为，当作，充作。⑦做伴，陪伴。⑧结拜，结亲。⑨递，示（眼色）。⑩处治，治罪。⑪委署，委任副职。⑫作价，变价。⑬自尽，自杀。⑭致伤，创伤。”[③] 其中，④、⑨、⑩、⑭例，结合上文上图读来，不难见出其与 ala“手掌印”的关联。

于是，原本见不出渊源的：Ari〔名〕通天鬼，恶魔；Arun〔名〕影子，踪影；Arga〔名〕①法，方法，办法，法术。②计，计策，计谋。[④] 也因此可了解其成为 ala“手掌印”一家子的因由了。

如果再将大兴安岭阿娘尼彩绘岩画（图）与榆树广彩绘岩画做一对比，谜底就将全部解开：大兴安岭阿娘尼彩绘岩画群位于额尔古纳河右支流牛耳河（贝尔茨河）的支流阿娘尼小河的悬崖处，“阿娘尼”即鄂温克语“画”。阿娘尼彩绘岩画群的图片集中载于中共大兴安岭地委宣传部所出《大兴安岭岩画》专辑，本书所选图原标题为“公野猪、母野猪与十字纹岩画”[⑤]（见图 3-7），细端详，简直可视为榆树广彩绘岩画的一个局部。同样头东尾西的野猪，同样猪背上展翅的飞鸟，同样鸟之上的昊日（阿娘尼的）或掌控日月的 ala“手掌印”（榆树广的），在向历史讲述着同样的一则故事！原来，在榆树广彩绘岩画和阿娘尼彩绘岩画群时代，生活的是有着一样文化认同的一拨古代游猎民！所谓满—通古斯语族、蒙古语族之分，不过是原始阿尔泰语分化之后的历史。至今只有 3000 年的正式草原游牧史，其文化孕育的根脉却一直伸展到末冰期结束，古猎人追逐着季风回归北地的旧石器时代晚期。

---

① 安双成主编：《满汉大辞典》，辽宁民族出版社 1993 年版，第 36 页。

② 安双成主编：《满汉大辞典》，辽宁民族出版社 1993 年版，第 37 页。

③ 安双成主编：《满汉大辞典》，辽宁民族出版社 1993 年版，第 70 页。

④ 安双成主编：《满汉大辞典》，辽宁民族出版社 1993 年版，第 70 页。

⑤ 中共大兴安岭地委宣传部：《大兴安岭岩画》，2017 年，第 227 页。

图 3-7　大兴安岭阿龙山林业局阿尼娘彩绘岩画（局部）

3. 手掌印+口子：鬼神世界的开启

上文集中于 ala“手掌印”在游猎游牧文化中多层面意义的横向扫描，无暇顾及每一个意义层面的纵向演进历史。为了体验草原文化认同变迁的心路历程，试捡其中“手掌印+口子”意义层面做一纵向追踪。

榆树广彩绘岩画中的“手掌印+口子”图景，将蒙古语族和突厥语族的 ala“手掌印”词语意义簇，与满—通古斯语族的“传说+通天鬼+法术+影子”为内容的“ala”原出或派生词语的世界，做出了一个完美的补缺与衔接。原来，更为古老的满—通古斯语中以“传说+通天鬼+法术+影子”为内容的“ala”原出或派生词语的世界，在蒙古语族和突厥语族的 ala“手掌印”词语演进链中非但没有消失，反而进化成了“cid（a、e、ö）”词语意义簇。即：

cidal〔名〕①力气，力量，劲儿；②能力，能耐，才能，本领，本事，才干，才力，技能；③机能，功能，功率。

cidör〔名〕①三腿马绊；②<转>羁绊，桎梏。

> cidhulang〔名〕（江河的）入海口、倾注口，河口
>
> cidhör〔名〕（迷信中的）鬼、鬼怪。①

说到进化，不仅因为“cid（a、e、ö）”词语意义簇比 ala“手掌印”词语意义簇丰富，而且上溯可进入更加庞大的“ci”的词语世界。“ci〔代〕你。→视②眼瞳发白。”② 一方面是针对“bi〔代〕我，吾”的大千彼方；另一方面则是描摹萨满追阴返阳“眼瞳发白”的形态，关键在于这也是一种“视”；而且，也只有这种“ci 视”，才会产生穿越“（江河的）入海口、倾注口，河口”的能力，以进入“（迷信中的）鬼、鬼怪”方域。

饶有趣味的是，竟然有“缚马”与此“能力”和“进入”构成同源词关系，令人不由得联想到《汉书·西域传》所记匈奴著名的“缚马”之举：

> 匈奴缚马前后足，置城下，驰言：“秦人，我丐若马。”……重合侯得虏候者，言：“闻汉军当来，匈奴使巫埋羊牛所出诸道及水上以诅军。单于遗天子马裘，常使巫祝之。缚马者，诅军事也。”

现在结合榆树广彩绘岩画及蒙古语族“cid（a、e、ö）”词语意义簇，可以补充完整的匈奴“诅军事”之巫：除了缚马，还需要有“眼瞳发白”从而能够视鬼怪世界的巫以“祝（诅）”之（见图 3-8）。

如果说，ala“手掌印”及其派生词簇还是侧重于法术的手段与效果；“cid（a、e、ö）”词语意义簇已经将侧重转向巫者神秘的个人体验与世界。这个以巫者神秘的个人体验构筑的世界叫“holahi〔形〕远方的，远处的”③。不但词源体现为模糊不定的个人体验色彩，派生的同源词也一色依于感觉，如《穆》所载的：

---

① 内蒙古大学蒙古学研究院蒙古语文研究所：《蒙汉词典》，内蒙古大学出版社 1999 年版，第 1267—1269 页。

② 内蒙古大学蒙古学研究院蒙古语文研究所：《蒙汉词典》，内蒙古大学出版社 1999 年版，第 1248 页。

③ 内蒙古大学蒙古学研究院蒙古语文研究所：《蒙汉词典》，内蒙古大学出版社 1999 年版，第 653 页。

图 3-8　贺兰口手掌印岩刻

Holangsa//Holanhsa（T. ~）令人极厌恶的；极恶劣的。

Holi①混合在一起，掺和；搅拌上。②混乱，紊乱。

Hohira-凋萎，枯萎。

Hor 害处；损害，危害。

Hora 毒物，毒药。

Holagai 蠕虫，软体虫；蛆。

Hor（鸟，兽的）粪。①

从此，草原世界的鬼怪有了“ᠪᠢ bi〔代〕我”与“ᠴᠢ ci〔代〕你”两个层面之分。

可以追溯祖先之魂的属于“ᠪᠢ bi〔代〕我”层面。《辽史拾遗》卷27《国语解补》：“《燕北杂记》曰：戎主别有鼓十六面，发更时擂动，至二点住，三更时再擂，呼为倍其不离鼓，是惊鬼。”孙伯君、聂鸿音以为：“按史载‘倍其不离’为‘惊鬼之鼓’，其中‘倍其’* beki 语焉不详；‘不离’* böri 义当为‘鬼’，与蒙古语 bug‘魔鬼’以及满语 bucheli‘鬼魂’同源。”② 溯其源显然都直指“ᠪᠢ bi〔代〕我”。

至于，《华夷译语·人物门》的“鬼 赤惕科儿 citekür”源自“ᠴᠢ ci

① 保朝鲁编：《穆卡迪马特蒙古语词典》，内蒙古大学出版社 2002 年版，第 122—124 页。

② 孙伯君、聂鸿音：《契丹语研究》，中国社会科学出版社 2008 年版，第 53 页。

〔代〕你”更是一目了然。“kür 走到；达到”,[①] 那个以巫者神秘的个人体验构筑的，为“鬼 赤惕科儿 citekür”预备的世界，就是“ᠬᠣᠯᠠᠬᠢ holahi〔形〕远方的，远处的。”

起码至13世纪，草原认同中已经有了一个依据巫者神秘的个人体验构筑的世界之辨析，不仅使草原文化中的“我”世界与“你”世界得以分立，而且也使蒙古语族的那个主要表复数“您每、你每”与表尊称和亲近关系的“您”的第二人称“ᠲᠠ ta”，与“ᠴᠢ ci 你”区别开来。譬如，《蒙古秘史》中，以主格形式出现的 ta 有 91 处，其中表达复数的有 72 处，表达单数的有 19 处。[②] 这 19 处便全部具有尊敬与亲近义在；而一旦“ᠴᠢ ci 你”出现，意味着即便原有的尊敬与亲近义也正在发生着向陌生与遥远的转变。

特殊的是，草原文化竟然不适于第三人称代词的生存。不但《华夷译语》中只有指示代词“他的　亦讷 inü”[③]；《穆》也一样只有指示代词“inu 他的，它的”[④]。哈斯巴特尔注意到了这一点，指出：

> 所以，阿尔泰语系语言的第三人称代词都来源于指示代词；并且蒙古语和满语的第三人称代词有两度由指示代词演变为人称代词的经历。第一次是上述的与 * bün 同源的 * ban、* bin，它以 an，in 的演变形式存在到中世纪蒙古语时期，但是以后它逐渐退出了历史舞台；取而代之的是 e－词根的 ere、egün“这、这个”和 te－词根的 tere、tegün“那、那个”等，这是第二次。而 e-和 te-也是由 * bün 和 te-的指示代词演变而来的。

阿尔泰语系语言的第三人称代词的衰落，或许是与操此语言的民族俱为社会形态简单的草原游牧民族生存方式相关。

① 保朝鲁编：《穆卡迪马特蒙古语词典》，内蒙古大学出版社 2002 年版，第 85 页。

② 哈斯巴特尔：《阿尔泰语系语言文化比较研究》，民族出版社 2006 年版，第 141 页。

③ 贾敬颜、朱凤合辑：《蒙古译语 女真译语汇编》，天津古籍出版社 1990 年版，第 64 页。

④ 保朝鲁编：《穆卡迪马特蒙古语词典》，内蒙古大学出版社 2002 年版，第 134 页。

第三节　草原认同赋予“绳索”“网”的使命

榆树广彩绘岩画和大兴安岭一系列彩绘岩画让人们强烈地感受到：草原文化从悠长的孕育期起，就不止满足于认识讲述世界，更充满了控制世界的强烈欲望，而发端于对植物的充分认识基础上的“绳索”文化，最早的肩负起了这一使命。

1996年，宋耀良在《文化中国》（第三卷第四期）上刊出了著名的论文《环北太平洋史前人面形岩画研究》。其中，在论述“人面形岩画可能的传播途径与年代”时，论文将大连北吴屯新石器时代遗址出土的刻有“人面图形”和“光芒四射的太阳”的陶片，其“嘴下两角处则各钻有一穿透性小孔”构图（见图3-9），与“西伯利亚和美国科迪亚克岛上嘴角下带有两个小圆点的人面形岩画”比照，认为其构成了人面岩画“三种相伴随出现的符号”之一。此前，宋耀良在《中国史前神格人面岩画》一书中，依此认识结合其他推论一起，构筑出“人面形岩画的制作年代”结论：“从年代排列的表可得知，人面形器物最初源于距今七、八千年的岩画。”① 此推论被随后1994年刊出的《大连市北吴屯新石器时代遗址》（《考古学报》1994年第3期）所证实。北吴屯遗址出土刻划陶人面像位于下层文化遗存，碳14测定年代为距今6470±185年（树轮校正值）。

似乎为了坚实宋耀良的推论，几乎与宋耀良的论文同时，中国广播网推出了题为《国内罕见新石器早期北斗七星岩画显身赤峰》的报道：

> 中广网呼和浩特8月15日消息（记者阿都钦 赤峰台记者品铭）记者从赤峰市举行的首届红山文化国际高峰论坛上了解到，近期在赤峰市翁牛特旗白庙子山中发现了新石器早期的北斗七星岩画。
>
> 据了解，在白庙子山中已发现有可辨的独立石岩画10组，其中一块砂岩黑石南北长310厘米，形如巨薯，经雨水冲洗后，显露出北

① 宋耀良：《中国史前神格人面岩画》，上海三联书店1992年版。

图 3-9　庄河北吴屯遗址出土陶刻画人面像（现藏于旅顺博物馆）

斗七星及一些奇异图形的岩画。这块巨薯形岩画石的朝天一面有清晰可见凿磨出的 19 颗星体，北斗七星图在岩石面北部，岩画上北斗七星的总长度为 119 厘米，最大星穴直径 6 厘米、深度 5 厘米，每颗星形状似倒放的馒头，外大、内小，星体表面圆润、光滑，并有自然色包浆。

根据天文学家测出的十万年前至今星体的变化轨迹，考古学家推断出岩画北斗七星属一万年前北斗七星的形态。日前实地观测了岩画的凿磨方法与风格，认定白庙子山巨薯石上的北斗七星岩画是新石器早期先民们的作品。

据专家称，新石器早期北斗七星岩画的出现迄今国内罕见，它为验证天体演化、推测古代北斗七星的变化轨迹提供了珍贵史料。

其中，岩画东端最显要处的鸮面上便同样赫然刻画了两个圆点，将人面岩画刻画圆点的历史上推至史前近万年时间段（见图 3-10）。宋耀良早就关注到人面岩画圆点的广泛性，将其视为环太平洋人面岩画诸通则之一。甚至在贺兰山著名的太阳神人面岩画上，也可以见到人们对圆点的特意强调（见图 3-11）。

图 3-10　白庙子山新石器早期的北斗七星岩画体

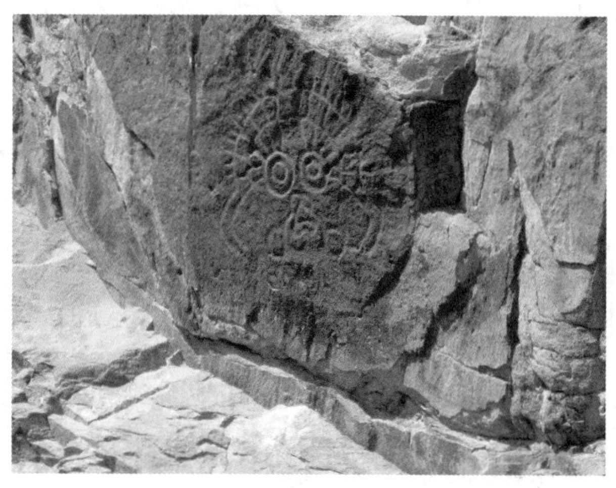

图 3-11　贺兰山著名的太阳神人面岩画

那么，近万年前又有什么事情的发生会与此圆点的出现相关么？看了王会军，曾庆存等做出的《9000 年前古气候的数值模拟研究》就会知晓，该文称：

本书用大气物理所的全球大气环流模式模拟了 9000 年前一月份和七月份的古气候。得出：北半球夏季由于地球轨道参数的变化引起的比现在多7%的太阳辐射使得温度升高了，尤其是高纬地区，海陆对比的加强又增强了季风，季风区域降水增加了：而冬季因为太阳辐射在北半球减少了7%，温度变低了。①

即是说，白庙子山新石器早期的北斗七星岩画出现之日，正是北半球气温巨变之时。从马里博转载的“东亚季风前沿的最远位置”图②中可以见出：东亚季风最强盛之时也正是其初起的距今9000年前，季风的风头横扫了北纬40℃—45℃地带（见图3-12）。

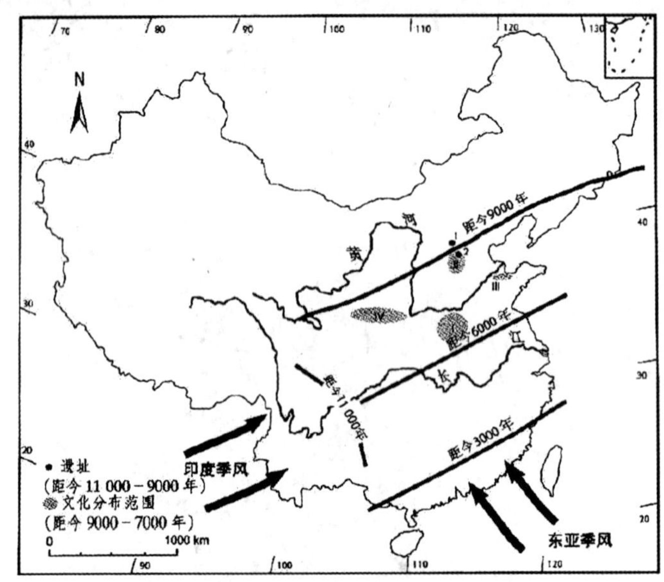

图3-12　东亚季风前沿的最远位置

岩画一方面表达了当时人们认识理解环境变化带来的挑战之需求，另一方面，如此耗时耗力郑重地凿刻，也透露出人们应对这种挑战的努力。用绳索驾驭，应是诸族顺势逆势巫术的应对中最重要的一种。

石泰安云：“成都博物馆藏有一部苯教著作，不幸其标题已经残缺了。我于其中第37页发现了一个相似的名字：‘其父为木王梯隐入天宫

① 王会军、曾庆存等：《9000年前古气候的数值模拟研究》，《大气科学》1992年第3期。

② ［美］马里博：《中国环境史》，关永强、高丽洁译，中国人民大学出版社2015年版，图2-6。

（Mu-rgyalskas-thimlhn-la-vjugs）。’ ”[①] 石泰安所说的“相似的名字”，指其上文的“事实上，Lan-gyithem-skas 的意义是：‘有许多阶层的梯子’ ”。两相对比可知：“skas” 即 “梯子” 之义。石泰安文中还有“国王可以通过木神的光绳或天梯而攀天的”之说。[②] 由此可见，在木族或木雅人那里，“绳”“梯”可视为同义词。

石泰安先生是认为“木雅本为西夏人的别名”[③] 的；饶有趣味的是，更早一些时候的西夏文，竟然不见与“梯”相对的词语，只有𗓰（3841）〔正齿音输拉切，音舌、折〕“绳索、捆绑也。（名、动）”，“𗓰：绳者绳索也，缚繫也，繫也，记也，缠捆之谓（海 27.122）”。音义俱与 skas“梯子”相近，当是后世木雅语 skas“光绳或天梯”的词源。到了蒙古语那里，这种绳索的缚繫就由 skas 词序颠倒为了“sisegei//sisügei 毡子”[④] 或“kesek（T. ~）①一块。②（布等的）一匹，一块”[⑤]。

西夏文与蒙古语在“绳索”一词上的相关性，被连云港著名的将军崖人面岩画所证实。将军崖岩画位于江苏连云港市海州区锦屏镇桃花村锦屏山南麓的后小山西端，在南北长 22.1 米、东西宽 15 米的一块混合花岗岩构成的覆钵状山坡上，分布着三组线条宽而浅，粗率劲直，作风原始，断面呈“V”形，面壁光滑，以石器敲凿磨制而成的岩画（见图 3-13）。依照“搜狗百科”的介绍：

> 第 1 组位于西部，长 4 米，宽 2.8 米。刻有人面、兽面和禾苗图案，并有 9 个符号。最大的人面高 90 厘米，宽 110 厘米。头上刻一高 32 厘米、宽 88 厘米的尖圆顶饰物，上部为一复线半圆形图案，沿部刻有上下相对菱形的复线三角纹，中以弦纹分开。人面的口部与另一个人面的头部相接。眼睛以两条线勾出眼皮，再以 3 条横线表示眼睛。

---

① ［法］石泰安：《汉藏走廊古部族》，耿昇译，王尧校订，中国藏学出版社 2013 年版，第 92 页。

② ［法］石泰安：《汉藏走廊古部族》，耿昇译，王尧校订，中国藏学出版社 2013 年版，第 86 页。

③ ［法］石泰安：《汉藏走廊古部族》，耿昇译，王尧校订，中国藏学出版社 2013 年版，第 60 页。

④ 保朝鲁编：《穆卡迪马特蒙古语词典》，内蒙古大学出版社 2002 年版，第 134 页。

⑤ 保朝鲁编：《穆卡迪马特蒙古语词典》，内蒙古大学出版社 2002 年版，第 77 页。

腮部刻有许多与五官无关的杂乱线条。其他人面的眼睛皆是在同心圆中加一圆点表示。人面大都有一条贯通的直线向下与禾苗图案相连。

图 3-13 连云港将军崖人面岩画

显然，"说明"误解了岩画中植物状的文化含义。且不说海边与禾苗构不成关系，禾苗与人面岩画的关系也找不到满意的解读；何况有多个人面像还头戴着所谓的"禾苗"。其实，古人早就用注释的方法在岩画主体刻上了一位身着长衫的女子像。"长衫"者"常（裳）仪（衣）"也，用以指明这里展现的是常仪或羲和浴日的神话场景。"人面大都有一条贯通的直线向下"的，是已经浴过即将陆续升起的太阳，而那些仍在植物下的人面，则为"暮"字亦即"落日"的象形；至于夹在其间的鸱鸮，下文有专门文字为这些"夜晚的太阳"做出了论证。

重要的是，这些绳索显然是在浴日之后被赋予的。象征着人们操持天地的愿望与努力。于是，草原文字的记忆中，绳索具有了两种截然不同的能力：

一种是如将军崖岩画呈现的顺势巫术能力，其体认蕴含在《至元译语·器物门》："索子 迭剌"[①]、《穆》"De：re ①在……上（面）。②顶，上面。③向上，往上"[②]、西夏文𗁅（1622）〔来日音，叻定切，音令〕"绳索，带也。（名）"中，绳索的作用是提举向上。这种贯穿蒙古草原和高原牧场的默契，由其同样指向的定语为证。如蒙古语中的

① 贾敬颜、朱风合辑：《蒙古译语 女真译语汇编》，天津古籍出版社 1990 年版，第 8 页。

② 保朝鲁编：《穆卡迪马特蒙古语词典》，内蒙古大学出版社 2002 年版，第 34 页。

“De：sün//De：sen 绳子，绳索”[①] 或“绳迭额孙 dehesün”[②]，在“索子”主体“De”之外加修饰语“sün”或“sen”，即在肯定其具有“ᠰᠤᠨᠴᠢᠩ sunčing〔名〕种，勇气，气概，胆量，能耐”。[③] 而在西夏文，“绳索”在被赋予与蒙古语同样的音读之后，又赋予了这一音读大致相同的功能，即[illegible]（3522）〔正齿音，奢余切，音输、庶〕“绳，毛绳也。（名）”和[illegible]（5144）〔正齿音，世烛切，音叔〕“神，守护神也（名）”。

绳索被赋予的另一种灵性即逆势巫术的能力。其体认蕴含在《女真译语·器用门》“绳　伏塔”、《满汉大辞典》“Futa〔名〕绳子。〔量〕①绳，丈地十八丈为一绳地。②吊，串”[④] 中，蕴含在由此衍生的“Fudarambi〔及〕①逆，悖逆，忤逆，倒行逆施。②违抗，反抗，反叛。③倒（流），逆（行），（毛发）倒戗。④翻悔”[⑤]、“Fudesembi〔及〕傩，跳大神，送祟”中。

在草原母语的记忆中，绳索构成的操纵，最早当源于渔猎文化中对“网”功能的体会。《华夷译语·器用门》：“大网　忽不赤兀儿 qobciqur”[⑥]，原义当为“qobqa（T. qobqa）水桶，桶”[⑦] +“cu：ra-变成有孔的；有破洞，破成窟窿”[⑧]。而当将网纹印于神明物上时，则由网得的结果衍生出“qubi～qobi〔名〕①份儿，份额，应得额②股，股份③命运、因缘、缘分④个人，私⑤身份，资格⑥本分⑦分，分数⑧时候⑨从……上，从……角度⑩工分”[⑨]。

至于《女直译语·器用门》的“鱼网　泥木哈阿速”[⑩]，显然是由

---

① 贾敬颜、朱风合辑：《蒙古译语 女真译语汇编》，天津古籍出版社 1990 年版，第 37 页。

② 保朝鲁编：《穆卡迪马特蒙古语词典》，内蒙古大学出版社 2002 年版，第 34 页。

③ 内蒙古大学蒙古学研究院蒙古语文研究所：《蒙汉词典》，内蒙古大学出版社 1999 年版，第 948 页。

④ 安双成主编；《满汉大辞典》，辽宁民族出版社 1993 年版，第 1062 页。

⑤ 安双成主编；《满汉大辞典》，辽宁民族出版社 1993 年版，第 1063 页。

⑥ 贾敬颜、朱风合辑：《蒙古译语 女真译语汇编》，天津古籍出版社 1990 年版，第 37 页。

⑦ 保朝鲁编：《穆卡迪马特蒙古语词典》，内蒙古大学出版社 2002 年版，第 121 页。

⑧ 保朝鲁编：《穆卡迪马特蒙古语词典》，内蒙古大学出版社 2002 年版，第 30 页。

⑨ 内蒙古大学蒙古学研究院蒙古语文研究所：《蒙汉词典》，内蒙古大学出版社 1999 年版，第 672 页。

⑩ 贾敬颜、朱风合辑：《蒙古译语 女真译语汇编》，天津古籍出版社 1990 年版，第 235 页。

“鱼（nimaha）”+“网（Asu）”[①] 构成；然而，由“网（阿速）”又衍生出“Asuki〔名〕①响动，动静，声音；②音信，音讯，音息”[②] 可知，“网”还具备着获取信息的功能。显然，在文明曙光出现的历史时期，发布信息与言说的权力对于族群而言事关重大。由下图可知（见图3-14至图3-17），当年被人们赋予网格纹的都是负有重大使命的灵物，亦即被赋予了“大网”衍生出的“qubi～qobi”之“命运、因缘、缘分”和“身份，资格”，或者“Asuki”所掌管的“音信，音讯，音息”。

图3-14　赵宝沟文化玉鸟权杖首上的网格纹

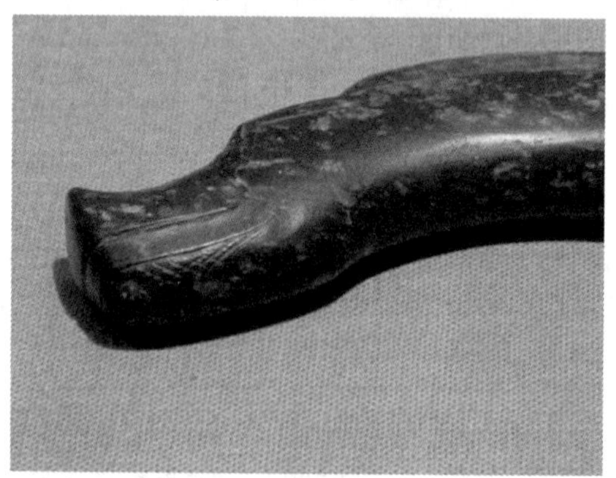

图3-15　红山文化玉器上的网格纹

① 安双成主编：《满汉大辞典》，辽宁民族出版社1993年版，第251、31页。

② 安双成主编：《满汉大辞典》，辽宁民族出版社1993年版，第31页。

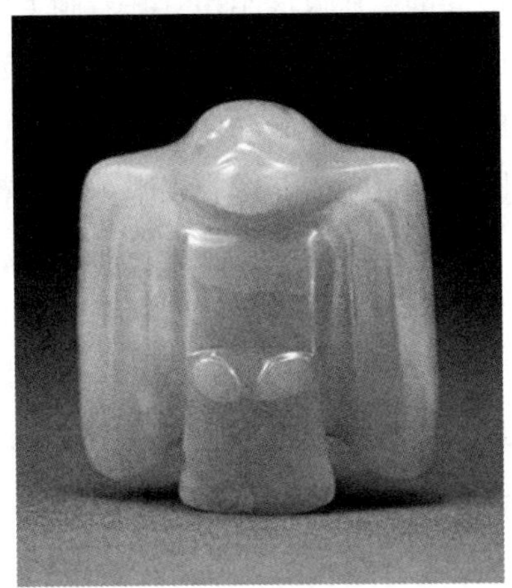

图 3-16　红山文化玉器上的网格纹

图 3-17　台湾震旦博物馆太阳神（红山文化）额头的网格纹

第四节　“乌揭”“阿察”和“瞧勒”与游猎之“见”

1. 满—通古斯语记忆中的游猎之“见”

假若对榆树广彩绘岩画只做上述之解说，恐怕还是停留在了拆碎七宝楼塔阶段。有一个关键局部，还没展示出其在岩画上的作用，就是其岩画发现者所疑惑的：“同时画中绘出一幅人脸，这张脸整体看是十分怪异的，尖尖的头、半圆的耳、直立的眼和微笑的嘴组成，这幅脸与现代人不同的是没绘出鼻子，眼睛是直立的，像是狼眼。她是神灵的使者，还是崇拜的化身，无法定论。”

其实，疑惑当源自于岩画发现者还没能真正体会到：什么叫作游猎之“见”。对于游猎民，通过“见”发现猎物，是其得以生存的全部前提。见到本身就构成了命运的馈赠。因此，在满—通古斯语记忆中，作为动词“见”的Acambi，最核心的词义却是“汇合、机缘”，并将其派生到了一系列词汇中。如：

> Acambi〔及、不及〕①和好。②联合，合伙，结伙。③会见，拜会，引见，谒见。④相会，相遇，遇见，碰上。⑤合宜，恰当，符合。⑥应该，应当。⑦和谐，情投意合。⑧相接，衔接，连接，交（界）。⑨会合，汇合，会（师）。⑩吊祭，吊孝。
>
> Acana〔名〕①合，会，汇合。②同，共同，公同。③骨牌。
>
> Acanambi〔不及〕①Acambi的方向态。②允协，符合，合宜，恰当，适合，吻合。③应当，应该。
>
> Acabun〔名〕①效验，机缘，因缘。②合宜，适宜。③会合，汇集。
>
> Acabunmbi〔及、不及〕①Acabun的使动态。②合并，归并，汇集。③合叠。④对，搀和，混合，搭配，配对。⑤校对，核对。⑥对（歌），合（唱）。⑦奉承，迎合，附和，随和，仰副，合意，合宜。⑧调，和。⑨相合，连接，对接，衔接。⑩引见。①

显然，蒙古语的“acara拿来，带来，送来”或“aca’a：n//aca：n驮物，驮子；货载，载重”②，正是借鉴满—通古斯语的“见”Acambi而来，体现着草原岩画呈现出的驱使猎物之巫术“见”的意味。巫术“见”

① 安双成主编：《满汉大辞典》，辽宁民族出版社1993年版，第61—63页。

② 保朝鲁编：《穆卡迪马特蒙古语词典》，内蒙古大学出版社2002年版，第2页。

在内蒙古自治区白岔河川榆树广彩绘岩画中得到了充分的展现：骑鹿的巫师与舞蹈的巫觋共同用目光之绳牵来了远古记忆中的鸵鸟。

草原上，同样的巫术之“见”还显现于具有灭绝动物形象的阴山岩刻中（见图 3-18）。

图 3-18　具有灭绝动物形象的阴山岩画

2. “乌揭—呼揭”：匈奴之“见”的文化内涵

“乌揭、呼揭”当均为“兀者”“火鲁直”的异读。《史记》卷一百十《匈奴列传》记载了汉文帝前元四年（前 176 年）冒顿单于写给汉朝统治者的信，为我们留下了有关的信息：

> 天所立匈奴大单于敬问皇帝无恙。前时皇帝言和亲事，称书意，合欢。汉边吏侵侮右贤王，右贤王不请，听后义卢侯难氏等计，与汉吏相拒，绝二主之约，离兄弟之亲。皇帝让书再至，发使以书报，不来，汉使不至，汉以其故不和，邻国不附。今以小吏之败约故，罚右贤王，使之西求月氏击之。以天之福，吏卒良，马强力，以夷灭月

氏，尽斩杀降下之。定楼兰、乌孙、呼揭及其旁二十六国，皆以为匈奴。诸引弓之民，并为一家。

这次战争被匈奴征服的三个西域东部的部族，显然是按自南至北的次序排列的，楼兰在今新疆东南部的罗布泊周围，乌孙在今甘肃敦煌至新疆东部天山一带，呼揭则无疑在阿尔泰山内外。

在《汉书》卷九四下《匈奴传下》，呼揭又被译为乌揭，其内容为：

（郅支单于）闻汉出兵谷助呼韩邪，即遂留居右地，自度力不能定匈奴，乃益西近乌孙，欲与并力，遣使见小昆弥乌就屠。乌就屠见呼韩邪为汉所拥，郅支亡虏，欲攻之以称汉，乃杀郅支使，持头送都护在所，发八千骑迎郅支。郅支见乌孙兵多，其使又不返，勒兵逢击乌孙，破之。因北击乌揭，乌揭降。

当时郅支单于停留在蒙古高原西部，小昆弥乌就屠的份地在伊犁河上游和准噶尔盆地西部。乌就屠派兵东迎郅支单于，郅支单于率军逢击（迎击）乌孙，双方必在东部天山以北、阿尔泰山以南遭遇。郅支单于击败小昆弥乌就屠的军队后，“因北击乌揭”（接着北攻乌揭），可知乌揭在今阿尔泰山的中部和北部。

呼揭单于，公元前57—前56年在位，自立。前56年去单于号，尊车犁。车犁单于，公元前57—前55年在位，自立。前55年降呼韩邪。乌藉单于，公元前57—前56年在位，自立。

“乌揭”“呼揭”本源自匈奴语。

其一，这不仅因为“呼揭”是首先出自冒顿单于写给汉朝统治者的信（公元前176年）中的“匈奴之称”，还因为从不见文献有其他部族自称“乌揭”“呼揭”的记载。

其二，学界大多共识：

“乌古斯”亦称“呼揭”（《史记·匈奴传》）、“乌揭”（《汉书·匈奴传》）、“护骨”（《魏书·高车传》）、“纥骨”（《魏书·官氏志》）、“乌讙”（《隋书·铁勒传》）、“乌护”（《北史·铁勒传》）、“乌骨”（《西州图经》）、“乌鹘”（《新唐书·王方翼传》）、“乌古”（《辽史·太祖纪》）、“乌古孙”“吾古孙”（《金史》）等。中亚穆斯林史料称乌古斯为 Gas、ʁozz 或 Tagazgaz（亦即突厥语 Toquz Oʁuz，九姓乌古斯），拜占庭作者称之为 Uz。（详见于李树辉乌古斯和回鹘研究系列诸论文）

关于乌古斯的含义，马夸特（《论库曼人的民族特征》第 35—37 页、第 201 页）猜测为 On-Oq（十箭）部落，这是西突厥部落联盟的名称；另一种写法为 On-Oʁ uz（十姓乌古斯）。所以 Oʁ uz 一词可能是由 Oq（箭）+uz（人），即“会射箭的人”。普里察克认为 Oʁ uz 系由 Oq<Oqu（箭、部族）演变而来；内梅特也认为，Oʁ uz 是由 Oq（箭）加上后缀-z 组成，雷纳·格鲁塞说，Oghouz 这一字突厥语指“族”，在鄂尔浑河的突厥碑文里面，Togouz - Oghouz 有九个族，Utch - Oghouz 三个族，Alti - Oghouz 六个族等等（雷纳·格鲁塞：《蒙古帝国史》）。

只是“乌揭”“呼揭”之时，尚无突厥族群，其“会射箭的人”之义所出只有一种可能：承袭于匈奴语。果然，冒顿单于写给汉朝统治者的信中，称“定楼兰、乌孙、呼揭及其旁二十六国”，使其“皆以为匈奴诸引弓之民，并为一家”。其中“引弓之民”与“会射箭的人”可谓同义词。

其三，匈奴不仅以“乌揭”“呼揭”称部分平定之民，也用“乌揭”“呼揭”作匈奴单于的称号。

譬如《史记》所载：五凤元年（前 57 年）秋，屠耆单于使日逐王先贤掸之兄右奥鞬王为乌藉都尉，带二万骑驻屯东方以防备呼韩邪单于。这时，西方呼揭王来与唯犁当户阴谋，共同谗毁右贤王，打算自立为乌藉单于。屠耆单于就杀了右贤王父子，后来才知其冤，又杀了唯犁当户。于是呼揭王恐惧，随即叛去，自立为呼揭单于。右奥鞬王听到这个消息，就自立为车犁单于。乌藉都尉也自立为乌藉单于。就这样，匈奴有了五个单于。屠耆单于亲自带兵东击车犁单于，使都隆奇攻击乌藉单于。乌藉、车犁都失败，逃向西北，与呼揭单于联合，拥兵四万人。乌藉、呼揭都免去了单于之号，一致尊辅车犁单于。屠耆单于听到这个消息，派遣四万骑分屯于东方，以备呼韩邪单于，亲自率领四万骑西击车犁单于。车犁单于失败，逃向西北。

其中“乌藉、呼揭”二单于，当即同于匈奴对其平定部族的“乌揭”“呼揭”之称。由此又可获知：“乌揭”“呼揭”原本匈奴对同一小国称呼的不同汉字记音，待借用于匈奴单于自身，却又生出了区别。

“乌藉（揭）”称号由乌藉都尉而来，属于匈奴王庭建制，其职能为“驻屯东方以防备呼韩邪单于”，相当于先锋或者斥候；而“呼揭”称号则原自“西方呼揭王”，是匈奴王庭对地方附属政权的称呼。在“匈奴单于称号考”章节中，我们已再次见证了匈奴的先蒙古语族身份。“乌藉、呼揭”同中有别的真相就有可能仍然留存于古蒙古语中。果然，在12—14世纪的《穆卡迪马特蒙古语词典》中，我们遇到了词条“hüje-看，望，瞧，观看”[①]；（明）火原洁撰《华夷译语》中，此词条又被记为“（479）见兀者 üje”[②]。

至于“呼揭”，则有（元）陈元亲撰《至元译语》“（68）带弓箭人　火鲁直”词条相比照。原来，“乌藉、呼揭”是同一词源不同侧面的强调。用作自身建制的监视“防备呼韩邪单于”作用时，取如“（479）见兀者　üje”即“乌揭”，凸显引弓之族的“见物”之长；待到称时敌时友的附属王爷时，“呼揭”所侧重的“（68）带弓箭人　火鲁直”之义，流露出了匈奴王庭的警惕心态。

第五节　草原认同中的“头”与“齿”

《至元译语·身体门》：“头 忒娄温”[③]，从《穆》称作“tolun sarayi：n tolun 月圆时，望；望月”可知，“忒娄温”突出强调的只是头上具有的“望”之功能。并因此派生出“tolui 镜子”；“tor-落到，陷入”；“torla-穿（成串）”等词[④]。因为同书中又有“sarayi：n köl 月底”[⑤]之记，可知“tolun”即为“望月”之“望”。可见在草原初民那里，“头”完全可

① 保朝鲁编：《穆卡迪马特蒙古语词典》，内蒙古大学出版社2002年版，第59页。

② 贾敬颜、朱凤合辑：《蒙古译语 女真译语汇编》，天津古籍出版社1990年版，第59页。

③ 贾敬颜、朱凤合辑：《蒙古译语 女真译语汇编》，天津古籍出版社1990年版，第6页。

④ 保朝鲁编：《穆卡迪马特蒙古语词典》，内蒙古大学出版社2002年版，第150页。

⑤ 保朝鲁编：《穆卡迪马特蒙古语词典》，内蒙古大学出版社2002年版，第130页。

以等同为“望”。因为“望”不仅可以生成被动性的“镜子”般的防御功能；而且可以构筑“落到，陷入”这等主动猎取或制敌的效用。

《穆》中，“牙，齿”被记为“šidün//šidü”[①]而词典中以之为词源衍生而来的词即“šidurgu 诚实的；正直的；正当的；廉洁的”[②]。透露出草原民族对獐牙的崇拜，实源于对以齿神杀的敬畏。

① 保朝鲁编：《穆卡迪马特蒙古语词典》，内蒙古大学出版社 2002 年版，第 140 页。

② 保朝鲁编：《穆卡迪马特蒙古语词典》，内蒙古大学出版社 2002 年版，第 140 页。

第四章 寻找草原文化认同的超级符号（2）

第一节 草原记忆中的北斗七星词源

草原的“北斗七星”称谓里包含了三个层面。

其一，因星光而得名。如西夏文𗡶（0171）〔牙音，姑壕切，音高〕“北斗星也。（名）”西夏文字书载有“𘂤𗡶〔高拿〕北斗星（同24A4）”。《穆》“gege：n ①光亮的，明亮的。②光。③光辉”[①]。

其二，由“斗”的汉语音读及解义而来。《至元译语·天文门》“七星 朵乐阿不干”[②]；《至元译语·数目门》“七 朵栾”[③]；《至元译语·人事门》“爷爷 阿不干”[④]。《华夷译语·人事门》“公公 额卜格 ebüge”[⑤]《韃靼译语·天文门》“星 火敦”，“北斗 朵罗安火敦”。[⑥]《女直译语·天文门》“北斗星 纳答兀失哈”，“斗 纳答”。[⑦]《蓟门防御考·（蒙古）译语》（见《武备志》）“星 我度”，“斗 撒巴儿”。[⑧]参照《穆》“saba 容器，器皿。”[⑨]《卢龙塞略》卷十九、二十译部上下卷所收《蒙古译语·

---

① 保朝鲁编：《穆卡迪马特蒙古语词典》，内蒙古大学出版社2002年版，第50页。

② 贾敬颜、朱风合辑：《蒙古译语 女真译语汇编》，天津古籍出版社1990年版，第1页。

③ 贾敬颜、朱风合辑：《蒙古译语 女真译语汇编》，天津古籍出版社1990年版，第12页。

④ 贾敬颜、朱风合辑：《蒙古译语 女真译语汇编》，天津古籍出版社1990年版，第3页。

⑤ 贾敬颜、朱风合辑：《蒙古译语 女真译语汇编》，天津古籍出版社1990年版，第43页。

⑥ 贾敬颜、朱风合辑：《蒙古译语 女真译语汇编》，天津古籍出版社1990年版，第94、95页。

⑦ 贾敬颜、朱风合辑：《蒙古译语 女真译语汇编》，天津古籍出版社1990年版，第224页。

⑧ 贾敬颜、朱风合辑：《蒙古译语 女真译语汇编》，天津古籍出版社1990年版，第149页。

⑨ 保朝鲁编：《穆卡迪马特蒙古语词典》，内蒙古大学出版社2002年版，第129页。

天时门》："我度即火敦，虏语之转也。"① 皆是。

其三，强调北斗七星功用而生成。如突厥语族"北斗星"，《突厥语大辞典》中有关天文学的内容多见于 yulduz 条：

> Yulduz 星。所有星的通名。后来，为了使其互相之间有所区别，称木星为 elen tüz"，称天秤星为"kara kux"，大熊星为"ülker"，北斗星为"yetigen"，北极星为"temür qazuq"，火星为"baqïr soqïm"。②

同书的其他地方，则又视北斗星与大熊星座为一体，称之"yetigen 北斗星，大熊星座"。③ 克劳逊亦曾论及："银河。显然，这是很早为突厥人观察到的自然现象，但他们从未为之命名。《阿拉伯—突厥语词汇》一书称之为 gö：k yo：lï（天空之路），《阿拉伯语译钦察—突厥语手册》则写作 quš yolï（鸟道）。"④ 其中，"Yul""yolï""yeti"当皆出自"道路"之义。

另外，据默茨称"大熊星座之《北斗七星经（yitikan sudur）》"⑤ 可知，回鹘文"北斗星"当读为"yitikan"。根据《突厥语大辞典》又称"追上，赶上"为"yetildi"⑥，而"ldi"是突厥语被动式动词的词缀，知突厥语中的"yetigen 北斗星"之称，侧重于强调其为夜间赶路人"指路"功能，带出了其游牧民族的色彩。

第二节　草原记忆中的猫头鹰与"夜间的太阳"

《突厥语大辞典》："ühi 猫头鹰。大多数突厥人将此词中的'h'读

① 贾敬颜、朱风合辑：《蒙古译语 女真译语汇编》，天津古籍出版社 1990 年版，第 170 页。

② 麻赫默德·喀什噶里：《突厥语大辞典》第三卷，民族出版社 2002 年版，第 38 页。

③ 麻赫默德·喀什噶里：《突厥语大辞典》第三卷，民族出版社 2002 年版，第 35 页。

④ ［英］克劳逊：《早期突厥诸族天文学术语综考》，杨富学译，《西北民族研究》1998 年第 2 期。

⑤ ［德］默茨：《吐鲁番文献所见古突厥语行星名称》，桂林、杨福学译，《敦煌研究》1997 年第 2 期。

⑥ 麻赫默德·喀什噶里：《突厥语大辞典》第三卷，民族出版社 2002 年版，第 74 页。

成‘k’作‘üki’，这是正确的。因为突厥语中没有喉音‘h’。”[①] 明确指出：“ühi”对于突厥语族是外来语。《女直译语·鸟兽门》就更彻底，118个词条不谓少，竟然不见有“猫头鹰”的份。

事实上，“ühi”源于古蒙古语，就是《华夷译语》中的“鸮 兀忽黎 uquli”[②]（《蒙》，第33页）。孤立了看，“兀忽黎”之称显现不出深层意义，然而，若将“兀忽黎”视为《华夷译语》“兀”系列的一员，置身其与“水 兀孙”“潦 兀耶儿”“冬 兀奔”“晚 兀迭石”等词汇之间，[③] 则“兀忽黎”之称包含的水下与夜晚世界蕴意破翳而出。

再看旁证。《穆》中的“u：li 鸮，猫头鹰。”[④] 同时，“uli -（T. ulu）”又义为“悲鸣；长嗥；哀嗥；嘶。”[⑤] 以鸣叫声的特征来指认猫头鹰；（见图4-1至图4-2）

最为诡黠的是，“uri”同时又是“①请，邀请。②招唤，呼唤”。[⑥] 在古蒙古语中，这一“uri”衍生的词语系列，一端面向着“urida ①以前，从前。②先，首先；前面”[⑦]。另一端却伸向了“urgu（日、月等）出，升”[⑧]。于是，对于人类，这声邀请标志着开启了一场神圣而又隐秘的旅程，而猫头鹰就扮演着这场承载由昨日到新日出旅程的使者，甚至就是旅程的主角——夜间的太阳本身。

与之相对应的，《至元译语》称“老鸱（猫头鹰）”为“胸里迓”[⑨]，是因为如《华夷译语》所记“夜 雪你 süni”[⑩]。古蒙古语早就视猫头鹰为夜（“胸里”或“雪你”）鸟（古蒙古语称燕、鸡等短尾鸟为“塔赤牙”、“哈里牙察”）。

---

① 麻赫默德·喀什噶里：《突厥语大辞典》第一卷，民族出版社2002年版，第174页。

② 贾敬颜、朱风合辑：《蒙古译语 女真译语汇编》，天津古籍出版社1990年版，第33页。

③ 贾敬颜、朱风合辑：《蒙古译语 女真译语汇编》，天津古籍出版社1990年版，第26—28页。

④ 保朝鲁编：《穆卡迪马特蒙古语词典》，内蒙古大学出版社2002年版，第163页。

⑤ 保朝鲁编：《穆卡迪马特蒙古语词典》，内蒙古大学出版社2002年版，第157页。

⑥ 保朝鲁编：《穆卡迪马特蒙古语词典》，内蒙古大学出版社2002年版，第160页。

⑦ 贾敬颜、朱风合辑：《蒙古译语 女真译语汇编》，天津古籍出版社1990年版，第160页。

⑧ 贾敬颜、朱风合辑：《蒙古译语 女真译语汇编》，天津古籍出版社1990年版，第160页。

⑨ 贾敬颜、朱风合辑：《蒙古译语 女真译语汇编》，天津古籍出版社1990年版，第10页。

⑩ 贾敬颜、朱风合辑：《蒙古译语 女真译语汇编》，天津古籍出版社1990年版，第28页。

图 4-1　英“百岁”老鸥孵化出的幼雏，试与小河沿【鸥型陶壶】比较。

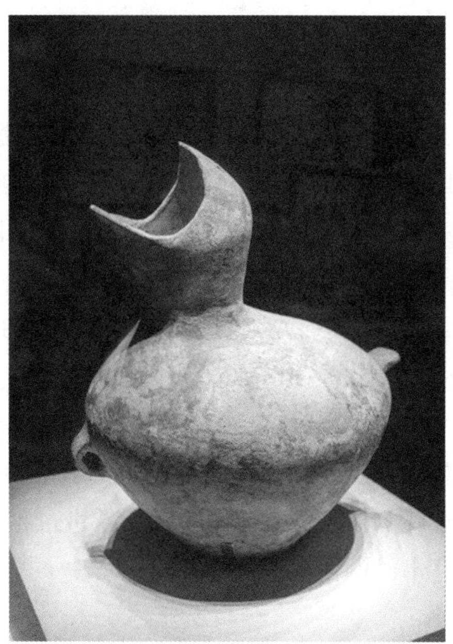

图 4-2　【鸥型陶壶】——小河沿文化（约前 2900—前 2700 年），
1977 年内蒙古翁牛特旗大南沟出土。

关于夜间的太阳以及猫头鹰在其旅程中扮演的身份，王小盾先生曾经做过很是精彩的透视。[①] 然而，这一透视却止步于了《楚辞·天问》的“鸱龟曳衔，鲧何听焉？”与马王堆汉墓帛画的解读上面。

草原由猫头鹰名称传递的远古文化气息，跟随着人面岩画的西行足迹，由贺兰山处转向西南高原草场。西夏文记忆中仍刻印着事件的痕迹。西夏文緻（2656）〔重唇音，音每〕“鸺鹠也。（名）”西夏文字书载“䰟緻〔乞每〕鵋鸺（猫头鹰）（同4B1）。”而西夏文䋯（2255）〔重唇音，音没〕“渊也。（名）”西夏文字书载“巄䋯〔那没〕深渊（同乙8B18）。”原来，“乞每”即深渊下的老鸱（乞）之意。显示出其与蒙古语的猫头鹰称谓均出自同一神话母题。

共同的“人面岩画”文化带的濡化，使均以游牧文化为底色的西夏文记忆，亦与古蒙古语发出了共同的声音。西夏文称“鸮”为㹳（5587）〔来日音，音鲁〕“鵂鵋也。（名）”鉴于西夏文借鉴汉字而对党项羌语实施的一律单音节化的改造，有理由将“鲁”释为“u：li”或“兀忽黎”的略语。

同时，在西夏文的记忆中，“本源”又与“黑暗”共一字符。如䉚（0958）〔来日音，口力定切，音令〕“①黑夜也。（形）②宗源也”。而西夏文字书释䉚“宗源：〔令〕上〔令〕全；谓圣贤民庶等起出处。”（合编甲24.061）其中，“〔令〕上〔令〕全”是诠释䉚字结构，“谓圣贤民庶等起出处”则是讲解䉚字含义。完整了黑暗之行是回归光辉本源的必然旅程之哲思。

意味深长的是，西夏文中，“太阳”与“光辉”也同样有被读作〔来日音，叻定切，音令〕。如賿（4645）〔来日音，叻定切，音领〕“光辉也。（形）”；㶂（2826）〔来日音，音令〕“太阳也。（名）”可见，西夏文的记忆一如蒙古语“猫头鹰”之所指，确有“夜晚的太阳”存在其能指之中。只不过夜晚的太阳尚处于转生或曰转世过程，一如王小盾先生观长沙马王堆的汉墓帛画的假设：

① 搜狐>文化>正文：【文化大观】王小盾：上古中国人如何解释“晚上的太阳去哪了”（上、下），澎湃新闻，2016-12-06。

晚上的太阳化身为猫头鹰，站在乌龟的背上，从西边回到东边重新升起，这个猫头鹰和乌龟的合体就是第十个太阳（古代人画连环画会把两个动作分解成两幅图画，左边鸱和龟代表西边落下的太阳，右边的代表东边升起的太阳，实为同一个太阳），是在水中的太阳。

果然，西夏文中不仅有“太阳”与“光辉”读音同于“黑暗”与“宗源”，亦有“生、产、诞”与“鸺鹠（猫头鹰）”为同音字。即繳（2656）〔重唇音，音每〕“鸺鹠也。（名）”西夏文字书则谓“憂繳〔乞每〕鵋鸺（猫头鹰）”（同4B1）；而毛（2823）〔重唇音，梅勒切，音没〕，则释义为“生、产、诞也。（动）”。“鸺鹠（猫头鹰）”等同于“生、产、诞”，构成了猫头鹰为夜晚尚处于转生或曰转世过程的太阳化身之略语。

同时，是西夏文的记忆，有助于最终将猫头鹰即人面岩画上神秘的长角之鸟的关系敲定。西夏文中，“鸮”又有音读与“角”同声。即[illegible]（3517）〔牙音，哙侍切，音乞〕“角也。（名）”。

第三节　留待蒙古语记忆补充的“十日”神话

第五节据专家统计，牛河梁遗址共发掘墓葬61座，有随葬品的墓葬31座，其中只随葬玉器的26座，占有随葬品墓葬的83.9%。在目前发现的牛河梁墓葬中，挖掘出土的尸骨近百具，在第二地点、第五地点、第十六地点均有中心大墓。大墓中地位显赫者不乏其人，但最吸引眼球，也最能引动有关“黄帝记忆”的，却是第五地点中心大墓的这具老人遗骨。

没有人指名道姓地称这老人就是“黄帝”，但有趣的是，每涉及红山文化与黄帝族的神秘渊源，这老人的形象便在人们眼前若隐若现；一言及红山玉器里的“炎黄因素”，这老人遗骨的佩玉图片便屡屡见诸报端；在辽宁省博物馆介绍中华上古文明的展厅中，这位神秘老人的复原尸骨安详地躺在大厅中央，似乎在向每一位参观者传递着这样一种暗示：在牛河梁积石冢上百具遗骨中，我们单单选择了这一具，是因为这个远古的神秘老人很有可能就是黄帝。

在“唯玉为葬”的牛河梁积石大墓中，安葬神秘老人的积石大墓所出土的玉器不是最多的，只有7件。但这7件玉器却颇具代表性，尤其是墓主人两手各握一玉龟，极为罕见。

此墓为单人仰身直肢葬，是一老年男性，头向东。随葬7件玉器为：勾云形玉佩、箍形玉、玉镯各一件，玉璧和玉龟各一对。勾云形玉佩置于墓主人右胸部，为竖直，背面朝上，下压一箍形玉。右腕上套一玉镯，头部两侧各置一大型玉璧，两手各握一玉龟[①]（见图4-3）。

图4-3 牛河梁神秘遗骨复原图（局部）

本书关注的则是在这一特殊“场域”中现身的玉龟对经典的“十日”神话有可能构成的补充，从中进一步发现其与蒙古语记忆可能的关联。

《至元译语·虫龟门》载：“龟 牙速度乃哥”[②]；而其《至元译语·数目门》又有“九 曳孙”“一 你干”[③]，连读即为“牙速（度）乃哥”。《穆》则分别记为“yisüd［e:］r 第九”和“niken//nigen ①一，一个。②某一个。③同一个，同样的”[④]。“九个与一个”，给龟以这般独特的称

① 国情实习：《牛河梁神秘遗骨直指黄帝》，中国新闻网，2013年7月12日。

② 贾敬颜、朱风合辑：《蒙古译语 女真译语汇编》，天津古籍出版社1990年版，第11页。

③ 贾敬颜、朱风合辑：《蒙古译语 女真译语汇编》，天津古籍出版社1990年版，第12页。

④ 保朝鲁编：《穆卡迪马特蒙古语词典》，内蒙古大学出版社2002年版，第95、172页。

呼，只会是一种原因：在《至元译语·虫龟门》时代的蒙古语人记忆中，还没有忘记创世纪时代，那位将一个夜晚的太阳，转化为第九个待升的浴日之神话。

据 2008 年 11 月 10 日新华网（记者魏运亨）报道：

> 由科技部立项的“中华文明探源工程”第二阶段“红山玉器工艺”课题组日前到辽宁省博物馆考察。课题组负责人、香港中文大学教授邓聪等古玉专家，在发现牛河梁红山文化出土的玉龟竟分公母的物证之后，经反复实验又发现公母玉龟是摞起来使用的。课题组成员、辽宁省朝阳师范高等专科学校校长雷广臻教授告诉记者，专家们研究玉龟的使用方法，进行了摞加实验，当把母玉龟置于公玉龟之上时，母玉龟就会滑落下来；当把公玉龟置于母玉龟之上时，公玉龟腹部的凹陷稳稳地卡在母玉龟背上，就不会滑落。反复试验都是如此。邓聪等人认真观察玉龟的腹部和背部，发现了公母玉龟摞起来使用的微痕，经放大数倍拍照，微痕清晰地显现出来（见图 4-4）。

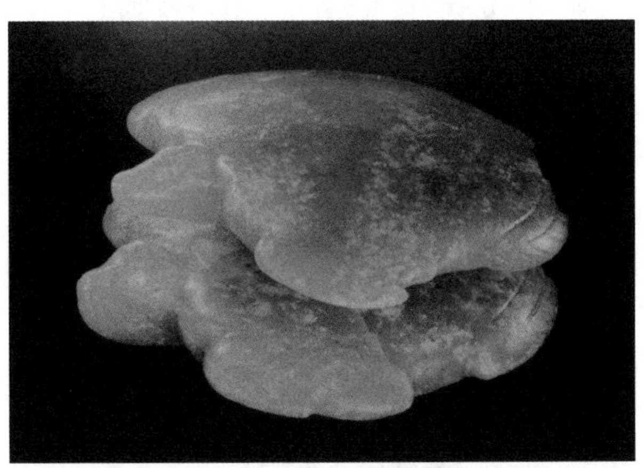

图 4-4　这个摞起来使用的发现是非常重要的。课题组成员邓聪、刘国祥在结题总结时这样写道：“我们是次从生物学上按龟形态特征，把牛河梁第 5 地点 1 号冢玉龟，区分为（M1：7）雌（M1：6）雄龟性别差异，并从制作及使用痕迹推察雌雄交合的接触，很可能是红山玉器礼制的内涵之一。这一对玉龟在墓中分持于墓主人左右手中，很明显反映了与阴阳思想相当密切的关系。中国宇宙论中的阴阳思想，这次在红山玉文化中，有了更科学而生动的新例证。”

显然，这个神话故事与《楚辞·天问》中的“鸱龟曳衔，鲧何听焉”的神话同中有异互为补充。

《楚辞·天问》的神话被完整地展现在了马王堆出土的汉墓帛画中：帛画的右上角，绘有八个接受龙浴的太阳和一个已经冉冉东升的旭日；余下的便是那个“鸱龟曳衔，鲧何听焉”的“夜晚之日”了。耐人寻味的是：图中呈现出两个“鸱龟曳衔”。如果只是简单地理解为代表了“夜晚之日”从西返东的旅程，似乎与图形并不相符。细端详，会发现图中东西两端的鸱龟各不相同：一只龟高蹈一只安静；一只鸱俯首一只扬角。完全若“雄兔脚扑朔，雌兔眼迷离”的翻版（见图 4–5）。

图 4–5 汉墓帛画

现在，有了牛河梁第五地点中心大墓出土的双龟复原图参照，以及“公母玉龟摞起来使用的微痕”被发现，才知道，马王堆帛画缺少了对以“鸥龟”象征的“夜晚的太阳”如何转型为“浴日”的交代。“这一对玉龟在墓中分持于墓主人左右手中，很明显反映了与阴阳思想相当密切的关系。”而只有当“公母玉龟摞起来”阴阳相谐合二为一（乃哥 niken//nigen），转化成为马王堆帛画八浴日之后潜在的第九个（牙速度 yisüd［e:］r）时，经典的十日神话才趋于完整。

第四节　马与“五歙侯”名号的草原认同

西夏文载：𗋽（1115）〔牙音 gjij 1.36，技夜切，音竭（迎）〕“马、玛、午也。（名）”词汇有“𗋽𗤁（倞利）同马（同23B4）”；“𗋽𗗚𗏁马：骏马（同丁 24B25 背注）”。𗍥（1053）〔来日音 lji2.60 音力〕“马也。（名）”词汇有“𗋽𗍥（倞力）同马（同52B6）”；“𗿼𗍥骏马（字9）。”

两词语音读皆近于“駃騠”。至于“騊駼”西夏文写做𗗗（1055）〔正齿音，枝余切，音卓〕“骏骥也。（名）”词汇有“𗗗𗗘〔竹茹〕骏骥（同36A5）。”音亦近于“騊駼”。

还有“驒奚”，西夏文记为𗍣（1052）〔舌头音，底合早切，音怛〕“骡也。（名）”词汇有“𗿼𗍣〔苏怛〕骡子（同16A2）”。其中𗿼（1606）又被释为〔齿头音，音宿〕“牲、畜也。（名）”作为总称通常应出现在专称之后，即读作“怛苏（宿）”。且西夏文中“宿、苏”又有读音同“胥”①。如此“怛胥”者，又与“驒奚”音近之。

《文选·李斯·上书秦始皇》：“赵卫之女，不充后庭；骏良駃騠，不实外厩。”駃騠在古代却被传为良马名，并在商代就列入向中原王朝的贡品。《逸周书·王会》：“正北空同、大夏、莎车、匈奴、楼烦、月氏诸国，（伊尹）令以橐駞、白玉、野马、騊駼、駃騠、良弓为献。”造成这种误解的原因，是此畜并非产自中原，而是产自匈奴。《史记·匈奴列传》明确记载：“（匈奴）居于北蛮，随畜牧而转移。其畜之所多则马、

---

① 见西夏文𗅋，李范文编著：《简明夏汉字典》，中国社会科学出版社 2012 年版，第71页。

牛、羊，其奇畜则橐駞、驴、臝（骡）、駃騠、騊駼、驒騱。逐水草迁徙，毋城郭常处耕田之业，然亦各有分地。”（其中“騊駼”，《汉书》又记做“䣞駼”）駃騠之名不见于中原，所以才被称为奇畜，“駃騠”究竟为何物？裴骃集解引徐广曰：“北狄骏马。”索隐引《发蒙记》：“刳其母腹而生”。又引《列女传》云：“生七日超其母。”

《逸周书·王会》：“禺氏騊駼。”孔晁注：“騊駼，马之属也。”《尔雅·释畜》：“騊駼，马。”郭璞注引《山海经》：“北海内有兽，状如马，名騊駼，色青。”唐权德舆《奉和许阁老酬淮南崔十七端公见寄》：“方看簪獬豸，俄叹絷騊駼。”明孙柚《琴心记·给管求文》：“双凤花袍来广汉，都看仙仗回旋；交螭团扇听騊駼，尽讶神仪闪烁。”清鄂尔泰《昭陵石马歌恭和御制元韵》：“文皇双马特超绝，騊駼騄駬堪齐踪。”郭璞有图赞：“騊駼野骏，产自北域，交颈相摩。分背翘陆，虽有孙阳，终不在服。”《尔雅》曰：“騊駼，北野之良马。”这说的是騊駼就是北方产的一种野马也。郝懿行注此条云：“《尔雅》注引此经，騊駼下有‘色青’二字，《史记·匈奴传》徐广注亦云：‘似马而青’。”看来这是一种毛色以青为主的野马。

这种野马在何处呢？《史记》曰：“匈奴奇畜则騊駼。”据记载产于甘州境内，《甘肃通志·杂记》说：“扁都口南五十里有野马川，出野马，古所谓陶涂者也。”这里说的陶涂据说就是古时陶涂国。《汉书·扬雄传》有记载：“今大汉左东海，右渠搜，前番禺，后陶涂。东南一尉，西北一候。”① 这是一段描述汉朝疆域，左面（东方）至东海，右面（西方）至渠搜（在河套地区，今内蒙古乌拉特前旗东南）前面（南方）至番禺（今广东省广州市），后面（北方）至陶涂。这个陶涂是什么地方呢？如淳注曰：“小国也。”著名汉书注家颜师古曰：“騊駼马出北海上。今此云后陶涂，则是北方国名也。本国出马，因以为名。”原来此国的名称因马名而来。又据《甘肃志》所记，看来此小国大概就在那一带了。

今日“禺氏”即“月氏”已成学界主体见识，然由“騊駼”再品“禺氏”，应能进一步领悟到塞人内亚化历史之悠远。甚至连月氏政治体最核心的词语“五翕侯”也已经全部匈奴化了。据《后汉书·西域传》：

---

① （清）许容监修，李迪等撰，刘光华等点校整理：（乾隆）《甘肃通志》，兰州大学出版社 2018 年版。

初，月氏为匈奴所灭，遂迁于大夏，分其国为休密、双靡、贵霜、肸头、都密，凡五部歙侯。后百馀岁，贵霜歙侯丘就却攻灭四歙侯，自立为王，国号贵霜王。侵安息，取高附地。又灭濮达、罽宾，悉有其国。丘就却年八十馀死，子阎膏珍代为王。复灭天竺，置将一人监领之。月氏自此之后，最为富盛，诸国称之皆曰贵霜王。汉本其故号，言大月氏云。

其中“**濮达**”即用的“绳 伏塔”义，文献上称为“索国”。《周书·突厥传》曰：“突厥之先，出于索国，在匈奴之北。”

至于“**罽宾**”，《汉书·西域传》：

罽宾国，王治循鲜城，去长安万二千二百里。不属都护。户口胜兵多，大国也。东北至都护治所六千八百四十里，东至乌秅国二千二百五十里，东北至难兜国九日行，西北与大月氏、西南与乌弋山离接。

昔匈奴破大月氏，大月氏西君大夏，而塞王南君罽宾。塞种分散，往往为数国。自疏勒以西北，休循、捐毒之属，皆故塞种也。

罽宾商人经常来往中国。公元1—3世纪，罽宾被贵霜帝国征服，发展成为佛教中心之一。当地僧徒来中国传布佛教者甚多，中国僧徒亦多往罽宾参拜佛迹和求法取经。约在公元4世纪中叶，有一塞种人（或粟特人）名馨蘖者在卡菲里斯坦重建罽宾王朝。这一王朝至少延续到公元7世纪末，此即晋至唐代前期的罽宾，亦译作迦毕试国。

《穆》称“罽宾”为“jabila 盘腿坐”；或“jabsar 间隔，间隙；空隙；界，界限”；或“jalbari 祷告，祈祷”。显然，皆由佛教之面相而得名。

休密，大夏时期的五翕侯之一，位置约在今阿富汗境内，首都在和墨城，在公元前80—前30年间和其他三部翕侯都被贵霜王朝所灭。

《穆》称“休密”为“xusumet 争论，争辩”；或“xojam 学者”。显然亦由佛学之辩相而得名。

肸头，《穆》称“肸头”为“xati：b（T. xatib）传教士。”

双靡，《穆》称“süme 多神教的庙宇”。

都密，即“demun 异端之端，古怪”（《满蒙比较研究》第 241 页）。

原来，“濮达”与“五部歙侯”之名号，皆由受说蒙古语的匈奴影响而来。

第五节　由兴隆洼文化“黍、粟”到游牧“场域”认同中的四季庄稼

英国剑桥大学考古学家马丁·琼斯在 2009 年 5 月 8 日出版的美国《科学》杂志发表论文指出，小米是 7000 多年前从中国传入欧洲的。他们的研究认为，中国东北地区新石器时代的农耕遗址（敖汉兴隆洼文化）上发现的碳化谷粒表明，早在 8000 年前当地就种植小米。此后 1000 年间，小米逐渐出现在欧洲，从黑海西岸到东欧和中欧的 20 多个不同地点，都发现了小米的遗迹。琼斯认为，研究证据表明，农业耕种是中国人的发明。这表明，横跨欧亚大陆的“黍粟之路”是 8000 年前由内蒙古东南部向西亚、西欧传播的。事实上，旱作农业的发明与传播体现了中华民族对人类文明发展作出的突出贡献。这也是东北亚先人在 7000 年前完成的一次伟大的技术传播。

然而，兴隆洼文化“黍、粟”只有还原其文化构成的要素之一：身份，才可能进一步帮助人们认识兴隆洼文化形态及其聚落者的精神风貌。已有人指出：“近年由于兴隆沟遗址发掘中的出色工作，辽西地区农业起源问题有了重要突破。通过全面的浮选，在该遗址土样中获得了驯化粟的炭化颗粒数十粒，驯化黍的炭化颗粒千余粒，首次确认兴隆洼文化时期已经开始种植粟和黍两种作物。但这些炭化颗粒都出自个别单位采集的土样中，亦即它们在遗址中并没有广泛的分布，这种情况通常被视为表明农作物在食物中所占比例很小。换言之，兴隆洼居民不是依靠粟和黍生存的农业居民，狩猎和采集仍是他们最主要的食物来源，黍、粟种植只是为弥补特殊情况下的食物不足，增强定居生活保险系数。”① 其叙述构成了一个“游牧民—狩猎和采集—黍、粟种植”的特殊场域。

---

① 李新伟：《红山文化玉器与原始宇宙观》，《红山文化研究》，文物出版社 2006 年版，第 351 页。

问题是这样一种场域之中，黍、粟种植对于游牧民文化心态的构成究竟意味了什么？就只能到留于后世充分表达了其文化认同的游牧民语言中去发现。

《至元译语·五谷门》中，称“禾黍 蒙兀剌阿木”“谷 匣剌阿木”。[①] 其中，“蒙兀剌”“匣剌”各为“银色”“黄”应该没什么疑义；“阿木”，则应即《穆》中的“amun 黍稷”。[②]

富有意义的是，由“amun 黍稷”我们可以上溯到其词源“amu-”。《穆》载：“amu-①感到快乐，得到快感。②休息，歇息。③停止，中止。”[③] 显然，将如此情感与形态赋予“黍稷”的，绝不会是与“黍稷”须臾不离司空见惯的农民，只有那些游牧民，虽然“黍、粟种植只是为弥补特殊情况下的食物不足”，却因“增强定居生活保险系数”而足以令游牧民们“感到快乐，得到快感”；当然，在“狩猎和采集仍是他们最主要的食物来源”的游牧民心里，“黍、粟种植”还只是主要生计暂时的“②休息，歇息。③停止，中止”，因此，《穆》中，词源“amu-”另外也衍生出了“amur 耐心；忍耐，忍受。”[④] 毕竟“黍、粟种植”是四季庄稼，对于游牧民，耐心变成了“黍、粟（种植）”的代名词。

另外，蒙古语族对“麦”的称呼，更显露出游牧民文化色彩。《至元译语·五谷门》载“麦 布亥”[⑤]；《穆》有“bugdai（T. ~）//bugday 小麦”[⑥]，其词源当为“bugar（T. bugaz）//buga：r 怀胎的，受孕的”[⑦]。在《穆》中，由“bugar（T. bugaz）//buga：r 怀胎的，受孕的”衍生出的词汇，都是与动物的怀胎以致羔崽相关，如“bugur（T. boguz）（→bugar）~morin 怀孕的（骒）马”；“bugu（T. ~）鹿。Buguyi：n tugul 鹿崽（羔）”[⑧]。只有“bugdai（T. ~）//bugday”，是被用来借指小麦的抽穗灌浆等植物生长形态。究其背景，这种游牧民视觉的对立面，潜隐着的

---

① 贾敬颜、朱风合辑：《蒙古译语 女真译语汇编》，天津古籍出版社 1990 年版，第 6 页。
② 保朝鲁编：《穆卡迪马特蒙古语词典》，内蒙古大学出版社 2002 年版，第 6 页。
③ 保朝鲁编：《穆卡迪马特蒙古语词典》，内蒙古大学出版社 2002 年版，第 6 页。
④ 保朝鲁编：《穆卡迪马特蒙古语词典》，内蒙古大学出版社 2002 年版，第 6 页。
⑤ 贾敬颜、朱风合辑：《蒙古译语 女真译语汇编》，天津古籍出版社 1990 年版，第 6 页。
⑥ 保朝鲁编：《穆卡迪马特蒙古语词典》，内蒙古大学出版社 2002 年版，第 21 页。
⑦ 保朝鲁编：《穆卡迪马特蒙古语词典》，内蒙古大学出版社 2002 年版，第 21 页。
⑧ 保朝鲁编：《穆卡迪马特蒙古语词典》，内蒙古大学出版社 2002 年版，第 21 页。

是汉语所称的“稗”，不种植麦的游牧民无法分辨麦稗的区别，唯有看其最后是否长出麦籽。于是，在借用“怀胎的，受孕的”代指“麦（籽）”的同时，蒙古语也将“稗”的汉语音读“bai”赋予了“①站，站着。②有，在。③不再，停止”[①] 之义。

图 4-6 大麦图片

被所有游牧民认同的是大麦。《至元译语 · 五谷门》记作“大麦 牙立”[②]；《华夷译语 · 花木门》则谓“大麦 阿儿拍 arbay”[③]；《穆》称之为“arbai//arbay（T. arpa）大麦”[④]；《突厥语大辞典》又音读为“arpa 大麦”[⑤]。可见，其构词结构除了《至元译语 · 五谷门》外，基本是以“稗（bai）”为原型+“ar”作为修饰。北方游牧民口中的“ar”实在是个多义词，好在有《至元译语 · 五谷门》的“大麦 牙立”作为参照。在《穆》（乙篇），“yali（牙立）”构成的是一组以“火光，燃烧”为中心词的词语系列：“yalinla－（T. ~ <>）燃烧起来，着起来；燃旺”；

① 保朝鲁编：《穆卡迪马特蒙古语词典》，内蒙古大学出版社 2002 年版，第 11 页。

② 贾敬颜、朱风合辑：《蒙古译语 女真译语汇编》，天津古籍出版社 1990 年版，第 6 页。

③ 贾敬颜、朱风合辑：《蒙古译语 女真译语汇编》，天津古籍出版社 1990 年版，第 29 页。

④ 保朝鲁编：《穆卡迪马特蒙古语词典》，内蒙古大学出版社 2002 年版，第 8 页。

⑤ 麻赫默德 · 喀什噶里：《突厥语大辞典》（卷一），民族出版社 2002 年版，第 133 页。

“yaltira-（T. ~<>）辉耀；发光”；“yarildu-（T. yalinla-火光闪闪，冒出火光）”①。原来，早期的蒙古语是以燃烧的金色中心词“yali（牙立）”来区别“大麦”与“稗”的（见图4-6）。则其后承顺传统的突厥语和蒙古语“大麦”，使用的修饰语“ar”，只可能是词语“金色”的音读。例如突厥语的“argun 黄鼬”“altun 金，黄金。”② 蒙古语的“黄鹰 哈儿赤孩 qarciqay”③“altan（T. altun）①黄金，金子。②钱币”④。

由此亦可知道，北方游牧民原来参照的“稗”，也只能是广泛生存在我国东北、华北、西北、华东、西南及华南等区域草原上的“无芒稗”。

---

① 保朝鲁编：《穆卡迪马特蒙古语词典》，内蒙古大学出版社 2002 年版，第 219 页。

② 麻赫默德·喀什噶里：《突厥语大辞典》（卷一），民族出版社 2002 年版，第 131 页。

③ 贾敬颜、朱凤合辑：《蒙古译语 女真译语汇编》，天津古籍出版社 1990 年版，第 33 页。

④ 保朝鲁编：《穆卡迪马特蒙古语词典》，内蒙古大学出版社 2002 年版，第 4 页。

第五章　寻找草原文化认同的超级符号（3）

第一节　从“有夏”“夏后”之称到夏文化的三层认同

说到“中华”文字溯源，就无法回避对“华夏”的解读。其中，影响最大的莫过于《说文》的“华，户瓜切；荣也。从艸从䔢，凡华之属皆从华”；“夏，夊部，胡雅切；中国之人也。从夊从页从臼。臼两手；夊，两足也”（见图 5-1）。

图 5-1　小篆中的“夏”字

其实，华和夏都是很古老的词。但是，华夏连用，始于周克商之后，即西周初期《尚书·武成篇》的“华夏蛮貊，罔不率俾”。《左传》襄公二十六年（前 547 年）：“楚失华夏。”唐孔颖达疏：“华夏为中国也。”始有对“华夏”的注疏。

从中国古籍记载来看，“夏”字，最早见于大禹治水有功，帝舜封大禹氏族名为“有夏氏”，其封地为“有夏之居”和“夏国”。如《国语·周语下》记载得十分清楚：

> 昔在有虞，有崇伯鲧，播其谣心，称遂共工之过，尧用殛于羽山。其后伯禹，念前之非度，厘改制量，象物天地，比类百则，仪之

于民，而度之于群生。共自从孙、四岳佐之。高高下下，疏川导滞，钟水丰物，封崇九山，决汩九川，陂鄣九泽，丰殖九薮，汩越九原，宅居九隅，合通四海。故天无伏阴，地无散阳，水无沉气，火无灾火单，神无间行，民无淫心，时无逆数，物无害生。帅象禹之功，度之于轨仪，莫不嘉绩，克厌帝心。皇天嘉之，祚以天下。赐姓曰“姒”，氏曰“有夏”。

这就是说，在帝舜时代，大禹的父亲叫“崇伯鲧”，还不叫“夏伯鲧”。因崇伯鲧跟着共工办坏事，被流放在羽山之地。后来，大禹受命治理洪水，率其氏族子孙，在四岳部族的辅佐下，消除水患，治水成功，受到广大群众的拥护和爱戴。帝舜为表彰他的功绩，才赐给他天下，赐给他姓叫作“姒”，赐给他氏族名字叫作“有夏氏”。[①] 更重要的是，在这样的赐姓之后，轩辕黄帝的直系后裔才由《史记·五帝本纪》记载的黄帝二十五子，其得姓者十四人，为十二姓，发展到最终的十七个姓氏。[②]

历史文献和近代史学著作中，对大禹出生地的论述似乎比较一致，分歧不大，争论也不多。对大禹的出生地，文献载：

禹兴于西羌。（《史记·六国年表》）
大禹出西羌。（《后汉书·载良传》）
大禹出于西羌。（《新语·术事》）
伯禹“西羌夷人也。”（《帝王世纪》）
禹娶于有莘氏之女，名曰女嬉，……产高密（禹），家于西羌，曰石纽。（《吴越春秋·越王无余外传》）

如有人总结的：“上述文献记载和史学前辈考证分析的结论就是，禹

① 详见“知乎”：《关于“华夏”一词的起源？请诸友讨论》中“景行行”文。

② 《史记·五帝本纪》：“胥臣云‘黄帝之子二十五宗，其得姓者十四人，为十二姓，姬、酉、祁、己、滕、葴、任、荀、僖、姞、儇、衣是也。唯青阳与夷鼓同己姓’又云‘唯青阳与苍林为姬姓’。”加之“唐、虞”的以国为姓，尧姓“尹”，舜姓“姚”，禹得赐姓“姒”，遂有十七姓氏之称。

生于西羌或曰羌戎，其地望在九州之域，再具体点，就是秦晋之间。”①

《山海经》说：“黄帝生骆明，骆明生白马，白马是为鲧。”对照《史记·夏本纪》所记黄帝生昌意，昌意生颛顼，颛顼生鲧，可知：骆明即颛顼。西夏文以古羌语为基底，应该具有残存“出于西羌”的大禹及其祖辈父辈记忆的可能。西夏文𗏁（0124）〔来日音，离堵切，音胪〕“①脑、头、首也。（名）例：（吴［户］胪）头脑。（同47A6）释：头者脑也，顶也，领端所致也。（海10.232）②天也”。𗗙（3817）〔重唇音，音名〕“①者也。（代）②人也。可以加在名词、动词和形容词后面，表示人或物”。这两个西夏文连读，其音正近于“骆明”；其“因头而得名的神王”之义，亦同于颛顼“头颛颛谨貌”，“头项项谨貌”（《说文》）义，和主管北方的天帝之身份。

至于“白马是为鲧”，则是告白：鲧具有了“白马”这一神职。“白马”又称“毕摩”，是彝语音译，“毕”为“吟诵”的意思，“摩”是长老，“毕摩”的意思就是“歌咏法言之长老”。因各地的方言不同，“毕摩”有多种写法，如：呗耄、毕耄、白马、奚婆。学界认为：“中国西南的羌族与彝族都有着悠久的历史和丰富的文化，在民族起源与发展上有着共同的历史源头和密切的文化联系，两个民族均属汉藏语系藏缅语族，都是古羌人后裔，其独具特色的传统宗教都以信仰鬼神、崇拜祖先、注重仪式、巫祭杂揉等为基本内容，并且都受到外来宗教文化的影响。羌族‘释比’和彝族‘毕摩’都是专门从事宗教活动、处理人们信仰事务的宗教神职人员。”②《山海经·海内经》说：“鲧窃帝之息壤以堙洪水”；“洪水滔天，鲧窃帝之息壤以堙洪水，不持帝命。帝令祝融杀鲧于羽郊。鲧复生禹。帝命禹卒布土以定九州”。郭镤注引《开筮》：“鲧死三岁不腐，剖之以吴刀，化为黄龙。”都透露出鲧兼有的古羌族亦即夏族的神职身份。

鲧以土筑城、堙洪水而著称，《吴越春秋》载：“鲧筑城以卫君，造郭以守民，此城郭之始也。”《淮南子·原道训》更是给出鲧作城池的高度：“昔夏鲧作三仞之城。”禹继承父业亦“布土于九州”（《尚书·禹贡》），因此，夏人最初的国家才叫作“土方”。《诗·商颂·长发》：

① 李沣：《大禹出生山东考》，东夷人士的博文，2010年3月18日。

② 廖玲：《羌族“释比”与彝族“毕摩”的比较研究》，《敦煌学辑刊》2012年第1期。

"洪水芒芒，禹敷下土方。"《楚辞·天问》："禹之力献功，降省下土方"，郭沫若云："余意此'土方'当即卜辞中所常见之敌国名'土方'，……朔、驭、土古音均在鱼部，则所谓土方当即朔方、驭方，知此，则所谓土方即是夏民族，夏字古音亦在鱼部，夏、土、朔、驭一也。是则'禹敷下土方'当为禹受上帝之命下降于土方之国（即后之华夏、禹迹、禹甸、禹域），以敷治洪水。"① 殷墟卜辞中恒见"土方"之名，乃殷商之敌国，胡厚宣有专文论证卜辞中之土方即夏民族，认为"土通杜，杜通雅，雅通夏，是土即夏也"②。

然若依西夏文即可知：所谓"有夏"，所谓"夏后"，皆是夏之方言古羌语"土方"、"土国"的音读。如西夏文：

一、[illegible]（0930）〔舌头音，弟速切，音渎〕"①有也。（动）存在动词，可以表现一切事物现象的存在。②二字相重具有'所有'之义"。

二、[illegible]（3083）〔喉音，音哈、匣〕"土地也"。要知道，西夏文中"匣"、"下"、"夏"是相通的，即[illegible]（0683）〔喉音，恒贯切，音夏〕"①〔下〕、〔夏〕、〔孝〕也。（音）②又音〔瑊〕、〔匣〕、〔槛〕、〔馅〕、〔孝〕、〔限〕、〔效〕也"。在另一处，[illegible]又被记音为"合"：[illegible][illegible]（聂合）"土地（同18A6）"。同时，土地还被称之为[illegible]（2627）〔来日音，音勒〕"①土地也。（名）②活业也。③虞也"。

三、西夏文称"国，界也"读[illegible]（2029）〔来日音，音牢〕。

于是，"一"＋"二"，即可读为"有（音渎）夏"，意为"诸土（部落）"；"二"＋"三"，则可读成"匣哈牢（夏后）"，意为"（土）国"。

原来，舜以皇天身份赐禹"氏曰'有夏'"，不过是比照自己的"有虞氏"，给了其"诸夏（土）部落共主"的名分；有人注意到"有"通用于"域"历史之悠久，如：

（1）方命厥后，奄有九有。（《商颂·玄鸟》）

（2）九有有截，韦顾既伐，昆吾夏桀。（《商颂·长发》）

---

① 郭沫若：《中国古代社会研究·夏禹的问题》，《郭沫若全集·历史编1》，人民出版社1982年版，第307—309页。

② 胡厚宣：《甲骨文土方为夏民族考》《殷墟博物苑刊》创刊号，中国社会科学出版社1989年版。

（3）人有是，士君子也。（《荀子·礼论篇》）

例（1）毛诗作“九有”，而韩诗作“九域”；例（2）毛诗作“九有”，而《晋书·乐志》作“九域”；例（3）荀子作“人有是”，而《史记·礼书》作“人域是”。这说明这些例句中的“九有”和“九域”同义。可以将“有”的实在意义定义为“有一定范围的某块土地”①。

然而，同时还应关注的是：上述诸例全部带有浓厚的东夷文化色彩。商颂自不必说；荀子倒是赵国猗氏（今山西安泽）人，只是其全部的政治学术生涯都是在齐国稷下学宫度过的。至于舜的东夷文化背景，更是早就被学界所公认。

此后，直到《史记·夏本纪》的“禹……遂即天子位，南面朝天下，国号曰夏后，姓姒氏”，自立帝国，才有了“夏后”之谓。及至启承禹业，家天下之势已成，“夏后”才取代“有夏”、“姒”成了氏称，并由“夏（土）国”衍生出“夏（土）国君”之义。

其实，“有 x 氏”之称正是赐禹“氏曰‘有夏’”的“有虞氏”帝舜的杰作。在此之前的帝尧，因被封于山西襄汾县陶寺乡而号“陶唐氏”，强调的只是对一个地域的确认，当然，也奠定了以《尚书》为标志的炎黄雅言的基础；“有虞氏”则不然，挑明了其为所有猎人（虞人）共主的身份，同时也提示了“陶唐氏”所代表的东夷话语系统对华夏文明重塑的进程。“有夏氏”封号的确立，不仅意味了炎黄文化的回归，也提示了人们夏文化在语言层面的多语种多方言并存之面貌。于是，我们才得以读到《诗·商颂·长发》：“洪水茫茫，禹敷下土方。”《楚辞·天问》：“禹之力献功，降省下土方”此类的诗句。显然，在动词“敷”“降省”之后，“下”不会再来充当动词；若以方位词视之，又从不见有“上土方”之对用。只有回到大禹所出的羌语系统，才可读出：原来东夷“陶唐氏”文化口中的“夏”，在西羌话语系统中语音通读于“下”，而语义则同于“土”。“下土方”不过是东夷西羌之夏方言兼顾中的“夏朝”之称罢了。

西夏文尚称“土”为[illegible] wi2. 7gui2. 10〔嵬跪〕“土地（同23A7）”。原来殷墟甲骨和《山海经·海内北经》中著名的“鬼国”，不

① 陈凌：《有夏的有》，《保定师范专科学校学报》2007年第3期。

过是“禹降省下土方”中“下土方”的又一方言读音。接下来更有意思了，西夏文记忆中，原来管“汉人”也叫[illegible]（5342）〔牙音，音跪（嵬）〕“汉人也。（名）”则“夏、汉”又因为同是“土”的读音而一脉相连？孤证吗？不是。西夏文还有[illegible]（2681）〔齿头音，突位切，音他〕“土、己也。（名）”；然同一西夏文，字书又有释为“[illegible][illegible]〔剂庞〕白土（珠231）”。证明此[illegible]具有“剂他”双音。参照《华夷译语·人物门》中的“汉人 乞塔惕”①和《韃靼译语·人物门》中的“汉人 乞塔苦温”②，可知，直至中古，人们尚清楚：无论读作“夏（匣）”、“汉（合）”或者“鬼（嵬）”、“乞塔”，都是由“土”的异读而来。土与鬼的关系，《说文》讲得清楚，即：“众生必死，死必归土，此之谓鬼。”

还有，《山海经》中反复提到的“汉水出鲋鱼之山，帝颛顼葬于阳，九嫔葬于阴，四蛇卫之”，“貊国在汉水东北，地近于燕，灭之”。其中的“汉水”，我有旧文考证即“土（涂）水”③，从《汉书》以来，此土水各种胡语中的名称，多有音近于“汉”者，以至今日其河名仍以“老哈河”而近于“汉”音。可见，汉、契丹、辽，皆是因循对“夏（土）”称号的认同而来。

汉夏一体既明，汉水又称夏水的缘由也随之厘清。《说文》“汉，漾也。东为沧浪水。从水，难省声。㵄，古文。呼旰切〖注〗臣鉉等曰：从難省，當作堇。而前作相承去土从大，疑兼从古文省”。《尚书·禹贡》“嶓冢导漾，东流为汉，又东为沧浪之水”孔传：“别流在荆州。”郑玄注：“沧浪之水，今谓之夏水，即汉之别流。”刘澄之在《永初山水记》中亦称：“夏水，古文以为沧浪，渔父所歌也。”汉水因其为长江第一大之流而闻名，其实汉水源出于陕西宁强县秦岭南麓，典型的夏周族肇始之地，也是西羌之盛地。因此，这里才称“土”为西夏文的[illegible]（3083）〔喉音，音哈、匣〕。

因为西夏文的记忆，让现代的我们如梦初醒：为什么汉朝虽然成立，但至少在汉武帝刘彻之前域外文明仍称汉朝人为“秦人”？《史记》中大

---

① 贾敬颜、朱风合辑：《蒙古译语 女真译语汇编》，天津古籍出版社1990年版，第44页。

② 贾敬颜、朱风合辑：《蒙古译语 女真译语汇编》，天津古籍出版社1990年版，第96页。

③ 喻权中：《中国上古文化的新大陆——〈山海经·海外经〉考》，黑龙江人民出版社1992年版，第402—403页。

宛列传中记载："闻宛城中新得秦人知穿井，而其内食尚多。"《汉书》匈奴传称逃入匈奴的汉朝人为秦人，甚至在汉武帝公元前 89 年罪己诏《轮台罪己诏》中也有"匈奴缚马前后足，置城下，驰言'秦人，我匄若马'"。对此，唐朝人颜师古的"谓中国人为'秦人'，习故言也"的观点受到后世最多赞成。实际上，早期的"秦"、"汉"互用，与中古的北方诸族称"汉"为"乞塔"一样，因为他们还存有"秦""汉""乞塔"都是"夏"之异读的记忆。

还有，西夏立国之君李元昊为何定国号为"大夏"的同时，宣布弃汉姓改姓嵬名？听听西夏文对[西夏字][西夏字]（嵬名）的解释：

[西夏字]（2339）〔牙音，音嵬〕"〔嵬〕族姓也。(音)"

[西夏字]（1903）〔重唇音，浸乙切，音弥（名）〕"〔名〕、〔弥〕族姓也。(音)"

如果只有这一层，恐怕没人会读出俩字义间的区别；好在西夏文是表意文字，在字书中对俩字做出了释读。首先看[西夏字]字释读："[西夏字]〔名〕：[西夏字]〔名〕围[西夏字]（圣）全；〔名〕者〔嵬名〕也，〔须弥〕也，帝王之族姓也(海 16. 172)。"就是说，这是专门为"帝王之族姓"造的字，保留了"[西夏字]〔名〕"字的外围，中间加入"[西夏字]（圣）"字的全部，于是，为"帝王之族姓"所造字就此音义两全。[西夏字]〔嵬〕不然，虽然也是族姓，却是帝王常人全都用得。《简明夏汉字典》就在"[西夏字]"字条下列举了"嵬迎"等三个常姓。联系上文梳理同样读音"嵬"的西夏文与"夏、土、汉"的同一性，"嵬名"当含有"夏"+"帝王之族姓"意。大夏国号的母语音读之谜亦因此告破。

索性也就此解了拓跋称"魏"之谜。据《魏书》记：

> 六月丙子，绍有司议定国号。群臣曰："昔周秦以前，世居所生之土。有国有家，及王天下，即承国号。自汉以来，罢侯置守，时无世继，其应运而起者，皆不由尺土之资。今国家万世相承，启基云代。臣等以为若取长远，应以代为号。"诏曰："昔朕远祖，总御幽都，控制遐国，虽践王位，未定九州。逮于朕躬，处百代之季，天下分裂，诸华乏主。民俗虽殊，抚之在德，故躬率六军，扫平中土，凶逆荡除，遐迩率服。宜仍先号，以为魏焉。布告天下，咸知朕意。"

旧释多以为这标志着北魏政权当自己是曹魏的后人和延续，唯有李大龙文道出了其中的奥义，谓其：

其中出现的“朕”、“未定九州”、“天下分裂”、“诸华乏主”、“民俗虽殊，抚之在德”、“扫平中土”等等，可以看作是拓跋珪向世人表明的自己的定位，即他是“华夏正统”的“天子”，统一“中国”是他的最终目的。

只与拓跋鲜卑有收其“质子”关系的三国之“魏”，又怎会成为拓跋珪追求的终极目标呢？《魏书·卫操传》有一点睛之笔：

桓帝崩后，操立碑于大邘城南，以颂功德，云：“魏，轩辕之苗裔。

结合“议定国号”可知，无论群臣口中的那个“昔周秦以前……及王天下，即承国号”，还是拓跋珪诏曰的“逮于朕躬，处百代之季……宜仍先号，以为魏焉”。这个被称之“魏”先前国号，算来都应是远在夏商之际的事情。① 则拓跋珪口中之“魏”，当即是西夏文记忆中的那个“土、夏、汉”一以律之的异读“嵬（魏）”。

“宜仍先号，以为魏焉”也得到了汉代《白狼歌》的支持。《后汉书·南蛮西南夷列传》记得清楚，《白狼歌》是“今白狼王唐菆等慕化归义作诗三章”而成。其歌既录有白狼羌母语音读，又附上汉语的意译。开头两句即：“堤官隗构（意译：大汉是治），魏冒逾糟（意译：与天合意）。”母语音读与汉语意译两相比照，可知：

第一句，其“官隗”当即西夏文的“𗴂𗹦〔宽跪〕汉人（同23A7）”；“堤”则来自𗼃（0078）〔舌头音，底口移切，音帝〕“①祭、祈、祷也。（动）②诔也”；“构”源于西夏文𘃡（3753）〔牙音，姑哈

① 2000年11月9日夏商周断代工程正式公布了《夏商周年表》。《夏商周年表》定夏朝（公元前2070—前1600年），约开始于前2070年。而拓跋珪于太初元年（386）称王，重建代国，同年改国号为魏，建元登国，中间经历了2456年。若以史家通常认同的25年计一世，拓跋珪诏曰的“百代之季”，时间正好指向夏初之时。

切，音公〕“官、公也。（名）”组合起来，第一句的直译便是“祈汉官公”。

第二句，“魏”西夏文写做𗋃（0686）〔轻唇音，韦比切，音围〕“土，地也。（名）”；“冒”西夏文写做𗖵（3513）〔重唇音，梅勒切，音没〕“①天也。（名）②活业，营生也”。“逾”比较意译的“与”，可定为“与”的汉语借音；“糟”拟音自𗅋（0041）〔舌上音，dziow 2.48 音著、娘〕“计、谋、略、交也。（动）”相比较，dziow 的注音更宜于用“著（着）”或“糟”。组合起来，第二句的直译便是“天地与谋”。

原来汉代羌语的音读“魏”，已然同于西夏文记忆中的那个“土、夏、汉”一以律之的异读“嵬（魏）”。

据《淮南子·原道训》所记：大禹当年为了团结四方民众，化干戈为玉帛，不惜“坏城平池，散财物，焚甲兵，施之以德”实现了“海外宾伏，四夷纳职，合诸侯于涂山，执玉帛者万国”的天下和平繁荣的局面。在影响至巨的大禹治水文化行为之后，“成为诸夏”已经化为亚洲大陆特别是东亚中亚诸族的认同与追求，由此形成了一个具备夏文化核心区—夏文化方言区—夏文化认同区的三层架构，每一层架构中的“有夏（下土方）”“夏后（吐火罗）”称谓的内涵都既有关联又含义不同。其中，夏文化核心区（炎黄雅语）—夏文化方言区（羌语—东夷语—东胡语）伴随了大禹和整个夏朝始终；而夏文化认同区则要顽强得多，夏代曾出现“夏成五服，外薄四海”诸国争相“会于中国”盛况[①]；在夏朝消失千余年之后，“大夏”“吐火罗（夏后）”的崛起，匈奴、拓跋鲜卑、突厥（阿史那）的认同性追溯，除了其他诸文化要素外，亦显示出夏文化认同的深远影响。

只是到目前为止的研究，仍然没能充分认识到“吐火罗（夏后）”在三个层面中的联系与不同，倾向于做统一观。认为：“吐火罗”人（Tochari）最早确切出现于西方史籍是在古希腊人的著作中，其中记载：公元前 140 年前后，以吐火罗为首的塞人部落越过阿姆河进入巴克特里亚，灭掉了当地的希腊化王国。也有不少学者认为，中国史籍中的“大夏”就是吐火罗的译音。“大夏”在汉语文献中出现得很早，先秦时期

① 何玉涛：《王会篇笺注》引《禹四海异物》。

“大夏”常常与“禺知”（即“月氏”）并提，也是一个活动于河西的民族，如果亨宁的假说成立，那么此时出现在中国西北部的“禺知”和“大夏”正是从近东迁来的兄弟部族“库提”和“图克里”。

由于吐火罗人到达中央亚细亚的时间远早于另一支印欧人——雅利安人，因此，原始印欧人同原始汉藏人的接触最早主要是通过吐火罗人与华夏人的交流来实现的。根据以蒲立本为代表的一些汉学家对上古汉语与上古印欧语的比较研究，汉语中有若干词汇系来源于印欧语（主要是吐火罗语），如“蜜”“犬”“剑”“昆仑”/“祁连”以及“乾坤”的“乾”等。将这些词汇带入汉语的，正是活动于上古东西方商路上的大夏人和禺知人，大夏与中原的交涉一直持续到春秋时代（齐桓公曾远征大夏），稍后西迁；禺知则发展为强大的月氏，在相当长的时期内主宰着中亚到中原之间的玉石贸易。

“大夏”后来再次出现在中国史籍是汉代张骞通西域之时，被张骞称为“大夏”的那个区域在西方文献中叫作“巴克特里亚”，到了贵霜、嚈哒及突厥人入侵之时，便通称为“吐火罗斯坦”了。

在西夏文的记忆中，包括古羌语在内的西北方言，“土”除了含“哈、匣、下”读音之外，尚有一音正近于“月氏（禺支）”的“氏”，即“𗼇𗼈（则捷）同土（同29B1）”。即在古羌语中“土”还有“则、捷”两个读音。加上“月氏（禺支）”的“月”与“有夏”的“有”之音近，“月氏（禺支）”真可谓羌语“有夏”的翻版了。《史记·大宛列传》云：（月氏）“行国也，随畜迁徙，与匈奴同俗”。《后汉书·西羌传》云：“湟中月氏胡，其先大月氏之别也，被服、饮食、言语略与羌同。”当都是指与夏朝同期，生活在与夏为邻的河西走廊的诸夏之民。翦伯赞先生即认为，月氏人是“鄂尔多斯”的后代，他说：月氏是夏族的一个原始民族，是羌族的一支，最早住在鄂尔多斯（今内蒙古伊克昭盟一带）。在史前时期，一支东徙中原，一部残留原处，另一支西徙甘肃，还有一部分西徙到塔里木盆地。春秋时叫“禺知”，又渐渐移至河西，秦汉时叫月氏。他们被匈奴击败西迁，“则不过追随其祖先的足迹而已”①。

诸夏的认同尚不尽于此，《史记·匈奴列传》：“匈奴，其先祖夏后氏

① 翦伯赞：《中国史纲·第1卷：史前史　殷周史》，商务印书馆2010年版。

之苗裔也，曰淳维。”《通志·氏族略》称：“阿史那氏：夏氏之裔，居兜牟山，北人呼为突厥窟。”至于拓跋鲜卑记忆中的“拓跋”语源，《魏书》开篇就有解释：“黄帝以土德王，北俗谓土为托，谓后为跋，故以为氏。”实则也因惟土惟后而溯源自夏朝。至于大贺氏，也当为“大夏”的羌方言读音。

第二节 狄—胡—室韦—鞑靼—忙豁勒：蒙古族源的五重接力

蒙古族的起源，多数学者都认为；蒙古族属东胡族系，公元1世纪末至2世纪初，匈奴为汉朝所破，东胡人的一支鲜卑人自潢水流域一带转徙其地，剩余的人也都自称为鲜卑，鲜卑自此强盛起来。公元4世纪中叶，居住在潢水，老哈河流域一带鲜卑人的一个部落自称为“契丹”，另一个部落居住于兴安岭以西的鲜卑则称为“室韦”，蒙古部就是室韦人的一个部落。称为“蒙兀室韦”。

室韦，始见于《魏书》，作失韦。室韦的主体与契丹同出一源，以兴安岭为界，“南者为契丹，在北者号为室韦”（《北史·室韦传》）。由“号为室韦”可知，“室韦”是蒙古族人的自称。室韦族的渊源，史书说其为“契丹之类”，或“丁零之苗裔”。结合史载其地理位置社会生产和风俗习惯等考察，其主体部分出自鲜卑，是东胡的后裔。《魏书》说其语言与库莫奚、契丹和豆莫娄同，《隋书》记其偏处西北方的大室韦“语言不通”，《新唐书》又谓“其语言，靺鞨也”，这些不同记载，又反映了室韦不是单一的民族共同体，而是一个多源的民族综合体，即它还包含有出自操秽貊、突厥和通古斯语言的一些部落或氏族，也有东胡族系乌桓族的遗民。若以地区作大体划分，中部的属东胡族系，西部的属突厥系统，东部的属肃慎、秽貊族系。

室韦其名，流行的说法认为：其原系蒙古语音译，森林之意。用作族称，意为“林中人”。然而，查找最初的蒙古语辞书，却见不到有力的支持。元初的《至元译语·地理门》根本不见“林”这一词汇，稍后的《华夷译语·地理门》，有“林槐 üy”之记，则连汉字注音带阿拉伯拼音都与“shiwei 室韦”音读无涉。以致《鞑靼译语·地理门》仍记为

“林槐”、《登坛必究·（蒙古）译语》记为“林子　委亦”，皆与“室韦”无关。被称为：词典材料的来源为“13—14 世纪蒙古话的典型代表”的《穆》，收“si、ši”开头的词语 71 例，竟然无一例与“森林”有关①！

“室韦”当由“＊Serbi”＋“wišai”的略读构成。伯希和（P. 佩利奥）认为室韦即是鲜卑的异译。白鸟氏将师比和现代满洲语的 sabi“祥瑞，吉兆”牵合。卜弼德（Peter Boodberg）将师比＊serbi 比对为蒙古语 serbe。可惜，都未能回答“鲜卑”为何要异读为“室韦，”以及何来的“室韦”之尾音异变的“wi”。已经有人指出：“无论从地域的分布还是读音上看，室韦＊Sirbi 都和东胡鲜卑＊Sarbi 关系密切。室韦＊Sirvi 显然是鲜卑＊Sarbi 的音转。但我们不能称室韦是鲜卑的苗裔。室韦的生活生产方式比游牧的鲜卑更为古老。”② 所以，室韦人追溯自己离不开两方面：①鲜卑；②根源。不错，“wišai”正是蒙古语ᠸᠢᠱᠠᠢ“根源”的音读。③“室韦”者，“＊Serbi”＋“wišai”（“鲜卑根源”或“鲜卑原住民”）之略读。

只是，认作源自鲜卑，只是一面族群聚拢的旗帜。无论南室韦的二十五部，还是北室韦九部，或后来突厥所役属之室韦五部，都“各不相属，风俗习惯稍异”。因此，同名室韦，最终的道路却截然不同。而今天的蒙古族则是以蒙古室韦为主源发展而来。

何谓“蒙古”？这事简单而又复杂。说简单是许多人已经认识到“蒙古”与“木骨闾”的渊源关系④，《魏书·列传九十一》“蠕蠕”条载：

> 蠕蠕，东胡之苗也，姓郁久闾氏。始神元之末，掠骑有得一奴，发始齐眉，忘本姓名，其主字之曰木骨闾。“木骨闾”者，首秃也。木骨闾与郁久闾声相近，故后子孙因以为氏。木骨闾既壮，免奴为骑卒。穆帝时，后期当斩，亡匿广漠溪谷间，收合逋逃得百余人，依纥

① 保朝鲁编：《穆卡迪马特蒙古语词典》，内蒙古大学出版社 2002 年版，第 133—134 页、139—143 页。

② 新浪博客“张老大的博客”：《猛越河》，2015-03-05。

③ 内蒙古大学蒙古学研究院蒙古语文研究所：《蒙汉词典》，内蒙古大学出版社 1999 年版，第 1408 页“wišai〔名〕<宗>①根境。”

④ 荣祥著：《蒙古源流初探》（油印本）。

突邻部。木骨闾死，子车鹿会雄健，始有部众，自号柔然，而后属于国。

依此，若可视木骨闾、蒙古为源流，则“蒙古”亦当为“首秃”之义。实际上，首秃也正是蒙古族发式的重要特征之一。蒙古汗国时期出使蒙古的方济各会修士对蒙古族的发式作了详细的描述。约翰·普兰诺·加宾尼在他的游记中写道：

在头顶上，他们像教士一样把头发剃光，剃出一块光秃秃的圆顶作为一条通常的规则，他们全部从一个耳朵到另一个耳朵把发剃去三指宽，而这样剃去的地方就同上述光秃圆顶连接起来。在前额上面，他们也都同样把头发剃去二指宽，但是，在这剃去二指宽的地方和光秃圆顶之间的头发，他们就允许它生长，直至长到他们的眉毛那里；由于他们从前额两边剪去的头发较多，而在前额中央剪去的头发较少，他们就使得中央的头发较长；其余的头发，他们允许它生长，像妇女那样，他们把它编成辫子，每个耳朵后面各一条。①

另一位西方传教士威廉·鲁不鲁乞也在他的游记中作如下记述：

男人们在头顶上把头发剃光一方块，并从这个方块前面的左右两角继续往下剃，经过头顶两侧，直至鬓角。他们也把两侧鬓角和颈后的头发剃光，此外，并把前额直至前额骨顶部的头发剃光，在前额骨那里，留一簇头发，下垂直至眉毛。头部两侧和后面，他们留着头发，把这些头发在头的周围编成辫子，下垂至耳。②

“剃出一块光秃秃的圆顶”当然可谓“首秃”：而同时“在前额骨那里，留一簇头发，下垂直至眉毛”，亦可精练表述为“发始齐眉”。只是，

① ［意］约翰·普兰诺·加宾尼：《蒙古史》，出自《出使蒙古记》，［英］道森编，吕浦译、周良霄注，中国社会科学出版社 1983 年版，第 17 页。

② ［法］威廉·鲁不鲁乞：《东游记》，出自《出使蒙古记》，［英］道森编，吕浦译、周良霄注，中国社会科学出版社 1983 年版，第 119 页。

能够识得蒙古发式名称是一回事，而能够令这一称谓成长为整个民族认同的族称，则是另一回事，其间必须要经过一种叫作神圣的仪礼加以灌注。果然，在13世纪的蒙古语中，我们体悟到了一个动词性词语："mörgü-①（牛、羊等）顶。②跪拜。"并附有例句："～be tengridü 对天叩拜了。"[①] 原来"木骨闾（首秃）"的习俗表达的是对天顶礼膜拜的敬畏。

其实，"顶礼"与"膜拜"的两种佛礼的中国化称谓中，已经渗透了将礼天与礼佛结合起来的努力。在汉译佛典中"顶礼膜拜"一词开始是"顶礼"与"膜拜"分开出现，尔后在汉译佛典中才有"顶礼膜拜"合起来出现的情况。"顶礼"一词最早以"顶礼佛足"的形式出现在三国两晋的佛典中，如三国吴之谦的《撰集百缘经》："次来佛所，顶礼佛足，却座一面，听佛说法。""顶礼佛足"在这里指跪在佛祖的脚前，用头顶着佛祖的脚来表示虔诚地敬仰。这时，佛足即是天；而"膜拜"一词似乎更早地见于《穆天子传》卷二："吾乃膜拜而受。"郭璞注："今之胡人礼佛，举手加头，称南膜拜者，即此类也。""南膜"即梵语 Namas 之音译，亦译作"南无"。佛教语之归命、敬礼、度我之意。《穆天子传》已见于汲冢竹书，当不晚出于战国晚期，尚无佛学东来之文化传播，彼时所谓"（南）膜"，只能是羌语广泛被用来称"天"——后见著西夏文的[illegible]（3513）〔重唇音，梅勒切，音没〕"①天也。（名）②活业，营生也"。当代羌藏语中，仍称"天池"为"纳木错"，亦当以此为源头。以头为天的传统不仅令商周甲骨中"天、顶"同字，而且也令草原记忆中"天、首"互用。还是西夏文，[illegible]（0124）〔来日音，离堵切，音胪〕"①脑、头、首也。（名）例：[illegible]（吴［户］胪）头脑。（同47A6）释：头者脑也，顶也，领端所致也。（海10.232）②天也"。

原来，"木骨闾（没吴［户］胪）"本身就是一个双层结构的词语：表层为"首秃"，深层则为"拜天"。而其衍生出来的"蒙兀"、"忙豁勒"、"蒙古"，之所以生命力强大而为数千年的族称，大概更多的还是源于对其深层含义的认同吧。

《元史》说："元兴朔漠，代有拜天之礼。"每年都要举行拜天的仪式；同时，大型的祭祀敖包活动，每年举行二次，春天和秋天。男男女女，扶

① 保朝鲁编：《穆卡迪马特蒙古语词典》，内蒙古大学出版社2002年版，第90页。

老携幼，带上哈达、整羊肉、奶酒、奶食等祭品，来到敖包前，先献上哈达和供祭品，再由大喇嘛诵经祈祷，小喇嘛列座于两旁，或吹喇叭，或打大鼓。众人跪拜。然后往敖包上添石块，或对柳条进行修补，并悬挂新的五色绸和经幡。并与祭神树结合起来。于是不必日颂口传，在此仪礼中，“蒙古”得到了永生！

说到永生，有人简单地将《蒙古秘史》中的“蒙哥·腾格里”长生天之谓与蒙古族称简单地等同起来。若是探讨在词语“腾格里”诞生之前，“蒙哥”与 köke（T. Köke）“①绿的，青的；蓝的。②天，天空”[①] 称谓之间的影响，的确有话可谈；但 13 世纪的蒙古语，一是说到长生天，必“蒙哥·腾格里”并用，不见单用“蒙哥”指称“长生天”的例子；二是已经生长出了 mung ügei“漠不关心的，无牵挂的”词语[②]，具备了描摹出“长生”所要求的“无牵挂”之功能。

至于“鞑靼”，原名为塔塔尔部，本是居住在呼伦贝尔地区的蒙古语族部落之一。最早的记载见于 732 年突厥文《阙特勤碑》，称 Otuz-Tatar（三十姓鞑靼），系概称突厥东面、契丹之北的蒙古语族诸部，当因其中 Tatar 部最强故有此名。735 年的突厥文《毗伽可汗碑》还载有 Toquz-Tatar（九姓鞑靼），谓其曾与 Toquz-Oghuz（九姓乌古斯）联合反抗突厥。8 世纪中叶，九姓鞑靼又与八姓乌古斯联合反抗回鹘，其活动地域已到色楞格河下游及其东南一带。此后，鞑靼人逐渐向蒙古高原中部、南部渗透；840 年回鹘汗国的灭亡和回鹘西迁，为他们提供了更大规模地进入大漠南、北的机会，“达怛”之名开始出现在 842 年的汉文文献中。[③] 唐末，漠南鞑靼数万之众被李克用父子招募为军进入中原，参与镇压农民起义和权力角逐。同时，九姓鞑靼则据有原回鹘汗国腹心地区鄂尔浑河流域。随着鞑靼人取代突厥语族部落成为蒙古高原的主体居民，鞑靼一名也渐演变为对蒙古高原各部（包括非蒙古语族部落）的泛称。只是，当突厥人在《阙特勤碑》上称其为 Otuz-Tatar 时，距离《史集》所记：——蒙古部落被突厥部落打败后只剩下两男两女，他们逃到了额尔古纳河畔一带居住下来，生息繁衍，许多年以后部落逐渐兴盛起来，并产生了许多分支——其

① 保朝鲁编：《穆卡迪马特蒙古语词典》，内蒙古大学出版社 2002 年版，第 80 页。

② 保朝鲁编：《穆卡迪马特蒙古语词典》，内蒙古大学出版社 2002 年版，第 90 页。

③ 详见方壮猷《鞑靼起源考》，国立北京大学国学季刊三卷二号，1932 年 6 月。

间的光阴并不遥远。因此，突厥人才会以源出于“dalda（T. ~）①隐蔽处，隐藏处。②人质”，或“daldala-藏，躲藏。”的蒙古语ᠳᠠᠳᠠ“dada”称之。①

然而，上溯至东胡后，原蒙古族的来源变得扑朔迷离。梳理根源，主要是学界对“胡”的来源不得其详之缘故。学界既承认匈奴之前有北狄又认同胡即匈奴，却没有解决什么样的文化进程让匈奴选择了“胡”这一自称。其实，历史并没有忽略对这一巨大的文化变异的记写，这便是《史记·五帝本纪》中的“舜归而言帝曰……流共工于幽陵，以變北狄”。那么，尧时代的共工又是哪一位？在“第六章　夏言与胡语间的草原文化型塑”中，将有专文论述：尧舜时代的共工都是“垂”世系担任，“而‘垂（倕）’之分音即成‘淳维’；‘淳维’之合音复为‘垂（倕）’”。“淳维”者，自然便是《史记·匈奴列传》中大名鼎鼎的：“匈奴，其先祖夏后氏之苗裔也，曰淳维。”

由是，我们才能理解西夏文中为何称“匈奴”为𗂧𗋕〔狄骨〕“匈奴”（同13B2）。为的告知匈奴由“狄”而“骨（胡）”的历史进程。

什么是“狄”？狄是“狄历、丁零”的略称已得到学界大多数人的认同；只是对何谓“狄历、丁零”还需要较真。先说“狄历”，其词源当即西夏文中的𗋕（3666）〔舌头音，梯更切，音天、电〕“天、电也。（名）（汉语借词）例：（阿天）高天。（同15B6）释：天，地左天右；天者地名（天都）也；又极高天上所电用之谓也。（海52.141）”这位读音为“电”的极高天汉文献记为“（少）典”，高高在上能吞吐云电的极高天，在文明初启的秩序构建中，也充当了方位“上”的代名词。如上文所言：

> 从此，在阿尔泰语系诸族中，便同时并存了以词根*emün“母”为源头，源于现实世界母系社会时期共食制条件下食物分配的“额木”一；和以词根“典（极高天）”或“敌烈（上）”为源头，源于宗教世界阿尔泰语系与汉藏语系诸族相互认同的𘂤𗿒〔跌勒〕“单独，一”。

① 保朝鲁编：《穆卡迪马特蒙古语词典》，内蒙古大学出版社2002年版，第31页。

“狄历”演进为“丁零”标志着“天”具象化的开始。何谓“丁零”?《魏书 · 高车传》:“高车……初号狄历，北方以为敕勒，诸夏以为高车、丁零。”其实，丁零与那个无所不在的极高天“狄历”还是有着微妙差异的。西夏文揭示了这一点。西夏文[illegible]（2826）〔来日音，音令〕“太阳也。(名)[illegible][illegible]〔丁令〕太阳（同 52A4)。”西夏文赋予“丁”以“至尊”的地位，即[illegible]（5074)〔舌头音，底迎切，音丁、低〕“尊，至尊也。(名)”明确告知:“狄（低）历”“丁零”本出自同一至尊。同时，将“光辉”也音读为“领”，即[illegible]（4645)〔来日音，力定切，音领〕“光辉也。(形)”，将极高天认识具象化到了光辉四射的太阳上。记得《逍遥墟经》卷一记载，有人为辽东人，曾学道于灵墟山，成仙后化为仙鹤，飞回故里，站在一华表上高声唱：有鸟有鸟丁令威，去家千岁今来归，城郭如故人民非，何不学仙冢累累。以此来警喻世人。如今，这一丁令威形象竟然于 2001 年在成都金沙遗址出土（见图 5-2)。这个被称为“商周太阳神鸟金饰”的整体图案，采用镂空方式表现。分内外两层，外层四鸟代表四鸟负日，也代表春夏秋冬四季轮回；内层 12 条旋转的齿状光芒代表一年 12 个月周而复始。其中的四鸟长颈长腿，典型仙鹤特征，而绕日盘旋也是仙鹤特有的生命形态。西夏文不仅以太阳为“丁令”，同时也称仙鹤为“位（威）”，即[illegible]（3109)〔轻唇音，旺则切，音位〕“鹤也。(名)”将金沙遗址“商周太阳神鸟金饰”与西夏文记忆以及《逍遥墟经》所记结合思考，可知由极高天的狄历转生成丁令的过程，早在商周之际已经完成。这种转成的背后，铺垫的是北方整个人面岩画所追求的“太阳周而复始不生不灭”母题之日渐丰富；同时也透露出以“丁令”为旗帜的北方狩猎族群，鹤鸟般盘旋游荡的生活状态。

原来，尧舜时的北狄是指以“丁令（太阳）”为旗帜的北方狩猎族群，他们还没有分成后世的“胡”与“肃慎”，而是共同敬畏着太阳、追逐着兽群、刻画着“人面岩画”①，被华夏的尧舜们尊称为“北狄”。

于是，问题来了。尧舜时期中国北方族群见著文献者，除了“北狄”还有“肃慎”，即《竹书纪年 · 五帝纪》所记“（帝舜有虞氏）二十

① 宋耀良:《中国史前神格人面岩画》:“人面形器物最初源于距今七、八千年的新石器早期，而后在四、五千年前的新石器中晚期获较大的发展。”其中的“四、五千年前”，正与尧舜时代相吻合。

图 5-2　商周太阳神鸟金饰（成都金沙遗址博物馆）

五年，息慎氏来朝，贡弓矢”的“息慎氏”。此后在夏商两代，都有肃慎“来服”的记载。西周时肃慎连续入贡三次，分别是在武王、成王、康王之时，因此，据《左传》鲁昭公九年载，周景王曾说：“及武王克商，……肃慎、燕、亳，吾北土也”，将肃慎居地视为自己的北部领土。“肃慎”是被“靺鞨”以来直至“满洲”的满—通古斯语族公认为源头的古氏族，从来被认为没有疑问。可真就有几个绕不过去的问题被遮蔽了数千年。

1. 尧舜时的息慎如果就是满—通古斯语族的源头肃慎，生息于牡丹江流域的镜泊湖附近①，其“来朝”至尧舜所在的山西陶寺，是怎样跨越中间间隔的诸多方国的？有人附丽于碣石贡道，可距离陶寺仍远在何止千里。

2.《国语·鲁语下》：“肃慎氏贡楛矢石砮，其长尺有咫。先王欲昭其令德之致远也，以示后人，使永监焉，故铭其楛曰：‘肃慎氏之贡矢’。”书中还记载了一个故事“仲尼在陈，有隼陈侯之庭而死，楛矢贯之，石砮其长有咫。陈惠公使人以隼始仲尼之馆，问之。仲尼曰：‘之来

---

①《晋书、四夷传》谓：“肃慎氏，一名挹娄，在不咸山北。”不咸山即今长白山。《新唐书、渤海传》谓渤海“以肃慎故地为上京，曰龙泉府”。上京龙泉府已被考定为今黑龙江省宁安市渤海镇，莺歌岭在上京龙泉府附近的镜泊湖畔。为此，当今学者多认为莺歌岭在时间和地域上与关于肃慎的记载相吻合。

也，远矣！此肃慎矢也。’”韦昭注：“砮，镞也，以石为之。”由此可知，肃慎人留给世间的唯一句话“楛矢石砮”，依然是半华半狄的混合体。其中“楛”、“石”来自华语，“矢”、“砮”则源于狄夷。如《书·禹贡》“惟箘簵楛，三邦底贡厥名”，《注》“楛中矢榦”；又《诗·大雅》“榛楛济济”；陆玑《草木疏》曰：“楛，形似荆而赤茎，似蓍”。至于“矢”、“砮”之衍用，却奇怪的分别见于后世的蒙古语与满语，即《至元译语》中的“箭　速（矢）木”与《女直译语》中的“箭　捏鲁（砮）”①。

3. 我有旧文，嗣后有哈斯巴特尔更进一步的考证，证实“肃慎”就是“箭人”、“箭匠”之义。② 然而保留了这一古老记忆的却是蒙古语族，即《至元译语》中的“箭匠 续木直兀兰”③ 其中，“兀兰”当为“ᠤᠷᠠᠨ uran 手巧的。”④ “续木直”略读之即为“息慎”，反切读则为“肃慎”。“手巧的箭人”当然只有“箭匠”可以当之。同期的《穆》也用“sumuci 箭匠”⑤ 词条支持了这一点。

在那个末冰期初过，强劲的季风气候让动植物疯长的长时段，自称为“箭人”自诩“丁令”（跟着太阳去流浪）成为草原上的时尚。譬如：斯基泰就是塞语射手之意（同源词包括 sak、sog，等等）；著名的印欧语语言学家 O. Szemerényi（同时也是乌拉尔语大家）其巅峰之作就是“Four old Iranian ethnic names：Scythian-Skudra-Sogdian-Saka”（《四个古老的伊朗民族名称：锡蒂安—斯库德拉—粟特—萨卡》）。认为 Scythian 、Skudra、Sogd-、kuz、Skuthēs 等皆源自古印欧语的＊skeud，意即“发动、射击”（cf. 英语的 shoot）。斯基泰语的＊Skuda（弓箭手）d/l 转换成为 ＊Skula。

至于塞人的塞 Saka，按照 Szemerényi 的意思，来自古伊朗语的 sak-，意思是流浪，游荡，不过这样的话，倒有可能来自原始突厥语。《新唐书

① 贾敬颜、朱风合辑：《蒙古译语 女真译语汇编》，天津古籍出版社 1990 年版，第 2 页。

② 喻权中、麻晓燕：《肃慎系统族源神话的历史考察》，《黑龙江民族丛刊》1999 年第 1 期。哈斯巴特尔：《阿尔泰语系语言文化比较研究》，民族出版社 2006 年版，第 241—252 页。

③ 贾敬颜、朱风合辑：《蒙古译语 女真译语汇编》，天津古籍出版社 1990 年版，第 2 页。

④ 保朝鲁编：《穆卡迪马特蒙古语词典》，内蒙古大学出版社 2002 年版，第 159 页。

⑤ 保朝鲁编：《穆卡迪马特蒙古语词典》，内蒙古大学出版社 2002 年版，第 136 页。

北狄传》说："室韦，契丹别种，东胡之北边，盖丁零之苗裔也。"应该并非指匈奴时代那个窄义的丁令，而是指向了漫天下皆箭人的猎手世界。

4. 只是，"续木直 箭人"这个重要的词汇在《至元译语》和同时的《穆》中昙花一现就此消失了。就连认同"肃慎"为族称的满—通古斯语族，也奇怪的只认肃慎后裔"挹娄（捏鲁）"亦即"箭"为自称。难道真是为了区别那个原蒙古族与原肃慎人共同被称之为"箭人"的时代？

5. 舜被认为是姚姓，有虞氏，名重华，字都君，谥曰"舜"；可封其为远祖的商人，其甲骨卜辞中竟然无"舜"字出现。《说文解字》："艹也。楚谓之葍，秦谓之藑。蔓地连华。象形。从舛，舛亦声。"将"舜"与"蕣"视为同一字，结果连最起码的为何"从舛"也没有释出来。"舛"者，错乱也。《汉书·贾谊传》有"此臣所谓舛也"之叹。然由《说文》所举"舜"之初字可知，"舛"的错乱最初当由两个大拇脚趾朝向了后面而来，呈现的是一跪拜的省略形（见图5-3）。

图5-3　"舜"字形体演变

然称这一跪拜为"舜"的记忆，却至今仍然保留在蒙古语的记忆中，即"suna-（T. sun-）①伸长，伸直。②降服，屈服，俯首听命"①。所谓"伸长，伸直"，即是长跽，《说文》有云："跽，长跪也。从足，忌声。"释"T. sun-（与"舜"同音）"如此深得华夏之意也就罢了，偏偏蒙古语记忆中又衍生出紧要的"降服，屈服，俯首听命"，再次表明如前文所云，"有虞氏"挑明了舜为所有猎人（虞人）共主的身份；而"息慎氏来朝，贡弓矢"则证明猎人们认同了舜这个猎人（虞人）的共主，以致"T. sun-"（与"舜"同音）在蒙古语记忆中，才既葆有华夏语原义又加入了自身文化的立场与情感。

6. 有虞氏用何等神圣，令以"息慎氏"总称之的北方古猎人们"俯首听命"的呢？"息慎氏来朝，贡弓矢"是森林草原的"箭人"第一次主

① 保朝鲁编：《穆卡迪马特蒙古语词典》，内蒙古大学出版社2002年版，第136页。

动地投入到华夏族的怀抱，其深远影响必然会渗透于其族群的意识深处。于是，就在蒙古语族的“意识深处”——最早的《穆》中，留给了历史一声呼唤：“totar①（衣服等的）里子。②在里面。③……之间。”[①] 相当于将“陶唐（totar）”等同为“允执厥中”。据《尚书》所记，陶唐氏尧禅让位给虞舜传了四个字，即“允执厥中”，至《书经·大禹谟》衍生为“人心惟危，道心惟微，惟精惟一，允执厥中”。所以宋代的朱熹在《中庸章句·序》解释道：“尧之一言，至矣，尽矣！而舜复益之以三言者，则所以明夫尧之一言，必如是而后可庶几也。”

如此精奥的义理，恐怕要远来的古猎人们弄明白都难，谈何深记于心。让北方古猎人们铭刻于心的，应该是今天令世界也铭刻于心的陶寺古观象台！（见图 5-4）

图 5-4 陶寺古观象台复原

陶寺观象台是 2003 年中国考古人员在山西尧都陶寺遗址考古发掘中发现的，它由 13 根夯土柱组成，呈半圆形，半径 10.5 米，弧长 19.5 米。从观测点通过土柱狭缝观测塔尔山日出方位，确定季节、节气，安排农耕。考古队在原址复制模型进行模拟实测，从第二个狭缝看到日出为冬至日，第 12 个狭缝看到日出为夏至日，第 7 个狭缝看到日出为春、秋分。古观象台遗址在今山西省襄汾县陶寺镇境内。《尚书·尧典》记载：“乃

① 保朝鲁编：《穆卡迪马特蒙古语词典》，内蒙古大学出版社 2002 年版，第 150 页。

命羲和，钦若昊天，历象日月星辰，敬授民时。”2003 年，陶寺古观象台的发现，印证了《尧典》的记载。2009 年 6 月 21 日，二十四节气中的夏至日，随着“陶寺史前天文台考古天文学研究”项目组利用陶寺遗址出土的“圭表”复制品测量日影的成功，进一步印证了《尚书·尧典》“分命羲仲，宅嵎夷曰暘谷，寅宾出日，平秩东作。日中星鸟，以殷仲春”的记载，也进一步奠定了陶寺作为“帝尧古都”、作为“中国”的地位。为此，何驽先生撰文道：

> 陶寺圭尺夏至影长 39.9 厘米，约合 1.6 尺，这恰是“立中”判定“地中”的标准，北纬 35°52′55.9″。陶寺城址选址显然定在“地中”，与考古资料所反映的陶寺城址都城性质恰相契合。都城是国家政权和行政机构之所在，清华简《保训》载：“昔舜旧作小人，亲耕于历丘，恐求中……舜既得中，言不易实变名，身滋备惟允，翼翼不懈，用作三降之德。”说的可能就是陶寺城址选址之事。在地中所建之都、所立之国就是“中国”。
>
> ……中国人最关心的问题之一就是中国何时出现或形成？中国何以得名“中国”？《何尊》铭“宅兹中国”可证“中国”概念与称谓至迟在西周早期已经出现，指营建东都洛邑。清华简《保训》记载，周成王营建洛邑确实是实现了周文王留下的“寻中”伟大遗愿。可见，“中国”的概念在西周时期明确与地中有关。①

何驽的文章还有两点揭示了“陶唐氏”所在成为最初的“中国”对其北方诸狄可能造成的巨大影响：

> 陶寺成为最初的“中国”，其文化魅力可能不是最主要的吸引力。这意味着“中国”概念自诞生便是一个意识形态的概念，而不是一个文化意义上的概念。这个意识形态的概念就是地中，也称为中土。地中的确定必须通过圭表的夏至影长来判定，也就是用立表和“中”来确定。这一意识形态，在文献记载尧舜禹政权交替与传

① 何驽：《陶寺圭尺“中”与“中国”由来新探》，中国考古网，2013 年 11 月 4 日。

"中"和地中夏至影长标准的制定权的角逐中表现得淋漓尽致。

……《说文》:"中，内也，从口丨，下上通也"，说的就是这个引申的意义。我们终于明白，王者热衷于逐中，就是因为在古人的认知里，地中与天极是对应的，唯有这里才是人间与皇天上帝交通的孔道，正所谓"绍上帝"、"上下通也"。王者独占地中，实质上就是绝他人天地通的权利，垄断与上帝沟通的宗教特权，从而到达到"独授天命"、"君权神授"合法化和正统化的政治目的，将宗教意识形态转化成王权政治意识形态，后来发展成为所谓的"中道"。王者只有逐中、求中、得中、(独) 居中，在地中建都立国，才能名正言顺地受天命，得帝祐，延国祚，固国统。无怪乎地中或中土成为群雄逐鹿、八方向往的中心，这里是王基所在，国祚之源。至此我们可以回答"何谓中国"?"中国"的最初含义是"在由圭表测定的地中或中土所建之都、所立之国"。中国的出现或形成的物化标志应当是陶寺的圭尺"中"的出现，因为它是在"独占地中以绍上帝"的意识形态指导下，通过圭表测影"立中"建都立国的最直接物证，它既标志着控制农业社会命脉的历法作为王权的一部分，又依据其大地测量功能成为国家控制领土的象征。这种国家意识形态及其特殊的圭表物化表征，是我们区别于世界其他各国的最大特征。足见没有比"中国"这个称谓更贴切的了!①

7. 今天，"中"所产生的意识形态概念的吸引力，即便是陶唐氏的后人们，也已经不明所以；然而，那些"(帝舜有虞氏) 二十五年，息慎氏来朝，贡弓矢"的"息慎氏"们，却将他们眼中所见的震撼其心灵的"中国"之"中"，凝固成了统辖其情感的超级符号。于是，在元初的《华夷译语·方隅门》中，我们得以见识古蒙古语"中 敦达 dunda"②；在《蒙汉词典》中，我们进而得知与"中"最具亲缘关系的词是

① 何驽:《陶寺圭尺"中"与"中国"由来新探》，中国考古网，2013年11月4日。

② 见贾敬颜、朱风合辑《蒙古译语 女真译语汇编》，天津古籍出版社1990年版，第56页。原书注音为"dumda"，参照《穆卡迪马特蒙古语词典》，得知为"dunda"所讹；"dumda"本义为"仲夏"。

“ᠳᠤᠨᠳᠤᠭᠤᠢ dundugui〔名〕①圆圈，滚环，铁环②能滚动的圆形物。”① 换言之，古蒙古语“中 敦达 dunda”，包含了“天地之中”体悟在其内。幸而有 13 世纪的《穆》，将蒙古语最初源于“du”的十六个词语收集在一起，让今人可知“du”衍生出了三系列词语②，竟然全部与“计时之闻见”→“天地之中”→“心之欢喜”有关。

第一，“计时之闻见”组：

Dusa：-使滴，使滴落；

Dusu-滴，滴落，滴漏；

Dusuci 正在滴落的；

duta'u：l［<duta-］②使下降，使降低；

Dutu：少，缺少，不足；

du'u：la 发出声音；

Du：la-唱，歌唱。

Du：s-（→da'u：s）söniyi：n ~uqsandu orciba 天亮（黑夜过去）时分（他）走了。

最后的词语用（→da'u：s）表示：“Du：s-”从属于“da'u：s-完毕，结束，了结。”从而展示了在观象台“计时之闻见”到见日出阳光透过观象台的过程。

第二，“天地之中”组：

Dumda（→dunda）仲夏；

dunda①中间，当中；中期。②中间的，中部的，中等的；

Dundadu 中间的，中部的；当中的。

“仲夏”细化的强调，让方位词的“中”，具备了主导天地秩序划分的内涵。

第三，“心之欢喜”组：

Dulada（→tulada）因为，由于；

dura①爱，爱情。②爱好，嗜好；

Durala-有（产生）愿望（欲望）；喜欢，爱好；

---

① 内蒙古大学蒙古学研究院蒙古语文研究所：《蒙汉词典》，1999 年版，第 1197 页。

② 保朝鲁编：《穆卡迪马特蒙古语词典》，内蒙古大学出版社 2002 年版，第 36—38 页。

duran①愿望；欲。②思想；念头；意见。③情绪，心情；心灵，精神。④喜欢；

Dura：r 随便的。

这组“du”+“la、ra”词语，恰好有了“Dulada（→tulada）因为，由于”开头，清楚地交代了心态演变的层递关系。“天地之中”不仅因为“计时之闻见”涨了见识，而且成了“爱，喜欢，愿望”的代名词，进而统摄了这群“息慎氏（箭人）”的“情绪，心情；心灵，精神”。在此语境中的“随便的”，其实更应该读作“随意的”，即精神上的一大超脱！

超脱了什么？超脱了自公元前7000年末冰期过后，人们追逐季风追逐太阳，不敢置喙于天的自然崇拜之“丁令时代”，从此进入“胡（卢）时代”——头颅上那个笼盖遮蔽于族群生命的天父时代。这一超脱，不仅体现在上述六方面的考论上，同时，在草原文化的记忆中，认同了世界上确实有与“上帝（典、丁令、颠连）”对应的“下土”，它就在“陶唐”——“totar①（衣服等的）里子。②在里面。③……之间。”关于王者为何热衷于追逐“地中”？何驽认为武家璧先生的观点极具启发性：上古盛行盖天说，以为大地是平坦的，故认为普天之下最高的“天顶”即“天之中极”只有一个。对应“天之中极”的“极下”地区，就是“土中”或“地中”。《逸周书·作雒》：“作大邑成周于土中”，《书·召诰》：“王来绍上帝，自服于土中。（周公）旦曰：‘其作大邑，其自时配皇天，毖祀于上下，其自时中乂。’”所谓“自时中乂”就是躬自践行“土中”致治之法，密近“天室”以“绍上帝”。于“土中”建国（都），称为“中国”。也就是说，大地与北天极对应的地方就是“土中”。

就在草原的“息慎氏”“来朝贡弓矢”那刻起，“尧舜（yoso）”便成了其后四千年里蒙古语族、满—通古斯语族有关“道理礼仪”词汇库的源头。在蒙古语，即“ᠶᠣᠰᠣ yoso〔名〕①理，道理②礼，礼节，礼貌③规矩，规则④规律⑤主义⑥方式，形式。”[①] 而在满—通古斯语族，更以“布库里·雍顺”之称，照搬着自身狄人的老祖母简狄“玄鸟生商”的原型，升华出英雄开创新满洲的族源神话，其中，“布库里”即北方诸

① 内蒙古大学蒙古学研究院蒙古语文研究所：《蒙汉词典》，内蒙古大学出版社1999年版，第1401页。

族通用的“神圣”之义，而“雍顺（yongsu）”①，则与蒙古语族一样，为“礼仪”之义也②。

第三节 石卯城中的狄胡转化

舜在位三十九年，那么，那些“（帝舜有虞氏）二十五年，息慎氏来朝，贡弓矢”的“息慎氏”们，余下的14年又去了哪里？《山海经·大荒西经》说得明白：“有北狄之国，黄帝之孙曰始均，始均生北狄。”这拨受了陶唐有虞启蒙的“箭人”，不想再顶着极高天（典、帝、丁令）游荡下去，于是，在始均的率领下，夺了人家的城池，也“陶唐”——“totar①（衣服等的）里子。②在里面。③……之间。”一把，建起“国”来——就是时下大热的石卯城！

石卯城即北狄国可证者四：

第一，有石卯城的狄人自雕像为证（见图5-5）。首先，雕像在强化着由“suna-（T. sun-）①伸长，伸直。②降服，屈服，俯首听命”。生成的归属性；其次，与“清末承德皇家木兰围场中的蒙古摔跤手”老照片相比较（见图5-6），令人回想约翰·普兰诺·加宾尼在他的游记中写道的：“在头顶上，他们像教士一样把头发剃光，剃出一块光秃秃的圆顶作为一条通常的规则，他们全部从一个耳朵到另一个耳朵把发剃去三指宽，而这样剃去的地方就同上述光秃圆顶连接起来。”如同在为两图像写真；最后，新华社消息《考古表明六千年前红山文化先民为蒙古人种》所称：“牛河梁遗址女神庙出土头部泥塑像等多个红山文化人塑像都具有共同面部特征，即方圆形扁脸、额部平缓、眉弓不显、眼窝浅、鼻梁低平而短、颧骨突起、唇薄而长，整个面部较平，起伏不大，具有蒙古人种面部特征。……从人塑像和墓葬中陪葬品出土位置看……（男性）耳垂下戴耳饰，玉玦饰在耳上，玉珠穿绳坠于耳下”③ 构成石卯石雕的特写。4000年前，当北狄国的这幅自塑石雕立于石卯城之日，即是狄人尊奉钧（均）天、由追逐“丁令（太阳）”到认同“天之骄子”之“胡”的肇

---

① 刘厚生等编著：《简明满汉词典》，河南大学出版社1988年版，第427页。

② 喻权中：《死亡的超越与转化》，《民族文学研究》1998年第2期。

③ 勿日汗：《考古表明六千年前红山文化先民为蒙古人种》，新华网，2014年10月17日。

始！难怪中古时期的西夏文记忆中，仍将“匈奴”称之为“狄骨(胡)”，狄胡之变乃至“腾格里”自觉，方是草原文化主体意识走向自立的标志。

图 5-5 石峁出土的人面与双手形石

图 5-6 清末承德皇家木兰围场中的蒙古摔跤手

第二，在石峁古城的墙体上连续雕出“箭人”最看重的“眼睛”（见图 5-7）。考古人员不久前意外发现了三个菱形石雕眼纹，其中两个明显是“一双眼睛”。“据主持石峁遗址考古发掘工作的陕西省考古研究院研究员孙周勇介绍，此次发现的菱形石雕眼纹，嵌入石峁遗址高等级建筑核心分布区的‘皇城台’北侧墙体内，与石墙表面齐平。这些‘眼睛’犹如神灵的眼睛一般，是石峁先民营造的先前发现的石雕人面像的别样表现，旨在象征神灵的存在。”①

图 5-7　神木石峁古城的墙体清理发现的菱形石雕眼纹

第三，与上述粗犷风格的石雕形成强烈反差的是，被称为“2018 年石峁古城最重要的发现是三十多件石雕，这些石雕集中出土于皇城台台顶的大台基南护墙墙体的倒塌石块内，有一些还镶嵌在南护墙墙面上。绝大多数为雕刻于石块一面的单面雕刻，以减地浮雕为主，雕刻内容可分为符号、人面、神面、动物、神兽等，有一些画面长度近 3 米，以中心正脸的神面为中心，两侧对称雕出动物和侧脸人面，体现出成熟的艺术构思和精湛的雕刻技艺。这些精美神秘的石雕却可能隐含了高地龙山灭亡，乃至华夏民族来源的重要信息”②。特别是其中那件神面为中心的石雕，不但头上带有石卯古城迄今为止唯一见到的王冠，且因为有“二使凤”簇拥决定了其兼有的帝王与天神的属性（见图 5-8）。有人注意到了其与三星堆青铜神面的可比性③（见图 5-9），确实，两尊神像都夸张性地强调了眼和口，只是石卯的更将这种强调贯穿到了神面两旁的“二使凤”。这种强

① 图片中国：《中国最大史前石城的墙体上有“眼睛”［组图］》，新华网，2015 年 10 月 13 日。

② 秋兰菁：《炎黄两帝只是传说人物吗？揭秘四千年前的高地龙山双城衰亡史》，搜狐>历史>正文，2019 年 1 月 5 日。

③ 秋兰菁：《炎黄两帝只是传说人物吗？揭秘四千年前的高地龙山双城衰亡史》，搜狐>历史>正文，2019 年 1 月 5 日。

调意味着什么？如果依上文所言，眼睛是对狄之箭人特性的提示，“口”在这里也应该呈现一种象征性。果然，承袭了北狄血脉的古蒙古语记忆中仍然清楚：“ᠠᠮᠠ ama［am］〔名〕①嘴、口②（山河、器物等的）口。”① 作为词源性的基本词，所衍生的系列词语里便赫然列有“ᠠᠮᠢ ami〔名〕①命，生命，性命②寿命③个人，私人，本身。”② 象征性地诠释出了“始均生北狄”之“生”的神圣功能。有了帝王兼天帝神性的始均，石卯的北狄们才跨入了“国”的门槛，开启了钧（均）天腾格里之信奉。

图 5-8　出土于石卯皇城台台顶的大台基南护墙墙体的石雕。

第四，《史记·五帝本纪》“舜归而言于帝曰：派共工于幽陵，以燮北狄”。幽陵通指后来的幽州，差不多是河北北部、辽宁部分地区；然这里的幽陵为北狄所在地，当亦包括狄人在人面岩画强调的“夜晚的太阳”栖息地幽陵的另一意——阴山。

认真说来，始均为“黄帝之孙”的记载是没有旁证可寻的。所谓“始”，不过是强调“均”作为封疆大吏的历史连续性；另外，“始”在上古是可以读作“以”的，如白於蓝先生所言：

> 《随日·星官》：“可始（以）冠，可□□，可田猎。”按，整理者释“始”为“以”。不确。参张显成《〈孔家坡汉简·日书〉文字

① 内蒙古大学蒙古学研究院蒙古语文研究所：《蒙汉词典》，1999 年，第 39 页。

② 内蒙古大学蒙古学研究院蒙古语文研究所：《蒙汉词典》，1999 年，第 43 页。

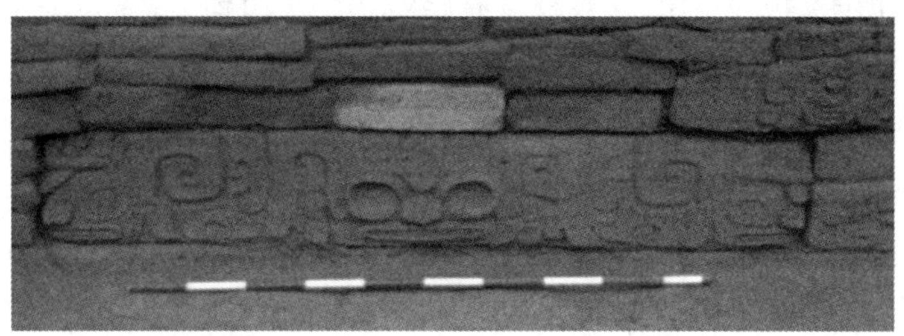

石峁石雕

三星堆青铜器

图 5-9　石卯石雕与三星堆石雕的比较。

释读订误劄记（摘要）》（“网路时代与中国文字研究”国际高级专家研讨会论文，华东师范大学中国文字与应用研究中心，2010 年 8 月 16 日）。但“始”仍当从整理者读作“以”。①

由是知“始均”“义均”者一也。《海内经》有“帝俊生三身，三身生义均，义均是始为巧倕”。“巧倕”简称即“垂”，分音则成“淳维”，此下文有详解，不复赘言。此处需要讲清的是“均”。

第四节　胡与骄子和腾格里与钧天

何谓“均”？“均，平也。”（《说文》）《史记》卷四十三〈赵世家〉

① 白於蓝：《战国秦汉简帛古书通假字汇纂》，福建人民出版社 2012 年版，第 13 页。

“与百神游于钧天”；《吕氏春秋·有始》：“中央曰钧天。”高诱注：“钧，平也。为四方主，故曰钧天。”可见，此处之“钧”应与“均”同。

《穆》记14世纪之前的蒙古语，谓“tengri［T.～］天，上天，上帝，神。”并举例：“amidukibe～ÜkÜkseni上帝使死者复活了；jaya：ba～irgen上天造就了百姓。”［1］可见，起码至13世纪，蒙古语的“腾格里”之“天”，已然具备了“齐（均）生死”之“上帝，神”的功能。果然，作为“tengri［T.～］天，上天，上帝，神”词源的“teng”，在同一本《穆》中正被记为：“teng［T.～］①相等的，相同的；②平等的，平均的”，亦即“均”。

于是，“teng”+表形物的“li”，俨然构成了《列子·汤问》的那句名言：“均，天下之至理也，连于形物亦然。”白话一下，即：均平，是天下最高至极的道理，任何有形物体的存在也都体现着这同一个道理。《列子》，战国列御寇著。《列子》在道家经典中的地位，仅次于《老子》和《庄子》。相继出土的多种文物证明，现存的《列子》，虽然晋人之伪作掺入，但当年的主体框架确犹幸存。

在汉文献记忆中，“均”最早“连于形物”，始于《山海经·大荒北经》的“有北狄之国。黄帝之孙曰始均，始均生北狄”。至于“均”被北狄及其后裔匈奴认同的历史，因为钧天身份之高贵，远不像“獯鬻”等肯于被汉文献作为它称奉送北狄，所以直至《汉书·匈奴传上》，才作为自称见于记载，即：“单于姓挛鞮氏，其国称之曰‘撑犁孤涂单于’。匈奴谓天为‘撑犁’，谓子为‘孤涂’，单于者，广大之貌也，言其象天单于然也。”

“腾格里”为“钧天”，亦有与《穆》同期的《至元译语》（明洪武二十二年，1382年）为证。其“滕急里”条下，分别标有译语“天（序号：1）”和“车轴（序号：263）”，表明蒙古族清楚“腾格里”或“滕急里”，就是如同车轴对车轮的“中央曰钧天”，“天”和“车轴”俱为“滕急里”，宛若在为“均，天下之至理也，连于形物亦然。”做注。明了“腾格里”为“钧天”，再来读那首著名的《敕勒歌》“敕勒川，阴山下，天似穹庐，笼盖四野，天苍苍，野茫茫。风吹草低见牛羊。”其中的“天似穹庐，笼盖四野”则构成了对钧天“腾格里”的形象展现。

“腾格里”本义“钧天”为蒙古语族所揭示，也进一步印证了华夏族与蒙古族先人北狄之文化同源的关系。“钧（均）”与“垂”不过是一件事物的主位客位视角之分，由华夏族的眼光，负有“生”、“夔”北狄使命的，自然是自家的封疆大吏，亦即“远边也”（《说文》段注）之“垂”；而放眼狄人，“腾格里”本义“钧天”而“钧”亦“均”所具有的深厚文化内涵，使其产生了超越性影响，以突厥语为例，“均”成了超越诸方言的突厥语超级符号中的明星。特列词表：

阿尔泰语：		库梅克语	
Teg	平等	teg	平等
诺盖语		土耳其语	
Tng	平等	ten	平等
土库曼语		楚瓦什语	
Deg	平等	tan	平等的
卡拉卡尔帕克语		鞑靼语	
Teg	平等	tig	平等①

上文论及，以“胡（卢）”称天，出自那个先得炎帝悠远的文化传统后认大禹为其所出的古羌语族，长久的农牧相结合的生计样态，使古羌语族能够较早地体悟头上的青天与自家生命的关系。在此之前，当北方的“狄（丁令）”或“息慎（箭人）”们管天称之为“可可（蓝色的）”或“阿瓜、阿布卡”时，羌语族一样经历了一个称天为“典（无从把握的极高天）”时代。然而，北狄或息慎们在受到心灵震颤之后由狄夔变为“胡（卢）”，毕竟经历了更多的血雨腥风，给历史留下了更为深刻的印象，所以，西夏文的记忆中才至今仍称匈奴为“狄骨”，即由狄人转化而为的“胡（骨）”人。

这个“狄”“胡（骨）”，又内蕴了以古羌语为基底的西夏文称“夏后”为“匣哈牢”的略读。只有识别“骨（胡）”即“夏后”，《汉书·匈奴传上》中“南有大汉，北有强胡。胡者，天之骄子也”的匈奴自谓才可得到确解。②

---

① 吴宏伟：《突厥语族语言语音比较研究》，中央民族大学出版社 2011 年版，第 62—66 页。

② “天之骄子”详解见于第一章之“西夏草原记忆中的天下溯源”节。

"胡"字在甲骨文（约公元前17世纪至前11世纪）和金文（公元前11世纪至前256年）中都无，但见于小篆。当然，其作为族称的出现，显然比文字的历史悠远一些。小篆产生于战国后期的秦国（公元前306年至前246年）。在商代（公元前16世纪至前11世纪）和西周时期（公元前11世纪至前771年），西北地区的一些民族被称为"戎"、"狄"。战国时代（公元前475年至前221）已将北方几个民族称为"胡"，如"东胡""林胡"，显见在它称领域这时已完成了由狄到胡的文化认同。

行文至此，不禁回想起上世纪末徐中舒先生的论断："王静安先生《观堂集林续编》有《月氏未西迁大夏时故地考》，对虞夏民族西迁讲得很详细，我们也相信月氏、大夏是在夏朝灭亡后经过很长的时间逐渐由北边迁到西边去的。大夏最先迁到北边，留下一部分民族为匈奴祖先。《史记 匈奴传》说匈奴自称'其先祖夏后氏之苗裔也，曰淳维。'《索隐》：'张晏曰：淳维以殷时奔北边'。又乐产《括地谱》云：'夏桀无道，汤放之鸣条，三年而死。其子獯粥妻桀之众妻，避居北野。'鸣条在安邑，桀之子妻其从妾，就是匈奴父死妻其后母，兄死妻嫂的收继婚。过去人们都不相信这个话，现在我们看来《史记》这个话还是可以相信的。羌族原是西羌牧羊人，住在这里的民族与西边的游牧民族很接近，风俗也有很多相同的地方。"① 至今仍不失为确论。

① 徐中舒：《先秦史论稿》，巴蜀书社1992年版。

第六章　夏言与胡语间的草原文化形塑

第一节　将匈奴放置于夏言与胡语[①]间的司马迁

《史记·匈奴列传》开篇即言："匈奴，其先祖夏后氏之苗裔也，曰淳维。唐虞以上有山戎、獫狁、荤粥，居于北蛮，随畜牧而转移。"如此的权威经典，历来却也遇到各种解读。

其一，《史记》记事"抵牾"说，即依据班固《汉书》所说：司马迁的《史记》"至于采经摭传，分散数家之事，甚多疏略，或有抵牾"。[②] 而形成"整齐百家杂语"的"后遗症"：

> 司马迁曾自言他写作《史记》是"厥协六经异传，整齐百家杂语"——通过对大量历史材料的编撰整理去二度的阐明史实，从而在连贯的考察中"见盛观衰"、"原始察终"，最后得出自己的"一家之言"。但是这种历史编纂方法也有其缺点，即由于材料来源于多种途径，处理不当就可能导致几种观点互相矛盾。《匈奴列传》有关匈奴的起源问题即是一例。文章开篇即言"匈奴，其先祖夏后氏之苗裔也，曰淳维，"但随后又说"唐虞以上有山戎、猃狁、荤粥，居于北蛮，随畜牧而转移"。两种关于匈奴祖先的记载前后截然不同，让

---

① 胡语泛指称西北和北方各族的语言。晋法显《佛国记》："从此西行所经诸国，类皆如是，惟国国胡语不同。"唐张籍《陇头》诗："去年中国养子孙，今著毡裘学胡语。"唐杜甫《咏怀古迹》之三："千载琵琶作胡语，分明怨恨曲中论。"《资治通鉴·后唐明宗天成四年》："前磁州刺史康福善胡语，上退朝多召入便殿，访以时事，福以胡语对。"《长安客话·北平城》引明周忱《蓟门老妇歌》："百口仓皇夜出塞，散入匈奴部落居。偷生强欲随风土，旋缩盘头学胡语。"

② 班固：《汉书》，中华书局1962年版，第2737页。

后人无所适从。①

其二，取两句做一句读。一部分学者据这段文字的前半部分认为，匈奴是夏之后代。《史记索隐》引张晏的话说："淳维以殷时奔北边。"意即夏的后裔淳维，在商时逃到北边，子孙繁衍成了匈奴。还有一说认为，移居北地的夏之后裔，是夏桀的儿子。夏桀流放三年而死，其子獯鬻带着父亲留下的妻妾，避居北野，随畜移徙，即是中国所称的匈奴。

另一部分学者根据《史记》记载的后半段文字，认为匈奴原是殷周时期的鬼方、山戎、猃狁、荤粥。到近现代，关于此说的论述更为精密。王国维在《鬼方昆夷猃狁考》中，把匈奴名称的演变作了系统的概括，认为商时的鬼方、混夷、獯鬻，周时的猃狁，春秋时的戎、狄，战国时的胡，都是后世所谓的匈奴。

其三，以《汉书》校《史记》。取《汉书·匈奴传》："是以《春秋》内诸夏而外夷狄。夷狄之人贪而好利，被发左衽，人面兽心，其与中国殊章服，异习俗，饮食不同，言语不通，辟居北垂寒露之野，逐草随畜，射猎为生，隔以山谷，雍以沙幕，天地所以绝外内也。"以为匈奴是与诸夏章服习俗饮食言语截然不同的夷狄。

其四，以考古资料检验《史记》。先有林沄先生的《关于中国的对匈奴族源的考古学研究》（1992）首次从考古学和体质人类学上向《史记·匈奴列传》以来的戎狄即胡的传统观念提出质疑。②继而有乌恩岳斯图先生的《论匈奴考古研究中的几个问题》，以丰富的考古资料证明："匈奴族的形成过程是很复杂的。从大的范围讲，中国北方春秋战国时期的诸游牧部落（其中包括林胡、楼烦）和蒙古草原上石板墓文化的居民，共同构成了匈奴的主体部分。随着匈奴的强大，又有一些邻近的民族成分融合于匈奴之中，使得匈奴的族源变得更加错综复杂。正因为匈奴族源的复杂构成，造成匈奴最终分裂为南北匈奴。"③启示人们从两种不同文化"共同构成了匈奴的主体部分"来理解《史记》记事

① 许勇强：《〈史记〉记事"抵梧"简析》，《求索》2007年第2期。

② 林沄：《关于中国的对匈奴族源的考古学研究》，《林沄学术文集》，中国大百科全书出版社1998年12月版。

③ 乌恩岳斯图：《论匈奴考古研究中的几个问题》，《考古学报》1990年第4期。

的看似“抵牾”

其五，依靠分子人类学来补充《史记》。可以《蒙古国胡拉哈山谷M21号匈奴墓主的线粒体DNA分析》“四，讨论”里的结语为代表：

关于匈奴的人种问题一直是考古界关注的热点问题，蒙古说和突厥说一直存在争论。经过近半个世纪的人类学和考古学研究，匈奴主体属于蒙古人种的证据较为充分，至于欧罗巴人种，可能是随着匈奴势力扩张、征服而吸收进来的。西汉初年是匈奴势力最为鼎盛的时期，在冒顿单于的带领下，匈奴“东灭东胡、西击月氏，南并楼烦，北服丁零”，统一了蒙古草原，建立起强大的匈奴帝国。在此扩张期间，匈奴完成了对很多弱小部落或氏族的征服，很可能包含有欧罗巴人种的西方部落。近年来的分子考古研究也证明了这个观点。2003年，Keyser-Tracqui等人对蒙古国Egyin Gol墓地匈奴时期（距今2000年）的62具遗骸进行了常染色体、Y染色体STR和mtDNA分析。常染色体和Y染色体STR主要用于个体之间的亲缘关系鉴定，而mtDNA则用于推测群体的母系起源。研究一共获得46个古代匈奴数据，结果表明89%的匈奴序列属于亚洲单倍型类群，主要有A（17.4%）、B4b（2.2%）、C（13%）、D4（36.9%）、D5/D5a（4.3%）、F1b（8.7%）、G2a（2.2%）和M（4.3%），都是典型的蒙古人种序列，其中频率最高的D4不仅在现代东北亚地区最为普遍，而且在古代北方地区也广泛分布，例如在宁夏彭阳县古城镇春秋战国时期的两处墓地、内蒙古商都东大井墓地东汉时期的拓跋鲜卑遗存中都发现了高频率的D4。尚有11%的序列属于欧洲单倍型类群，主要有U2（2.2%）、U5ala（4.4%）和J1（4.4%），是典型的欧罗巴人种序列。2010年，Kim等人对蒙古国东北部Duurlig Nars距今2000年的匈奴贵族墓地的三具遗骸进行了Y-SNP、Y-STR和mtDNA分析，其中一个男性的母系（U2e1）和父系（R1a1）都是常见于印欧人群的单倍型类群。另外两人，其中一位是女性，mtDNA为D4型；另一位是男性，Y-SNP为C3型，mtDNA为D4，这些单倍型类群广泛分布在东北亚人群中。从上述研究看，匈奴人的主体还是蒙古人种，少量的欧罗巴人在2000年前已经到达了东北亚地区。①

"匈奴人的主体还是蒙古人种"支持了《史记》的匈奴"夏后氏之苗裔"，"唐虞以上有山戎、獫狁、荤粥"说；"少量的欧罗巴人在2000年前已经到达了东北亚地区"则构成了对《史记》的补充。

当然，解读远不止上述五方面，只能说上述五方面比较有代表性。五方面的解读做综合观，会让人清楚地认识到：（1）"抵牾"的不是《史记》记事，而是匈奴真实的文化进程；（2）与匈奴盛世同时代的太史公，把对耳熟能详的匈奴当下展示留给了正文，起首则用探源的方式，为后来者树立了一桩通往在夏言与胡语间的草原文化型塑史之路标。

第二节 "淳维"即"垂（倕）"

显然，在太史公眼中，这一路标的最主要参照物便是"淳维"。是这个词的出现，让散在的山戎、獫狁、荤粥统一在了"匈奴"的旗帜下，又令匈奴认同了"夏后氏之苗裔也"的族群身份。

蹊跷的是，如此显赫的人物，所有华夏语文献中，却只有太史公这一记。这不能不使人想到西周开始出现的"合音词""分音词"之用。我在早年《〈山海经·海外经〉考》中曾提到：

> 于是，从西周始便存在着一个以雅语释方言，以方言翻雅语的问题。与语言相关联的是古语等许多合音词，如"不可"为"叵"；有分音词如"椎"为"终葵"，"鵽鸠"读"私鈚头"。而这一强调，也是始于春秋之时。②

如若视"淳维"为一"分音词"，则一位上古史中赫赫有名而又与匈奴有着莫大关系的人物便即刻浮出了水面：垂（倕）。

① 蔡大伟、陈曦、赵欣、朱泓、周慧：《蒙古国胡拉哈山谷M21号匈奴墓主的线粒体DNA分析》，《边疆考古研究》（第13辑），2013年，第312页。

② 喻权中：《中国上古文化的新大陆——〈山海经·海外经〉考》，黑龙江人民出版社1992年版，第8页。

到目前为止，最早记载“垂”的，应该还是《尚书·尧典》中舜与诸部落酋长尧的那段对话：

> 帝曰：“畴若予工？”
> 佥曰：“垂哉。”
> 帝曰：“俞，咨垂，汝共工。”垂拜稽首，让于殳斨暨伯与。
> 帝曰：“俞，往哉，汝谐。”

《史记·五帝本纪》承于《尚书》，记作：“舜曰：谁能驯予工，皆曰垂可，於是以垂为共工。”读史之人忽略了这一点：共工的用法之一是可以代指“垂（倕）”的。需要注意的是：垂可并不是谁的名字。“垂”，一作“倕”。《山海经·海内经》：“帝俊生三身，三身生义均，义均是始为巧倕，是始作下民百巧。”又云：“又有不距之山，巧倕葬其西。”郭璞注：“倕，尧巧工也。”《吕氏春秋·古乐》云：“帝喾命……有倕作为鼙、鼓、钟、磬、吹苓、管、埙、篪、鼗、椎、钟”。所谓“义均是始为巧倕”，即是说这里的经文以为：“巧倕”的名号由义均起创立（其实下文中会见到，垂（倕）名号从帝喾时代便已存在）。据此，则“垂（倕）”从尧父帝喾之臣起，便是“巧工首领”的夏后氏雅言。“垂（倕）”之分音变成“淳维”；“淳维”之合音即复为“垂（倕）”。

“巧倕”作为名号，延续在整个上古史中。

其中，帝喾之垂（倕）集中完成的是“予欲闻六律五声八音，在治忽”（《尚书·皋陶谟》）之用的11种敲击乐和鼓吹乐器（有经文“帝喾命”为证），标志着需要乐舞以燮诸部落酋长时代的开始。

帝尧之垂（倕）当即《山海经·海内经》所云“又有不距之山，巧倕葬其西”的那位。这不仅因为有郭璞注：“倕，尧巧工也。”还因为《山海经·海内经》讲得清楚：不距之山在“北海之内”，与之同出的则有“北海之内，有山，名曰幽都之山，黑水出焉”，让人们自然想起《史记·五帝本纪》本于《尚书·舜典》的：“于是舜归而言于帝，请流共工于幽陵，以燮北狄。”“共工”者，巧工之首领也，可视为垂（倕）之它称。《魏书》则进一步将“入仕尧世”的始均视为拓跋鲜卑的祖先。[①] 至于《山海经·大荒北经》："有系昆之山者，有共工之台，射者不敢北射。"则不仅坐实舜以尧名义"流共工于幽陵"之事，而且进一步表达出北方民族对"以燮北狄"之功的敬畏与祭祀。

何谓系昆之山？当有两解近之。其一，视"系昆"为音读，《穆》与之相对应的是"šükür 感谢，谢意，感激"[②]。感谢什么？当然首先是感谢《荀子·解蔽》所云的"倕作弓"，《尚书·顾命》的"垂之竹矢"。以致有"共工台"之祭祀，有"不敢北射"之敬畏。要知道，对于草原民族，弓箭不啻为她们的生命！其二，"系昆之山"亦即"幽陵"的别称。《山海经·大荒北经》记写系昆之山后，有"黄帝乃令应龙攻之冀州之野"语，知系昆之山实为冀州之山；而"幽陵"实即冀州之古称。这里仅举《辽史·志第十九》所记：

> 地理志四南京道南京析津府，本古冀州之地。高阳氏谓之幽陵，陶唐曰幽都，有虞析为幽州。商并幽於冀。周分并为幽。职方，东北幽州，山镇医巫闾。

"幽陵"何来的"系昆之山"别称？原来满语蒙古语的共同语中，称"将晚"亦即"幽"为"sikeseri"[③]，其中，"sere"在古蒙古语中为"感觉，感到；察觉到"[④] 之意，余下"sike"部分，音读正近于"系昆"。

至于同"幽陵（幽都之山）"一样近于北海的"不距之山"，只有"医巫闾山"可以当之。"医巫闾山"常被称之"於闾"或"巫闾"，知"医巫"当为"ü"的析读。如此，依古蒙古语视角，"不距之山"亦可做二解：

其一，"医巫闾"（ülü）即古蒙古语"不"[⑤]，当源于"ükül（死亡）"[⑥] 中抽去了"kür（走到，到达）"[⑦]。"不距"者不死也，应由

① 《魏书·序记》："黄帝以土德王，北俗谓土为托，谓后为跋，故以为氏。其后裔始均，入仕尧世，逐女魃于弱水之北，民赖其勤。帝舜嘉之，命为 田祖。"

② 保朝鲁编：《穆卡迪马特蒙古语词典》，内蒙古大学出版社 2002 年版，第 210 页。

③ 高娃：《满语蒙古语比较研究》，中央民族大学出版社 2005 年版，第 348 页。

④ 保朝鲁编：《穆卡迪马特蒙古语词典》，内蒙古大学出版社 2002 年版，第 132 页。

⑤ 保朝鲁编：《穆卡迪马特蒙古语词典》，内蒙古大学出版社 2002 年版，第 167 页。

⑥ 保朝鲁编：《穆卡迪马特蒙古语词典》，内蒙古大学出版社 2002 年版，第 166 页。

⑦ 保朝鲁编：《穆卡迪马特蒙古语词典》，内蒙古大学出版社 2002 年版，第 85 页。

“巧倕葬其西”而得名，如此，则“不距”实为“医巫闾”（ülü）之意译。古文献中“黑水”多出，有必要再多说一句冀州幽陵之黑水：其实就是《周礼·职方》所记的幽州“其浸菑时”的“菑”。《盛京疆域考》［（清）杨同桂、孙宗翰撰］云：

> 《周礼·职方氏》：东北曰幽州，其山镇曰医无闾，其泽薮曰貕养，其川河泲，其浸菑时。【按医无闾山在今盛京广甯县境河泲则禹贡兖州之水菑又禹贡青州之水是职方之幽州盖环渤海而抱其三面非尽辽东境也而辽地亦在幽州内矣】。

将“菑”远嫁至了青州。原因在于其未谙“菑、缁”通假。而“缁”者，“帛黑色也”（《说文》）。“其浸菑時”即其浸缁（黑）水。

其二，既然考古学和分子人类学都已经证实“匈奴人的主体还是蒙古人种”，为何不尝试用古蒙古语翻读一下与垂（倕）和北狄都相关的“不距之山”与“系昆之山”呢？果然，《穆》记有“böji 跳舞，舞蹈”①，音近于“不距”。连死后所葬之山也叫跳舞山，联系到《山海经·海内经》与“不距之山”同出的尚有“有五采之鸟，飞蔽一乡，名曰翳鸟”之记，再回想到帝喾之垂（倕）集中创制的那些击打乐与鼓吹乐，可见义均不止是喜舞蹈，简直就是娱乐至死！当然，这只是现代人的如是读；舜眼中的舞乐则为“予欲闻六律五声八音，在治忽，以出纳五言，汝听”。金景芳、吕绍纲先生释作：“全句意谓（我要通过音乐察知政治之治乱），还要采纳配在五声里的诗歌，你可要审听啊！”② 只有“以燮北狄”四字，道出了其舞乐的功用，也让我们可以进一步领略，上一章论及“计时之闻见”→“天地之中”→“心之欢喜”时生发“Du: la-唱，歌唱”的“燮”之奥妙。

巧倕之幽陵做了一件改变历史的大事：以燮北狄。燮者，调和也。《尚书·洪范》用作“燮友柔克”即是。北狄已有马长寿诸先贤论证即匈奴前身。而《山海经·大荒西经》：“有北狄之国。黄帝之孙曰始均，始

---

① 保朝鲁编：《穆卡迪马特蒙古语词典》，内蒙古大学出版社 2002 年版，第 19 页。

② 金景芳、吕绍纲：《〈尚书·虞夏书〉新解》，辽宁古籍出版社 1996 年版。

均生北狄。”一语道破始均亦即帝尧之垂（倕）从文化上使北狄亦即后世匈奴获得新生的巨大影响力。

这里有一个混读：《路史》十一引《朝鲜记》曰：“舜有子八人，始歌舞。”被误为商均善于唱歌、跳舞，并不精通于治理朝政和国家大事。其实，帝舜之垂（倕）时代的政治体，注重的已经不再是教化乐舞；而是耕播百谷。善于唱歌、跳舞的垂（倕），应属于帝喾之垂（倕）或帝尧之垂（倕）。

那么，谁是帝舜之垂（倕）？《山海经·大荒西经》：“有西周之国，姬姓，食谷。有人方耕，名曰叔均。帝俊生后稷，稷降以谷。稷之弟曰台玺，生叔均。叔均是代其父及稷播百谷，始作耕。”据白於蓝先生统计，“叔均”之“叔”与“菽”的通假，光是《战国秦汉简帛古书通假字汇纂》就收了34例。[①]“叔均”虽然也被称为“垂（倕）”，甚至与前任一样做了共工。[②]但其关注的已经不再是娱神的乐舞，而是“下民百巧”，这样，我们就会发现：《世本·作篇》里还真隐居着一位只为凡尘礼事和农家的垂（倕）：“倕作钟。倕作规矩准绳。倕作铫。倕作耒耜。倕作耨。”杨宽在《中国上古史导论》中说：“《海内经》云：义均是始为巧倕。义均即商均，义均又即巧倕，是商均又即倕。”其说极是。只是一直未被人们注意到，经文再次用到了“分音词”，将义均为舜子的真相包含在了其中，这就是“帝俊生三身，三身生义均”。所谓“三身”，其音合读可近于“舜”，三身生义均即是舜生义均之曲语。

至于“台玺生叔均”之谜，则又需要借助古蒙古语来加以破解。《穆》：“tekši 公正的，公平的，公道的。”[③]为“台玺”之音读；语源当出自《尚书·大禹谟》中舜期望于禹所说的一句名言：“允执厥中”，意为“诚实而保持着公道”。周人竟然以后世蒙语“台玺”改造过的舜之期望来代指舜，可见先周文化语境中受说蒙古语的匈奴人影响至深。同样的事例也见诸“叔均”被用来做“菽均”之通假。《列子·力命》：“进其

① 白於蓝：《战国秦汉简帛古书通假字汇纂》，福建人民出版社2012年版，第417—418页。

② 《尚书·尧典》：“（舜）帝曰：‘俞，咨！垂，汝共工。’垂拜稽首，让于殳斨暨伯与。”帝曰：“俞，往哉！汝谐。”

③ 保朝鲁编：《穆卡迪马特蒙古语词典》，内蒙古大学出版社2002年版，第148页。

茙菽，有稻粱之味。”萧登福《列子古注今译》引郑玄曰：“即大豆也。”则“菽”原本出于戎狄。“叔均”因“茙菽”而得名与舜易名为“台玺”，都与周先民曾一度窜入戎狄之间的历史相吻合。

梳理三代巧垂（淳维）有三点值得注意。

其一，巧垂（淳维）不是某一个人的名讳，而是源自夏后氏所承袭的喾尧舜三世的领袖似人物的美称；匈奴认同的也不是整个夏后氏后裔，只是巧垂（淳维）及其所具有的文化内涵；

其二，从帝尧之垂（倕）起，“垂（倕）”与“均”两名称便如影相随不弃不离。要弄清其中的原委，首先得找到“垂（倕）”与“均”两名称在夏后氏雅言中的原意，然后才谈得上梳理“淳维”亦即“垂（倕）”怎样被匈奴族认同为先祖，以及“垂（倕）”与“均”两名称如影相随不弃不离的文化建构意义。

其三，而围绕“垂（倕）”与“均”以及北狄的那些古蒙古语：“不距”“台壐”等，则昭示与人：是一群说蒙古语的匈奴人认同了巧垂（淳维）及其携带的夏雅言政治体话语，有必要区分出这段夏雅言政治体话语影响匈奴的文化时段。

第三节　颠倒一次蒲立本会如何

这乍一听有点天方夜谭的感觉。且不去说此前毫无踪影的夏后氏雅言，就连匈奴语本身面貌也是陷入众说纷纭的状态。耿世民先生曾就此做过描述：

> 关于匈奴语
>
> 公元前3世纪到公元后5世纪的匈奴语，许多学者认为属突厥语。如果说前一时期为假设构拟的话，那么到匈奴时期，我们已经有了少量文献资料。在汉文史籍中保存有一些用汉字记录下的匈奴人的官号及个别的词语。在欧洲也保存有一些匈人（Hun）语言的资料。许多学者认为匈奴和匈人是一回事。下面介绍关于匈奴语的五种学说：
>
> 一、突厥语说 即认为匈奴人和匈人说突厥语，有法国学者 Remu-

sat，Klaproth，日本的白鸟库吉（1900 年）以及 Ramstedt，von Gabain，Pritsak 等人。

二、蒙古语说 白鸟（1923 年后改变以前的观点），法国的伯希和(Pelliot)。

三、认为匈奴是由许多民族组成的政治集团，如法国人 Lacouperie。

四、认为匈奴人说的是一种已消亡的羯（Keti ~ Kiti）语（属古西伯利亚语或汉藏语）。持这一观点的有两位著名的学者，他们是匈牙利的李盖提（L. Ligeti），另一位是加拿大汉学家蒲立本（E. Pulleyblank）。

这里重点介绍一下 O. Pritsak 先生对匈奴/匈语言的观点。他在 1954 年发表了一篇重要的论文，题作《匈人的文化和语言》(Kultur und Sprache der Hunnen, in Festschrift fuer Cuzevskyj, Berlin, 1954)（参见我翻译的这篇文章的汉文译文，载《民族译丛》，1989，5）。他认为，到目前为止，企图研究匈奴语言的尝试都不成功。一是材料不足，二是方法不对头。如日本的白鸟库吉把汉文材料中保存下来的所谓匈奴词，用现代汉语的发音转写下来，来和现代蒙古语或突厥语做比较，这就显得十分幼稚可笑了。另外，他主张从研究古代保加尔语入手，来研究匈奴/匈人的语言。关于保加尔语的材料有：一为在保加利亚发现的、属公元 9 世纪的布语的词语（用希腊字母写下的碑铭）。一为用教堂斯拉夫语写下的保加尔国王的名单及其在位的时间。另一些材料是保存在匈牙利语的借词。还有 12—13 世纪用阿拉伯字母写成的属于哈扎尔（Khazar）汗国的墓志铭。保加尔语大致可分为三个方言：(1) 多瑙河方言，(2) 伏尔加（Volga）河方言，(3) 南俄库班（Kuban）方言。保加尔语活的样板就是伏尔加河中游一带的现代楚瓦什语。楚瓦什语与其他突厥语的对应关系是毫无疑义的。①

① 耿世民：《阿尔泰共同语与匈奴语》，《维吾尔与哈萨克语文学论集》，中央民族大学出版社 2007 年版。

只不过相比较普力察克（O. Pritsak）的由可能为匈奴之流的融入突厥语世界的匈人入手，蒲立本（Pulleyblank）的坚持从匈奴语源头入手，坚持从语音词汇的系统比较研究入手，更抵近于事实的真相。

问题在于：蒲立本的研究路径是“通过对匈奴语对音材料的整体分析来发现匈奴语音”，而这些所谓“匈奴语对音材料”全部是来自《史记》《汉书》《后汉书》《晋书》四史，其中近70%“可能的匈奴词语”出自前二史。必然会受到书面语选择与汉语对音变化两方面发展的影响。

蒲立本的研究是建立在有一种可以做语言学意义上规律预设的匈奴语假定上；忽略了司马迁刻意强调的匈奴从源头上就显现的文化抵牾。于是，蒲立本着力找出的排除匈奴语是汉藏语系归属与阿尔泰语系语言的可能性之论据，角度颠倒一下，就变成了分别支持匈奴语的蒙古语底色和早期书面语曾大量借用夏后氏语的材料。

譬如，蒲立本在《上古汉语的辅音系统》附篇《匈奴语》里面提到，匈奴语至少有两个明显的特征与阿尔泰语系语言不相符。一是匈奴语里面有大量的词汇是以浊音 L 开头的，在西汉的材料中有 17 个这样的匈奴语词汇，占研究总数的近 9%，在东汉的材料中有 3 个，晋朝的材料中有 2 个。一般来说，在阿尔泰语系中固有词汇以浊音 r-开头的词汇根本没有，以浊音 l-开头的词也极少，主要包括一些拟声词和其他语系的借词。匈奴语中浊音 l-开头的词汇频繁出现，必然会引起匈奴语和阿尔泰语系互有联系的可能性的极大怀疑。二是匈奴语有复辅音声母，在西汉的对音中至少有 14 个或可能更多这样的例子。

蒲立本的上述论证本身并无差错，只不过若调转方向，即以“匈奴语里面有大量的词汇是以浊音 L 开头”来解读匈奴的“先祖夏后氏之苗裔也”语言身份；转而以“匈奴语有复辅音声母，在西汉的对音中至少有 14 个或可能更多”来比照匈奴的原始蒙古语底色，就会发现，这两个明显的特征与匈奴语正相契合。

蒲立本说：“有充分的理由可以认为羯族不是匈奴的一部分，而同更西面的印欧人有亲缘关系。(唐长孺 1955. p. 416)。”[①] 20 世纪 70 年代，

① ［加］蒲立本：《上古汉语的辅音系统》，潘悟云、徐文堪译，中华书局 2008 年版，第 169 页。

童超经过多方考证，认为羯人是中亚康居人，但羯人不是被康居人所征服的南部农业居民——索格底亚那人，而是康居（羌渠）游牧人。两汉时期，康羁属匈奴，因而可能有一部分人随匈奴东来，转战于蒙古草原，其后又随之南迁，逐渐内徙于上党武乡一带，因为他们既是康居人，又是匈奴的附庸，故称："匈奴别部，羌渠之胄。"① 多被学界所采信，似乎支持了蒲的意见。

其实，石勒的祖父叫耶奕于，父亲叫乞翼加，石勒年轻时被卖为奴隶，因不堪压迫聚众反抗，从这时起，他才以石为姓，以勒为名，至于他为什么以石为姓则不得而知了。与康居石姓应该无涉。倒是"羌渠"——羌之大者——这个归纳与文献记载更为切近，较为可信。这里不妨举几个例子，以资佐证。

1. 关于"羯"，西夏文𗼇（0015）〔喉音，户赤切，音頡（乙）〕"矿、金刚、石、琉璃、明、瓦也。（名）"加之𗄊（1477）〔来日音，音勒〕"虎、寅也。（名）"可知"石勒"者羌语"羯虎"也。

2. 中新网曾刊载过一篇题为《中国历史上羯族后裔："胡同"或源于古希伯来语》的文章，其中记载了1981年，石旭昊的祖父石怀仁到北京看望石旭昊一家，并且专门找石旭昊谈话。在那次谈话中，石怀仁告诉石旭昊，他们石家的祖先，正是在历史上创立了大赵国的石勒，而到石旭昊这一代，已经是第69代。通过祖父的讲述，石旭昊得知，自己的家族来自一个"临大西海"叫作"野翅窝"或者"野翘窝"的地方。其中的"野翅窝"应当就是匈奴歌谣"失我焉支山，令我妇女无颜色"的匈奴名山。而读"山"为"窝"音则广见于羌语，文字仅见于西夏文。即："𗐱𗼇〔吾啰〕同山（同46A7）。"两个"山"字读音皆近于"窝"。就连"石勒"其名，也完全由羌语而来。羯族也正是由焉支山附近起家，后随南匈奴一道南归据有上党之地的。

3. 所谓"大西海"就是西北著名的居延海。在汉代时曾称其为居延泽，魏晋时称之为西海，唐代起称之为居延海。网上流行的说法认为"居延是匈奴语，《水经注》中将其译为弱水流沙"。细查之下皆无据。罗仕杰从《史记》、《汉书》、《后汉书》及出土汉简中探讨"居延"一名的

① 童超：《关于五胡内迁的几个考证》，《山西大学学报》1978年第4期。

由来及“居延”一词所涵盖的范围。整理后提出：“‘居延’一名较精确的定义为汉代‘居延县’及‘张掖居延属国’，泛称者则不一而足，或曰‘族名’、‘水泽名’、‘障塞名’，在居延汉简中则为‘县名’或‘都尉府名’，视不同情况而有不同的用法。”① 虽然没有释读出“居延”之义，却清晰给出了“居延”的历史时段。这一历史时段中，居延的主人只有匈奴、羌人和汉人②。王雪樵、王铎认为“居延”就是碱的切音，只是没有给出为什么用其切音的理由③；郝二旭在王雪樵、王铎文基础上，认为居延汉简中的“肩水”应为“碱水”的代称，而“碱水”亦即“居延水”④ 不足之处在于，没能回答汉简中“肩水”、“居延水”同出的缘由。

其实，以羌语为基底的西夏文，早就给出了解答，即：

𘟐（4034）〔牙音，皆税切，音菊〕“冷也。(形）”

𘡇（4660）〔喉音，夷坚切，音筵〕“①〔淹〕、〔延〕、〔焉〕、〔嚴〕、〔燕〕族姓、〔阎〕、②〔筵〕、〔烟〕、〔焰〕、〔演〕、〔燕〕、〔厭〕、〔淹〕、〔阎〕、〔鹽〕也。”

组成词语，则为“居延”——冷盐，居延泽即冷盐泽。羯族后裔的祖传记忆，将故乡追溯至羌谷水汇成的羌语称之“居延”的大西海，足见羯族与羌的缘分。

4. 当然，最有力的证据，还应是来自对佛图澄那段著名的羯语之揭的解读。《晋书·艺术传·佛图澄》载：

> 石勒将攻刘曜，群下咸谏以为不可。勒问佛图澄，澄曰：相轮铃音云：秀支替戾冈，仆谷劬秃当。此羯语也。秀支，军也。替戾冈，出也。仆谷，刘曜胡位也。劬秃当，捉也。此言军出捉得曜也。勒果生擒曜。后因以替戾冈作为出的隐语。

① 罗仕杰：《试析史籍与汉简中所见的“居延”》，《止善》第七期（2009年12月）。

② 居延泽的水体主要由额济纳河汇聚而成，而额济纳河古称羌谷水、弱水或黑水，额济纳为西夏语黑水的意思，居延泽本身又是一汉语音读词语。这一切显示了居延泽汉、羌、匈奴三族共享的格局。

③ 王雪樵、王铎：《“居延泽”即“碱泽”说》，《中国历史地理论丛》2008年第1期。

④ 郝二旭：《“肩水”小考》，《中国历史地理论丛》2010年第1期。

在以古羌语为基底的西夏文中，我们找到了这段羯语的来源：

“秀支”，西夏文𗥲（5205）〔喉音，胡假切，音匣〕“剑、戟、武器也。（名）”𗁅（2647）〔牙音，音乞〕“①行列也。（名）②章、句也”。组合在一起，其音“匣乞”近于“秀支”；其义“武装行列”亦近于“军”。

“替戾冈”者，西夏文𗤶（0430）〔舌头音，突合切，音忒〕“逼、追也。（动）”𗢳（2511）〔来日音，叻能切，音离〕“①出、去也。（动）②遁也。”𗧓𗰛（4412、0836）〔尺个〕紧急（同38A1）。其中𗤶𗢳𗰛作为词组，“忒离个”的音读与“替戾冈”音近；而其“紧急追击”之义亦近于“替戾冈，出也”。

至于“劬秃当”，西夏文𗫂（5676）〔牙音，古拶切，音戛〕“①握、攥也。（动）②勺也。”𗍊（2565）〔舌头音，底合卒切，音都〕“抽、拔、擒、夺、掣、瞷也。（动）”𘄽（1509）〔舌头音，渎郎切，音宕〕“疯狂也。（形）”原来，“劬秃当”即“擒住疯狂”，“仆谷劬秃当”则为“擒住狂曜”。

关于刘曜，《晋书》从北方诸族视角出发赞其“神”：“（刘曜）读书志于广览，不精思章句，善属文，工草隶。雄武过人，铁厚一寸，射而洞之，于时号为神射。”而中原谢采伯的《密斋笔记》则侧重其“无复人理”的一面：“若刘渊、聪、粲、曜，石勒、虎、闵，苻生，赫连勃勃等，其凶徒逆俦，淫酷屠戮，无复人理，祸亦不旋踵矣。”西晋永嘉年间，刘曜攻破洛阳，杀死贵族、官僚、庶民三万余人，洛阳变成一片瓦砾，从此北方再次陷入分裂战乱之中。

佛图澄身为著名的佛道高僧，对刘曜之疯狂必然更有感触，因此“仆谷劬秃当”一语不仅含有“捉曜”之义，更表达了佛图澄对刘曜的评价及对“捉曜”的肯定。可见，相对于《晋书》的释义，西夏文所包含的羌语（包括羌渠的“羯”）记忆，几让人感受到历史的温度与呼吸。

羌语对匈奴的影响还不止王族栾鞮氏和羯族。《逸周书·克殷》有段很有意思的记载：“乃尅，射之三发而后下车，而击之以轻吕（孔晁注：“轻吕，剑名。”），斩之以黄钺。”周武王用轻吕（上古音：kheng g·ra’）击纣王，轻吕古注为剑名，显然轻吕两个字的组合在汉语中并无理据，但是维语中却有 qingraq 一词，意为厨刀，与上古汉语读音也颇为相似。虽不能肯定轻吕一定是某种突厥语中借来的词汇，但是至少应该是同源的。后世匈奴用的径路刀想来也应该是同名异译而已。白鸟库吉《匈奴民族考》“径路（刀）”：“匈奴语谓刀曰径路，其证见于《汉书·匈奴传》：‘（韩）昌、（张）猛与单于及大臣俱登匈奴诺水东山。刑白马，单于以径路刀；金留犁挠酒。’应劭注曰：‘径路，匈奴宝刀也。金，契金也，留犁，饭匙也。’Hirth 氏谓径路（King-lu）一词，Teleut 语译义曰小刀，并与 Kyngyrak 东之 Turkestan 谓大刀曰 qingrāk 一词比较，实中正鹄。”

旧日《汉书·匈奴传》句读，将“径路刀金留犁”同视为“挠酒”之器用，不虑砍刀如何“挠酒”之尬；其实，史书写得明白：“单于以径路刀”实为“刑白马”之用；“金留犁挠酒”二者才构成正配，为着佐之“以老上单于所破月氏王头为饮器者共饮血盟”。至于“刑白马”，恐怕也无法执一柄小刀完成吧。

又是西夏文解决了这一问题。西夏文𗼇（5769）〔牙音，屈西切，音乞〕“匕首、砍刀也。（名）”另，西夏文𗢲（5778）〔牙音，音庆〕“割、砍也。（动）”皆与“轻”音近。至于“吕”对应的西夏文𗾟（5501）〔牙音，音具（玉）〕“具、器也。（名）（汉语借词）”《扬子·方言》：“氉吕，长也，东齐曰氉，宋鲁曰吕。”综观之，“轻吕（具）”应即“长砍刀”之意。结合文中的“击之以轻吕”之动作，也只有长砍刀方可当之。

至于作为匈奴语底层的原始蒙古语，在匈奴时代涵盖面究竟会有多广阔？不妨剖析一下匈奴人广泛使用的包括“居延泽”“奢延水”“吐延水”在内的诸“延”，便可知一二。

“奢延水”与“吐延水”分别发源于今陕西省靖边县白于山北、南两坡，学界基本认同两话语皆为匈奴语。何谓“奢延”？《水经注·河水》云：“奢延水注之，水出奢延县西南赤沙阜，东北流。”并释曰：“俗因县土谓之奢延水，又谓之朔方水。”解释得够清楚。可偏偏有人另辟蹊径，将《史记·天官书》代表冬至习俗的“县土炭”生劈出“县土”、“县炭”二词，再发挥成“‘县土’代表阴，阴为北；‘县炭’代表阳，阳为南。久而久之，民间则以‘县土’为北或北至，‘县炭’为南或南至。所谓‘俗因县土谓之延水’当指发源于白于山北坡的大河。‘奢延’指‘北方’；‘奢延水’即‘北水’之意。”①

其实，“县”之本义即“悬”，如“县，系也。从系，持县会意”。（《说文》）；“骊姬请使申，处曲沃以速县。”注：“缢也”（《国语·晋语》）；“不狩不猎，胡瞻尔庭有县鹑兮？”（《诗·魏风·伐檀》）皆是。“县土”即悬土，意指地处高悬。而白于山梁长沟深，沟坡陡峻，相对切割深度达300—400米，奢延水作为北坡之水源于阜上，自然会被视为“县土”之水。

此水秦汉以前称奢延河，南北朝时期称夏水、朔方水。唐代因其水势汹涌，卷石含沙，河床无定而称为无定河。“无定河即生水，上流曰额图浑河，一名奢延河”（《清史稿·地理志》“陕西·榆林府”），如此之多的历史河名，其实都是在描述其“县土”之水的状态模样。首先从最容易理解的“无定河”说起，“水势汹涌，卷石含沙，河床无定而称为无定河”，源头自然要追溯到“县土”的造势；其次“生水”，不过是对“县土”之水河床不定的一个简称；至于“额图浑”，即“erteixu〔及、不及〕①翘起，撅起②<转>翘尾巴，摆架子，骄傲，自负”②。更是对“县土”之水的活态化象征；“夏水”之“夏”作为“šarqila-（T. šarqildila-）咯吱响；潺潺作声”③的略读，令“县土”之水愈加声情并茂；最后轮到“奢延”的“奢”，才发现，蒙古语“趾高气扬，摆架子”的词干正来自“seger［sə：r］〔名〕①（生理）胸椎②榫头。”④，只是作为河名的“奢延”，在“sə：r”的后面又加入了“延”（下文马上会讲到“延”在匈奴语或者原始蒙古语中为结构助词而非方位名词的理由），应该在词性上有所体现，于是，便有了“seger［sə：r］”+“dei”衍生的，成为“sedeldei〔形〕<方>不老实

① 武沐、王希隆：《“吐延”、“奢延”为匈奴语南北考》，《中国边疆史地研究》2002年第4期。

② 内蒙古大学蒙古学研究院蒙古语文研究所：《蒙汉词典》，内蒙古大学出版社1999年版，第158页。

③ 保朝鲁编：《穆卡迪马特蒙古语词典》，内蒙古大学出版社2002年版，第139页。

④ 内蒙古大学蒙古学研究院蒙古语文研究所：《蒙汉词典》，内蒙古大学出版社1999年版，第885页。

的，性野的，调皮捣蛋的。”[①] 可谓“生”“无定”的异称。“奢延”词意既清，“县土”之水历史诸名的链接便全部梳理清楚。

再来看“延”，武沐、王希隆的《“吐延”、“奢延”为匈奴语南北考》有曰：“带‘延’字的词在匈奴地名方位语中出现的频率极高，除‘奢延’外，还有‘吐延’、‘乌延’、‘党延’、‘于延’、‘居延’。”[②] 不知道是根据什么判断上述“带‘延’字的词”都是“地名方位语”的；何况匈奴语又为何要生出如此之多的方位词来？其实，匈奴语的“延”经由蒙古语一直沿用至今，即“yan（T. ~）①什么样的，怎样的，如何的。②多么，何等；多么好的。”[③] 一句话，就是我们最熟悉的结构助词“的”。《华夷译语》中的“慢 多里延 düliyen”、“浅 果延 qöyen”、“明 格格延 gegeyen”[④]，就是借助于结构助词“的”将形容词性变换成了判断词性。譬如“居延泽”的“延”，居延泽包括“索果诺尔”和“嘎顺诺尔”两个湖泊。居延海是一个奇特的游移湖。它的位置忽东忽西，忽南忽北，湖面时大时小，时时变化着。《穆》记“jüke ①方向，方面。②向……”；“jügle-朝某方向行。”[⑤] 正含有“游移”之义，加上结构助词“延”，“居延泽”正好构成了“游移的湖”之称。

至于“吐延水”，武沐、王希隆有一点说得对，其河名确因地势而得，且有与“奢延水”相对照之义。只不过与方位词“南”无涉。秀延河，古称溽河，又名秀延水、吐延水、清涧水，别名还有吐延川、哥基川、清涧河。黄河支流清涧河上游河段。干流全部在陕西省子长县，入清涧县始称清涧河，最后在榆林市清涧县汇入黄河。有时也将整个河段称清涧河或秀延河。秀延河流长 80 公里，流域面积 1405.10 平方公里。秀延河河谷秀延川，为子长县最大的川道。川地大部分可自流引水灌溉，地势

---

① 内蒙古大学蒙古学研究院蒙古语文研究所：《蒙汉词典》，内蒙古大学出版社 1999 年版，第 885 页。

② 武沐、王希隆：《“吐延”、“奢延”为匈奴语南北考》，《中国边疆史地研究》2002 年第 4 期。

③ 保朝鲁编：《穆卡迪马特蒙古语词典》，内蒙古大学出版社 2002 年版，第 171 页。

④ 贾敬颜、朱风合辑：《蒙古译语 女真译语汇编》，天津古籍出版社 1990 年版，第 57—58 页。

⑤ 保朝鲁编：《穆卡迪马特蒙古语词典》，内蒙古大学出版社 2002 年版，第 73 页。

平坦，土壤肥沃，是全县主要的粮食产区。[①] 根据介绍可知，因白于山“县土”地貌，坡北高耸，坡南则落差极为巨大，“吐延水”出山之后，再无险峻阻挡。其在历史中一路款款流来，便相貌“溽”（儒）雅，体态“秀”美，身形“清”丽，由不得其匈奴语或原始蒙古语的水名“吐延”和“哥基”另起炉灶。因此，这里的“哥基”，应该就是蒙古语族的“ geixu［gi：x］〔不及〕①天亮，黎明，拂晓②天将放晴③（盲人变得）稍能感光、略有光的感觉④（心里）豁亮起来，（心情）舒畅起来⑤<旧>（活佛等）出世⑥<转>清清楚楚，明明白白”[②]；用来指一条清亮秀儒之河。而“吐延”的“吐”，应即“ ［turu：］〔名〕①头，首②穗头③头儿，头头，首脑，首领〔形〕①先②刚才，先前，以前，前不久，新近”[③] 的略读。与此前其河诸名相比照，一眼就能认出河名当源于其中的“穗头”，因为“秀”之初义便是植物从叶鞘长出穗头。然后才衍生出清秀等义。

当然，颠倒蒲立本是否符合历史，最说明问题的方法是以其去解读匈奴语含量最大的匈奴单于名号以及匈奴贵族姓氏与职官，在匈奴母语中完成对匈奴的再认识。

---

① 见“搜狗百科·秀延河”词条。

② 内蒙古大学蒙古学研究院蒙古语文研究所：《蒙汉词典》，内蒙古大学出版社 1999 年版，第 753—754 页。

③ 内蒙古大学蒙古学研究院蒙古语文研究所：《蒙汉词典》，内蒙古大学出版社 1999 年版，第 1118 页。

第七章　草原场域的主体：匈奴贵族姓氏与职官名号释义

第一节　源于“庶绩”的多义之“贤”
——“屠耆”释义

屠耆，匈奴语译音，义译为贤。《史记·匈奴列传》：“匈奴谓贤曰‘屠耆’，故常以太子为左屠耆王。”裴骃《集解》引徐广曰：“屠，一作诸。”《说文》“贤，多才也。从贝臤声。胡田切。”段注：“贤，多财也。财各本作才。今正。贤本多财之偁。引伸之凡多皆曰贤。人偁贤能，因习其引伸之义而废其本义矣。小雅：‘大夫不均。我从事独贤。’传曰：贤，劳也。谓事多而劳也。故孟子说之曰。我独贤劳。”蒙古语族则称这种能监管善理财之“贤劳”为“思 薛惕乞 setki”[①]或“思曰薛惕乞”[②]。女真语又将这种能监管善理财之“贤劳”释义为“敬”，读音更有两出：《女真译语》“阿波本”标为“秃其”，与“屠耆”音同，当皆为“薛惕乞 setki”的略读；《女真译语》“格鲁柏本”则标为“兀者必昧”。[③] 关于“兀者”，孙伯君、聂鸿音有考证：

> 按契丹语“乌者”同女真语“兀者”，意为“重”，《女真译语·人事门》：“兀者，重。”“乌者”、“兀者”又与满语 ujen 相当，

① 《华夷译语》，贾敬颜、朱凤合辑：《蒙古译语 女真译语汇编》，天津古籍出版社 1990 年版，第 46 页。

② 《卢龙塞略》所收“蒙古译语”，贾敬颜、朱凤合辑：《蒙古译语 女真译语汇编》，天津古籍出版社 1990 年版，第 175 页。

③ 阿波文库本《女真译语》，贾敬颜、朱凤合辑：《蒙古译语 女真译语汇编》，天津古籍出版社 1990 年版，第 291 页。

记作“乌珍、乌金”，《钦定金史语解》：“乌珍、重也。”奕赓《佳梦轩丛书·封谥翻清》：“郑亲王曰乌珍。”由此，契丹语“乌者Üje”与女真语“兀者（乌者）uje”同源，意为“重要”。①

“兀者”+“必昧”，则将形容词的“重要”变化成了名词性的“重要的（存在）”。《穆》即载“bi：①［语气词］②有，存在”②。其后，又有满语蒙古语共同语称“bimbi 有，存在”为证。③ 从中可见两点：“兀者必昧”必是用来指人或事物的；“兀者必昧”意译之含混，似乎表明“敬”的音译“秃其”当为一外来词汇。

当下学界对“屠耆”语源的误读，皆与白鸟库吉强将晚出的蒙古语、通古斯语“直”及塞克语“正”等读音作比附有关。④ 殊不知先秦即秦汉时的“屠耆”读音，文献早有明示。余早年曾有专文考证“竖亥传说为徒骇河名本源”。⑤ 近年陈勇受钱大昕《廿二史考异》解释《后汉书》，谓“屠”、“著”两字“译音有轻重，其实一也”的启示，又有关于汉音“屠”的详论：

“休箸”、“休著”仅见于现存汉代官印，应该是东汉时屠各的官方称谓。《说文解字·尸部》“屠”字条：“从尸，者声。”《竹部》“箸”字条：“从竹，者声。”段注：“古无去入之别，字亦不从艸也。徐铉等所补“著”字下又云：‘櫡’本作箸，《说文》陟虑切。注云饭敧也。借为住箸之箸，后人从艸”。《说文》“屠”、“箸”同为“者”声，可见“休箸”之“箸”，为“休屠”之“屠”的转写。屠各官印之所谓“休箸”，则是用来替代“休屠”的。“休箸长印”及“汉休著胡百长”印的发现，表明“音箸（或著）为屠”，确是东汉

① 孙伯君、聂鸿音：《契丹语研究》，中国社会科学出版社2008年版，第115—116页。

② 保朝鲁编：《穆卡迪马特蒙古语词典》，内蒙古大学出版社2002年版，第18页。

③ 高娃：《满语蒙古语比较研究》，中央民族大学出版社2005年版，第221页。

④ ［日］白鸟库吉：《匈奴民族考》，林幹编《匈奴史论文选集》，中华书局1983年版，第202页。

⑤ 喻权中：《中国上古文化的新大陆》，黑龙江人民出版社1992年版，第475页。

通行的做法。①

可见“屠”汉前之读音已有“诸、竖、徒、者”诸种。而目前所知，以“诸、竖、徒、者”诸音读用于“贤”字解的，唯有西夏文。即𗍫（4333）〔正齿音，音庶〕“贤、惠也。（形）”；𗉣𗎫（1349、1080）〔者鲁〕“圣贤、圣灵”（同35A4）。

至于“屠耆”之“耆”，当同于西夏文𗗚（3865）〔齿头音，捷溪切，音集〕“官爵也。（名）”。上古音“j、q”不分，因此“集、耆”一音相转。

由西夏文可知：确切地解其词义，“屠耆”或“庶集”者，并非形容词意义上的“贤”，而是作为“重要存在”的“贤之官称”。由此语源，才衍生出后世蒙古语、通古斯—满语的“思、敬、重要”等词义。

西夏文葆有此语，皆因西夏文是以古华夏语中的炎帝族羌姜语作为基本语；而匈奴之所以会用包括“屠耆”在内的一整套夏后裔所操的古华夏语来命名单于称号系统，以及职官系列，则又赖于“始均生北狄”，以及第二波文化融合大潮中的舜臣共工“巧垂（亦即义均）”的“变北狄”之举。原本一盘散沙般的北方游牧民，先则接受了在“四方主（钧天）”的文化格局中，自身受“钧天 tingli”遮蔽的“北狄”身份；继而认同了文化皈依意义上的夏后氏淳维（“垂”之缓读）后裔之“薰育（斜与）”族称。

如此，是否有可能在夏后裔所操的古华夏语系统中寻找到“屠耆”或“庶集”的踪迹呢？回答是肯定的。在古华夏语的第一典籍《尚书·尧典》中，有一句名言叫作“允厘百工，庶绩咸熙”，《史记·五帝本纪》解为“信饬百官，众功皆兴”，皆以为是。然细加品味，实有四点疑问在。

其一，“允厘百工，庶绩咸熙”句，是用来承接下句“帝曰：‘畴咨若时登庸？’”这一问句虽有多解，但一致的是都以“畴”为“谁人”解；则上句的“百工”与“庶绩”亦应说的是人的状况。

① 陈勇：《汉赵史论稿——匈奴屠各建国的政治史考察》，商务印书馆2015年版，第47页。

其二，众解之中有马融云：“羲和为卿官，尧之末年皆已老死，庶绩多阙，故求贤顺四时之职，欲用代羲和。”（孔颖达《尚书正义》引）且不问其解是否中的，单由字面可知，马融是将“羲和老死”与“庶绩多阙”并举，以彰显“求贤”之必要，则马融的“庶绩多阙”分明是指“贤人多阙”。

其三，后世复用“庶绩”者，亦多有解作“圣贤”为宜，如（晋）葛洪《抱朴子·务正》的“众力并则万钧举，群智用则庶绩康”，其“众力并”与“万钧举”、“群智用”与“庶绩康”显然存在着一种递进关系，则“庶绩康”解为“圣贤兴”更为贴切。

其四，只是在唐以后，“庶绩”之用才由“众功”与“圣贤”两意并举衍变为只剩指“众功”一义，如《旧唐书·薛登传》：“故尧资八元而庶绩其理，周任十乱而天下和平”，何启的《新政论议》：“五曰分职守以釐庶绩”等，所幸有西夏文复出，令“庶绩”或“屠耆”为古华夏语“圣贤”的原初之事实得以重现，进一步揭示了在文化认同层面自诩夏后氏淳维后裔的匈奴族，对华夏族文化的浸润是多么的深厚。

“屠耆”或“庶集”者实为匈奴对源出夏后氏之“贤”的自理解，还可以握衍朐鞮单于屠耆堂与其兄薄胥堂名号解读中证得。“屠耆”之义已见于上文；而“薄胥”者，西夏文[illegible]（4566）〔重唇音，音拔（马）〕“直也。（形）”西夏文字书有“[illegible][illegible]（拔乙）刚直。”（同7A2）另外，西夏文[illegible]（3541）〔牙音，巨西切，音技 又玉西切，音宜〕“正直、忠诚也。（形）”上古汉语四声不分，“乙、宜”音读亦可相转。要注意的是，西夏文中，“乙、兮”是可以通用的。如西夏文[illegible]（2662）〔喉音，胡季切，音兮〕“〔兮〕、〔乙〕族姓也。（音）”则“拔乙（兮）”可视为“薄胥”之异读。白鸟库吉在考订“屠耆”时，曾比附“Mongol语谓直曰seke……；又Tuguse语谓直曰saka……”，以为“屠耆一词似与此等语言互有关系”，[①] 不免牵强。然早期蒙古语中又确实可见出以“薄胥（拔兮）”音读为“刚直”的影响在。譬如《华夷译语·人事门》中的“爽

① ［日］白鸟库吉：《匈奴民族考》，林幹编《匈奴史论文选集》，中华书局1983年版，第202页。

利 必石温 bisiqun”；《华夷译语·身体门》中的“信 必石列温 bisirehul”。[①] 其中，“温、列温”，大量用于“头 帖里温”、“脾 迭里温”、“脊 你里温”，当为表属性的副词，余下“必石”的“爽利、信”义，当可从音义两方面看出“薄胥（拔兮）”以夏后氏雅言的“刚直”为语源，其后渐有了“爽利、信”义的衍生。

第二节　“夷离毕”中包含的匈奴“宰相”记忆
——“谷蠡王”释义

“谷蠡王”通常解释为：匈奴官名。冒顿单于设置，分左右，位在屠耆王之下，管理军事和行政，由单于子弟担任。《史记·匈奴列传》：“置左右贤王，左右谷蠡王。”裴骃《集解》：“服虔曰：‘谷音鹿，蠡音离。’”

其实，“谷蠡王”之“谷”有秦汉音和魏晋音之分。秦汉之时，谷（穀）又有音“峪”或“鹿”之分。

关于“峪”音，《康熙字典》释“谷”引顾炎武《音学五书》：

> 山谷之谷，虽有谷、欲二音，其实欲乃正音。《易》井谷，陆德明一音浴，《书》暘谷，一音欲，《左传》南谷中，一音欲，《史记·樊哙传》横谷，《正义》音欲，《货殖·传》谷量牛马，索隐音欲，苦县《老子铭》书谷神作浴神是也。转平声则音臾，上声则音与，去声则音裕。今人读谷为谷而加山作峪，乃音裕，非。

至于“鹿”，除《史记·匈奴传》：“置左右贤王、左右谷蠡王”《集解》：“服虔曰：‘谷音鹿，蠡音離。’”黄现璠先生亦曾指出：古音谷与禄同韵同义。《礼记·檀弓下》：“齐谷王姬之丧。”按此“王姬”，乃齐僖公之夫人，又是鲁庄公之外祖母。故下文有“或曰：‘外祖母也’”之

① 《华夷译语》，贾敬颜、朱风合辑：《蒙古译语 女真译语汇编》，天津古籍出版社1990年版，第48、56页。

言。僖公，名禄父。前句中之“齐谷”，犹言“齐禄”。[①] 进一步见出服虔注音的必要。

魏晋之后，受北方诸族的影响，“谷”的 yù 喻烛（吐谷浑、谷浑之谷的读音）音又有衍变。尤其是《晋书·四夷列传》所举单于亲子弟封王者有十六等，在“左右贤王”后、明确以“左右奕蠡王”作为“左右谷蠡王”的异写，由此知道“谷”又有了“奕 yi”音。公元 431 年以后，匈奴虽然从史书上消失，但仅次于“常以太子为左屠耆王”的“奕蠡王”，却以异读“夷离（毕）”的形式保存了下来。

叶隆礼《契丹国志》卷 24“刁奉使北语诗”有“押燕移离毕”句，原注曰“移离毕，官名，如中国执政”。《辽史》卷 1《太祖记》：“留夷离毕直里姑总政务。”卷 45《百官志一》：“夷离毕院，掌刑狱。”又“押行宫辎重夷离毕司，掌诸宫巡幸扈从辎重之事”。《国语解》：“夷离毕，即参知政事，后置夷离毕院以掌刑政。”孙伯君、聂鸿音以为：“据《国语解》，契丹‘夷离毕’相当于‘参知政事’，掌‘刑狱，此太祖时已设。其词义或与‘刑罚’、‘治罪’等相关。”[②] 所谓参知政事，又简称“参政”。是唐宋时期最高政务长官之一，与同平章事、枢密使、枢密副使合称“宰执”。唐制以中书令、侍中、尚书仆射之外他官任宰相职，给以“参知政事”等名义。宋代以参知政事为副宰相。简称“参政”。《至元译語·人事门》“建本”记“宰相 阇里必”；而“贞本”则记为“宰相 隙（无“阝”旁）里必”。其中，“阇里”当源于“阇黎”，一译作“阇梨”，梵语 acarya“阿阇黎（梨）”之省也，意为高僧，也泛指僧人、和尚。显然是一出误记；而“宰相 隙（无“阝”旁）里必”音义俱近于“参知政事夷离毕”，当为后者的一种衍变。《穆》谓“bi ①［语气词］②有，存在。”[③] 正是这一“bi-‘毕’或‘必’”，让“原意与‘刑罚’、‘治罪’等相关”的动词“夷（移）离”，变成了相当于宰相或参知政事的官职。由此上溯，终于可以清楚“谷蠡王”的职官内涵。

---

① 黄现璠：《古书解读初探——黄现璠学术论文选》，广西师范大学出版社 2004 年版，第 475 页。

② 孙伯君、聂鸿音：《契丹语研究》，中国社会科学出版社 2008 年版，第 121 页。

③ 保朝鲁编：《穆卡迪马特蒙古语词典》，内蒙古大学出版社 2002 年版，第 18 页。

第三节　骑行王与辎重王的不同命运
——“温禺鞮王、渐将王”释义

所谓“温禺鞮王”，是指统领骑兵部队之王。《穆》记“unu-（温禺）骑行”。“温禺鞮”即“温禺”+动词词尾的“da”。[①]

另外，《后汉书》紧随左右温禺鞮王其后，所列为左右渐将王。其中“渐将”当即指与“温禺”所代表的种类相反的部队。满语蒙古语有共同语称“背、背负”为jajambi[②]，音近于“渐将”，用来称呼军队，自然是指辎重部队最宜。原来“渐将王”即统领辎重部队之王。《晋书·四夷列传》中，左右渐将王又被称为“左渐尚王、右渐尚王”，而《穆》记“jasa-”的第一种含义即“使完备，使有完善设备”[③]。显示“渐尚（jasa-）”正是对辎重部队功能的强调。

部队功能的不同，有时甚至可以决定命运的不同。《后汉书·南匈奴传》载：

> 十六年，乃大发缘边兵，遣诸将四道出塞，北征匈奴。南单于遣左贤王信随太仆祭肜及吴棠出朔方高阙，攻皋林温禺犊王于涿邪山。

《后汉书·明帝纪》载：

> 肜尝与南单于、左贤王信出朔方高阙塞击温禺犊王于涿邪山。出塞九百余里，见小山，为信所误，云“是涿邪王山”，无所得而还。

其中“温禺犊王”即“温禺鞮王”之异写。统领骑兵部队之王来去如风，最终令汉庭与南匈奴联军“无所得而还”；“渐将王”就没那么好命了。《后汉书·乌桓鲜卑列传》：“三年秋，（其至鞬）复寇高柳，击破南匈奴，杀渐将王。”或《后汉书·南匈奴列传》：“朔方以西障塞多不修

① 保朝鲁编：《穆卡迪马特蒙古语词典》，内蒙古大学出版社2002年版，第159页。

② 高娃：《满语蒙古语比较研究》，中央民族大学出版社2005年版，第302页。

③ 保朝鲁编：《穆卡迪马特蒙古语词典》，内蒙古大学出版社2002年版，第67页。

复，鲜卑因此数寇魂冦南部，杀渐将王。”匈奴一旦被击破，落单被杀者，常常是跑不大动的。

第四节　遭恶贬的都护与计相
——“当户、且渠”释义

“当户”，匈奴官名，当仿自西汉职官。西汉宣帝神爵二年（前60）置“西域都护”，为驻守西域地区的最高长官，控制西域各国。“都”为全部，“护”为带兵监护，“都护”即为“总监护”之意。匈奴借用其名为“当户”，却又因“西域都护”与匈奴的一贯敌对关系，故意将其排在职官系列的倒数第二位。

当然，遭此恶贬的并非一例，汉职官的“计相”，匈奴借用时也被贬为了“且渠”而排列在职官的末位。《史记·张丞相列传》：“（张苍）迁为计相，一月，更以列侯为主计四岁。”裴骃集解引文颖曰：“能计，故号曰计相。”可见汉庭之重视“能计”。

匈奴因其认同夏后氏后裔的缘故，随夏朝雅语称“计”音为“且（祖）”。西夏文有𗥃（0041）〔舌上音，音著、娘〕“计、谋、略、交也。（动）”匈奴没有健全的文官系统，于是，明明最重要的官员左贤王称之的“屠（诸）耆”，却又是末位职官的“且（祖）渠”之异称。但王之“能计”、“事多而劳”，就可以转称为“贤（庶集）”，受其影响的古蒙古语，也不明就里的将“秃（屠）其（耆）”奉为“敬”（此间详情已见于上文“屠耆释义”）；而意指具体“计”之劳作的“且渠”，却成了下层文职官员的名号。

第八章　草原场域的主体：匈奴单于名号系统释义（1）

匈奴始终，得以有封号“单于”或“美称”+“单于”者，共计48位。而其美称中，又以“尸逐侯鞮”、“若尸逐就”及其简称构筑起了核心词语。其中：

“尸逐侯鞮”出现四次；其变体“落（“挛”或“若”之异读）尸逐鞮”一次；略简体“尸逐鞮”二次、“尸逐侯”一次；简体“鞮侯”二次、“逐鞮”一次；极简体“鞮”出现六次、“侯”出现一次。“若尸逐就”出现三次；略简体“尸逐就”一次；简体“若鞮”六次。

第一节　“景”与“日子”开启的单于之旅
——“头曼—冒顿”释义

提到“头曼”，许多人会立刻想到《史记·匈奴传》所言：“当是之时，东胡强而月氏盛，匈奴单于曰头曼。”说明头曼（？—前209年）是首称单于者。流行的说法：“头曼”即蒙古语“土门（tümen）万”。本来不是人名而是军衔（“率领一万大军的将军”）。但是，这假设颇有争议，因为在中古汉语里，“头”字的声母是定母，属于全浊音，和蒙古语的清声母t-不相符。不仅如此，以为“头曼”即蒙古语“土门（tümen）万”还有两点无法解释：

其一，据《史记·匈奴列传》载：“单于有太子名冒顿。后有所爱阏氏，生少子，而单于欲废冒顿而立少子，乃使冒顿质于月氏。冒顿既质于月氏，而头曼急击月氏。月氏欲杀冒顿，冒顿盗其善马，骑之亡归。头曼以为壮，令将万骑。”

“万骑”是匈奴的军职，计二十四职，又被称为“二十四长”。冒顿单于时期的二十四长，可做参考的有直属中央单于王庭的十二大权贵，即；左右贤王、左右谷蠡王、左右大将、左右大都尉、左右大当户、左右骨都侯，加上异姓望族名王和外围藩属国国王，共计十二部，即呼延王、须卜王、兰氏王、昆邪王、休屠王、东胡王、楼烦王、白羊王、丁零王、坚昆王、呼揭王、乌孙或折兰王，合计二十四个。冒顿以太子位袭“万骑”职，理当为“二十四长”中最为显贵者。如若“头曼”亦为“万”，又怎样见出头曼单于与冒顿及其整个“万骑”职官系列的区别。

其二，其实“头曼”其名并非首用于匈奴单于，而是比头曼单于早了260年的宋国第二十八任国君宋景公（？—前469年）。宋子姓，宋氏，宋元公之子。其名《左传·昭公二十五年》作栾，而《史记·宋世家》作头曼，《汉书·古今人表》作兜栾。青铜器宋公栾簠，《殷周金文集成》对此器的编号为4589。其铭文有：“有殷天乙唐孙宋公栾作其妹勾吴夫人季子媵簠。”可见宋景公其名既有“头曼—兜栾”两音读，又有略语“栾”见用。宋国国君出自商王族的子姓，则其名当得之比周朝雅言更早的夏商朝夏后裔雅言。具体到宋景公的“头曼—兜栾”得名，当与宋景公名号有着密切的关系。《说文》：“景，居影切，读音警”，意为“日光”。西夏文有𘄿（0359）〔舌头音，底度切，音都〕“①千也。(数) ②又音〔都〕也。”另有𗎘（1216）〔重唇音，名答切，音麻〕“万也。(数)”，组成读音“头曼—兜栾”的词组，直译应即“千万”之义。由其与“宋景公”名号相关联的角度理解，“头曼—兜栾”的“千万”，应是在形容“日光”之景象，因此，“头曼—兜栾”的意译当以雅言“景”字更宜。

至于匈奴族的日月崇拜，诸如“单于朝出营拜日之始生，夕拜月”之类，早被史家熟知。《资治通鉴》载：“于是说教单于……倨傲其辞，自称‘天地所生，日月所置匈奴大单于’。”应该是指中行说帮助匈奴梳理了其族固有的日月崇拜与君权天赋的关系认知。由此，从“匈奴单于曰头曼”可知，北方草原诸部落经华夏族的“始均”、“淳维（倕）”们“生”、“夔”而为“北狄”后，首先被后来的匈奴所认同的正是“头曼—兜栾”这类树立君权天赋意识的夏后氏政治体话语。

至于“冒顿”，《汉书·匈奴传》注：“宋祁曰，冒音墨，顿音毒，无别训。”可谓斩钉截铁。当下学界多以“冒顿”为白鸟库吉的“神圣之义”说是之。其实岑仲勉先生早就以“《史记》故云‘单于有太子名冒顿’，则冒顿自是幼时为其父头曼所命之名”，兼顾质疑了“‘冒顿’为第一世”说和“‘冒顿’神圣之义”说。①

不妨还是循着这类树立君权天赋意识的夏后氏政治体话语去重识匈奴单于的名号系统。西夏文记有𗑗（2449）〔重唇音，音墨〕“日也。（名）”结合“头曼—兜栾”本为夏后氏雅言“景”或者“日光”，则“冒顿”之“顿（音毒）”，视为匈奴族极负盛名的“孤涂（子）”之略读最宜。《汉书·匈奴传上》：“匈奴谓天为‘撑犁’，谓子为‘孤涂’。”头曼因此视自己为天之“日光”，其子则为“日子（冒顿）”，应是顺理成章之事。西夏文𗴂（2503）〔牙音，葛庐切，音古〕“后也。（名）”西夏字书常见以此𗴂字组词称“后人、后世”；《番汉合时掌中珠》还为𗍫𗴂（5354、2503）注音〔特古〕，释义“此后”。（珠 321）显见其与“孤涂（子）”出同源。

“冒顿”意为循父“头曼（景、日光）”得名的“日子”，还可由王昭君女得封号“伊墨居次”加以旁证。王昭君女儿入乡随俗，封号和名字都随匈奴。大女儿起初封号为“须卜居次”，“须卜”是她丈夫的家族姓，“居次”就是公主的意思。后来封号改为“伊墨居次”，据《汉书·须卜居次云列传》：“乌珠留单于立二十一岁，建国五年死。匈奴用事大臣右骨都侯须卜当，即王昭君女伊墨居次云之婿也。”可知匈奴的话语习俗即以“伊墨居次云”称呼。西夏文𗗙（3118）〔喉音，夷已切，音乙〕“①众、多、群也。（形）②和尚也。③又音［伊］、〔易〕、〔裔〕、〔醫〕、〔雲〕、〔翼〕、〔夷〕、〔意〕、〔羿〕、〔異〕也。”“伊、云”同声同字。至于“墨”，当同于西夏文𗑗（2449）〔重唇音，音墨〕“日也。（名）”《音同》释𗑗“日：明暖者也（同丁 5B72 背注）”而《说文解字·日部》谓：“昭，日明也。”可见西夏文理解的“日”与汉文“昭”大致相同。“伊墨居次云”即“云日公主云”或“云昭公主”，随其母葆有的“昭”字而得名。

俄国著名西夏学专家克平教授，中国台湾著名语言学家龚煌城教授和

① 岑仲勉：《冒顿之语源及其音读》，原载《西北通讯》1948 年第 3 卷第 1 期，收入林幹编《匈奴史论选集》，中华书局 1983 年版，第 218、220 页。

中国大陆西夏学专家史金波研究员，均对西夏语中一种重要语法现象："西夏语人称前后呼应句式"做出过深入地探讨。[①] 其中的典型句式如史金波先生所言：

> 在西夏文文献中会碰到一种句式，句前有一个𗧓（我）〔遏轻〕，是主语，在句末又有一个𗧓（我）字。

现在有了"伊墨居次云"即"云日公主云"之释，才知所谓西夏文历史记忆不仅可以从文字角度帮助匈奴重建其与夏后氏的关系，甚至还可以将这种重建延伸至句式领域。

当然，待到冒顿做了单于，其封号"撑犁孤涂单于"中还是仍可见到"冒顿（日子）"的影子。

行文至此，不由联想到尚未结束的"金日磾读音"案。先是史佩信君十年间一说再说的"金日磾"的"日"字为什么读 mì,[②] 由"连音变读说"再到"字形讹变说"，可惜让人无法信服。于是，樊波成君实在不耐其烦，断然宣布："金日磾"的"日"不读"密"。[③] 樊波成君看来过于急躁了些，没能细查究一下王力《古代汉语》、张舜徽《汉书辞典》等名家名作均将其中的"日"字读作"密"的理由。其实自上古音起，"墨(《说文》'莫北切')、密"或"没、迷"通转之例便不绝如缕。西夏文𗼇（0275），便通用于"米、迷、糜、密、蜜、弥、汨、美、宓"等字音。另外，西夏文𗗙（4573）〔重唇音，谋宜切，音迷〕"光、明也。(名)"如此，金日磾的"日"读如"密"与冒顿的"冒"读如"墨"根本是一回事。

"磾"字读 dī 的认识比较统一，而且有据可查。慧琳《一切经音义》中，出现过四次"磾"字的反切，包括"丁奚反"（2 次）、"抵泥反"、

① 克平：《西夏语 · 形态学》，科学出版社莫斯科 1985 年版。龚煌城：《西夏语动词的人称呼应与音韵转换》，《语言暨语言学》2001 年第 2 期。史金波：《西夏语人称呼应和动词音韵转换再探讨》，《西夏学论集》，上海古籍出版社 2012 年版，第 429 页。

② 史佩信：《金日磾的"日"为什么读"密"》，《文史知识》1997 年第 8 期；《再说金日磾 的"日"为什么读 m i》，《古汉语研究》2008 年第 1 期。

③ 樊波成：《金日磾的"日"不读"密"》，《文史知识》2012 年第 5 期。

“邸垤反”，折合成普通话都是 dī，音同于冒顿的“栾鞮氏”之“鞮”。“栾鞮氏”之“鞮”意为“尊贵的”考证详见于下文的“‘若鞮—鞮’释义”。原来，“冒顿”、“日磾”当皆为拜日族群的自命，只不过一个为“日之子”另一为“日之贵胄”罢了。

支持“冒顿”为“日之子”的，还有西夏文对“匈奴”夏雅语或古羌语称呼的记忆。西夏文称“匈奴”为䍁䍂（2790、3674），字书解读“〔狄骨〕匈奴（同 13B2）”。其中，“狄”为西夏文中“太阳”、“日”的主要读音。例如西夏文𗼃（5319）〔舌头音，得京切，音丁〕“①日也。（名）②提也。”例词“𗼃𗡶〔丁列〕太阳（同 16A5）”；再如西夏文𗡶（2826）〔来日音，音令〕“太阳也。（名）”例词“𗼃𗡶〔丁令〕太阳（同 52A4）”。“狄骨”的“狄”，合读近于“丁”而分读又近于“丁令”，自可释为“日”。至于“奴”，西夏文𗦻（0276）〔舌头音，音诺〕“①子也。（名）②士，先生也。③又音〔朗〕也。”与“奴”音近。原来，“撑犁孤涂”、“冒顿”、“胡”、“匈奴”皆是“日（天）子”的不同读法而已。

第二节　一声“第二”溯夏言

——“老上稽粥”释义

《史记·匈奴列传》“冒顿死，子稽粥立，另曰老上单于”。【集解】徐广曰：“一云‘稽粥第二单于’，自后皆以第别之。”明言“老上”即“第二”。又是只有西夏文与此相合。西夏文𗍫（5914）〔来日音，音劳〕“二、第二也。（数）”明显是仿的“秦始皇、秦二世”之排列。西夏文有𗏁（3774）〔正齿音，叔中切，音尚〕“①监护也。（动）②〔尚〕、〔商〕、〔昌〕、〔章〕、〔尝〕、〔丞〕、〔桑〕（音 200）也。”说明“老（劳）上（尚）”单于者即“二世监权”单于。问题是若从“头曼单于”计，稽粥应排列第三，因此光一个“劳（第二）”字不够，“第二三单于”才够周全。再看谁家读“三”为“上”，果然又是西夏文。西夏文𗕪（5865）〔齿头音，西当切，音桑〕“三也。（数）”西夏文视“上（尚）”、“桑”读音同已见上例；更微妙的是，匈奴独特的“二三”词组也只见于西夏文之记。即“𗍫𗕪〔能桑〕二三”（同 19A2）。

“稽粥”者，音读当如“姬育”。《史记·匈奴列传》：“冒顿死，子稽粥立，（【索隐】：稽音鸡。粥音育。）号曰老上单于。”“夏后氏裔”之义。当为冒顿单于用来剖白其牢记“巧垂（淳维）始均”“变北狄”之族裔文化首事。匈奴以致其后的蒙古语对“稽（姬）”即“夏”的记忆之深，据高娃《满语蒙古语比较研究》，连夏日“夏”也被其称为“juwali”,① 即“稽（姬）”+“weiri 他人，别人，存留下”昭示其“夏”之指称与符号为“夏姬”“存留下”的认知。

第三节　“三重单于”解难题

——“军臣”释义

《汉书·匈奴传》：“后四年，老上单于死，子军臣单于立。”若按徐广曰：“一云‘稽粥第二单于’，自后皆以弟别之。”即第二单于之后单于仍有次第相排，则老上稽粥单于之子，顺理应为第三单于；麻烦的是“老上单于”名号一出，将“二三”全部占去。当然，这点麻烦难不住可以识破“马邑之围”② 的老上之子，他给自己的单于名号命之谓“军臣单于”，即“三重单于”，只不过有了此三（“老上”之三）非彼三（“军臣”之三）的强调。欲破解此中玄奥，也一并有赖西夏文之识。西夏文记有“老上”所涉的[illegible]（5865）〔齿头音，西当切，音桑〕“三也。（数）”也另记有[illegible]（5565）〔牙音，音巨（玉）〕“三也。（数）”，加之[illegible]（1466）〔正齿音，赤运切，音春〕“①重复也。（名）②音〔春〕也。”“巨（玉）春”作为“军臣”之异读，恰当地表明了军臣单于想昭告自己是第三单于又能与老上单于有所区别的心理。

“若尸逐就”释义：“尸逐”即“独立”（用以指南匈奴）之释已见

---

① 高娃：《满语蒙古语比较研究》，中央民族大学出版社 2005 年版，第 311、385 页。

② 马邑之围又称马邑之战、马邑之谋，是公元前 133 年（汉武帝元光二年）西汉在马邑（今山西省朔州市朔城区）策划的对匈奴的一场诱敌歼灭战。军臣单于贪图马邑城的财物，亲率 10 万大军进入武州塞（今山西省左云县），就在匈奴单于快要进入汉朝的埋伏圈时，守卫烽火台的亭尉，向匈奴单于透露了汉军包围计划，致使匈奴军未达到包围圈就撤退了。结果匈奴四处出兵侵扰汉朝边境，以报复马邑之围。汉武帝因马邑之围未能伏击匈奴而失利，将谋划诱敌的王恢下狱，王恢自杀。自此，西汉开始与匈奴大规模交战。

于“尸逐（侯）鞮”释义条。至于“若”，西夏文写做𗦳（0968）〔来日音，日余切，音若〕“①诸也。②众也。③若也。④二字重叠为‘处处’、‘一切’。”“就”者，当为西夏文之𗰞（1920）〔牙音，巨（玉）油切，音骄（乐）〕“①恭敬也。（形）②曲也。”其中，“巨（玉）油切”准确标音当为jiüo，读作“音就”更贴切。如此，“若尸逐就”当意为“众天君之列”。

第四节　天子监主与太子监国

——“单于”“于单”释义

“单于”（上古汉语＊dar wa）分别和蒙古语的tngri“天”和daruγa“君主”相似。西夏文𘈩（5936）〔舌头音，都腊切，音打〕“监也。（动）”西夏文字书《文海》释𘈩：“监者监主也，主也，大也，戴大冠也。（海22.171）”另，西夏文𗼇（2994）〔轻唇音，韦马切，音挖〕“集、众、坐也。（形）”𘈩𗼇连读，正好构成“单于”（上古汉语＊dar wa）的读音。由此知，单于者，众之监主也。

《史记·匈奴列传》：“匈奴单于曰头曼。”裴骃集解：“单于者，广大之貌，言其象天单于然。”《汉书·卷九十四上·匈奴传第六十四上》载：“单于姓挛鞮氏，其国称之曰‘撑犁孤涂单于’。匈奴谓天为‘撑犁’，谓子为‘孤涂’，单于者，广大之貌也，言其象天单于然也。”而𘈩𗼇二字，一含“监”之大，一言“众”之广，正合“单于者，广大之貌也”之释。

不仅如此，西夏文的记忆中也葆有了秦汉以来单于的音读。西夏文𗗙（3774）〔正齿音，叔中切，音尚〕“①监护也。②〔尚〕、〔商〕、〔昌〕、〔章〕〔尝〕、〔丞〕、〔桑〕（音200）也。”此“监护”一音“昌chang”，尾音“g”脱落即与“单chan”音同。另有西夏文𗴢（5427）〔牙音，音巨（玉）〕“世界也。（名）”西夏国书《同音》字书释其字为“𗴢𗴂𗗚世界：国家”（同丁24A13背注）；《文海》释其字有“众生之所住处也”（海81.171）之谓。二字组合𗗙𗴢（音“昌玉”）即“监国”之义，亦为秦汉以来“单于”之异读。

于单为军臣单于的儿子，又称“於单”。《史记·匈奴列传》：“其

(汉武帝元朔三年) 后冬，匈奴军臣单于死。军臣单于弟左谷蠡王伊稚斜自立为单于，攻破军臣单于太子于单。于单亡降汉，汉封于单为陟安侯，数月而死。”

《史记·晋世家》：“太子，奉冢祀社稷之粢盛，以朝夕视君膳者也，故曰冢子。君行则守，有守则从，从曰抚军，守曰监国，古之制也。”依史记所记，军臣单于死时，伊稚斜是“自立为单于”而从外“攻破”太子于单的，于单应合于太子“君行则守”，“守曰监国”之制。由是疑“于单”即“监国”之义。

执事太子名之“于单”或简称为“单（丹）”，已数见于上古史。如尧的太子丹，再如因“荆轲刺秦”而闻名的燕太子丹。由上文西夏文记忆，知“单（丹）”源于“监国”之“监”，音读则近于“单（打）”；至于“于单”的“于”，依“守曰监国”意，当义同于“守”。西夏文㲎（1756）〔喉音，音余〕“守护也。（动）”应源于夏雅语或古羌语“守护”汉语对音为“余（于）”的缘故。

需要注意区别的是《史记·张骞传》中的“于阗”。这一点，［加］蒲立本讲得明白：

> 一个很有意思的例子是 khotan 的汉译名于阗 M. ɦlou-den。这个转写最早出现于《史记》的张骞传中，从那以后一直作为汉语中的标准名称保留下来。最早的非汉语名称是 khotana，发现于楼兰的佉卢文书中（约公元 300 年）。晚一点的名称有婆罗迷文的写法 Hvatana、Hvamna，代表和阗的本地发音。在这些拼写中虽然用了印度的 h（原来是一个浊辅音），但是 Bailey 教授告诉我它应该代表和阗人的清的送气音。这也意味着，玄奘的涣那 M. hwan-na 代表七世纪的当地发音。①

遵从“匈奴语对音的一个显著特点是缺少送气清音”② 原则，蒲立本排除了“于阗”与匈奴语对音的关系。

---

① ［加］蒲立本：《上古汉语的辅音系统》，中华书局 1999 年版，第 34 页。

② ［加］蒲立本：《上古汉语的辅音系统》“附录（1）匈奴语”，中华书局 1999 年版，第 163 页。

第五节　由“少单于”到确立“监主”品格
——“伊稚斜”“乌维”释义

西夏文𗂧（0502）〔来日音，祀（哆）子切，音邪（哆则）〕“少、小、稀、略、娆也”。“伊稚斜”当为“（口移则）邪”之异读。“伊稚斜单于”即“少单于”之义，皆因其本为军臣单于之弟，却击败军臣单于太子于单而自立为单于得名。《史记·匈奴列传》：“其后（公元前126年）冬，军臣单于死，其弟左谷蠡王伊稚斜自立为单于，攻败军臣单于太子于单。于单亡降汉，汉封于单为陟安侯，数月死。”

“伊稚斜单于立十三年死，子乌维立为单于。”（《史记·匈奴列传》）乌维时代的匈奴与其父伊稚斜单于健在的匈奴相比，治国方略发生了巨大的转变。试以《史记·匈奴列传》《汉书·匈奴传》所记两单于所为做一比较。

先说伊稚斜一朝。《史记·匈奴列传》：“伊稚斜单于既立，其夏，匈奴数万骑入杀代郡太守恭友，略千余人。其秋，匈奴又入雁门，杀略千余人。”此后伊稚斜单于立十三年间，仅《史记·匈奴列传》所记，与汉朝成规模战役即达15次之多。

再看乌维时代。《史记·匈奴列传》：乌维“单于终不肯为寇于汉边，休养息士马，习射猎，数使使于汉，好辞甘言求请和亲。”《汉书·匈奴传》：乌维“单于终不肯为寇于汉边，休养士马，习射猎，数使使好辞甘言求和亲”。

分析促成如此转变的诸因是另外著文之事。这里只想强调：如此国策巨变，乌维不会不加以彰显的。而此彰显符号化的首选，当即为万民所仰视的单于之美称。

何谓“乌维”？西夏文记音如“乌”的字词，多词义显赫。表“皇、天”的就有两个，单表“君、皇”的又有两个；当然，“子乌维立为单于”之记已表明，乌维其名，当得于其父伊稚斜单于健在之时，必不宜取“皇、天”或“君、皇”之义。

西夏文另有𗗙（1293）〔轻唇音，伟格切，音勿〕“主也。（名）”，颇与命名“乌维”的语境相契合。所谓“乌维”语境，是指伊稚斜单于欲立“子乌维立为单于”时面对的：军臣单于其他的兄弟、军臣单于的儿子们、自己的弟兄们都是单于的监临之选，都有权利来角逐单于之位的严峻局面。伊稚斜单于办法就是：在众监临之选中，早早地确定一人为“乌（主）”，也就是西夏文𗍳。西夏文字书《文海》释𗍳云“主：人左主右；主者主持也，主持也，监主也（海 34. 242）”。

伊稚斜单于及早地以命名的方式，为其子确立了众单于监临之选中“监主”之位，而乌维却以“维”的自诩，表达了其作为“监主”将选择的行为方式。由西夏文具有的百余个读音若“维”文字个体可推测：夏后氏裔语族曾有一个强大的由其中一个读音为“维”的初始文字发展来的词源。在后续的西夏篇，详细的分析展示出：这个西夏文就是𗅋（4976）〔喉音，音嵬〕“①守護也。（动）②衫也”。此字对夏后氏裔语族包括以炎帝姜羌语为基本语的党项族之重要性，只从其王族不惜由“拓跋”改姓“嵬名”一事中，便可充分看出。在众单于监临之选环视中，守护住单于之位及继承权，显然比进一步扩展领域重要得多。更何况，公元前 114 年前后的乌维，面对的是解除了南越之忧的最强盛时期的汉武帝。于是，微妙的变化在伊稚斜单于晚年出现，《史记 · 匈奴列传》在记十五战之后，突然形成了“匈奴用赵信之计，遣使于汉，好辞请和亲”。的国策之变，想来，当是从这时起，伊稚斜单于之子依“乌维”名号体现的新方略，开启了自己的“守护”为主的治国之路。

第六节　互攀短命的“儿单于”及其继任
——“乌师庐”“句黎湖”释义

乌师庐单于（前 105—前 102 年）是匈奴单于乌维单于之子。因为他成为单于时年纪尚小，故被称为“儿单于”。《史记 · 匈奴列传》：“乌维单于立十岁而死，子乌师庐立为单于。（【集解】：徐广曰：乌，一作“詹”。）年少，号为儿单于。”西夏文𘑘（0276）〔舌头音，音诺〕“①子也。（名）例句：𗧓𘑘〔使诺〕儿子（同 15A1）。②士、先生也。③又音〔朗〕也”。另，西夏文𗵘（3566）〔来日音，音鲁〕“①〔鲁〕、〔陆〕、〔庐〕族姓、译音也。（音）②又音〔炉〕、〔农〕、〔禄〕、〔碌〕、〔鹿〕、〔露〕也”。由此知西夏文“u、n”互读。则“使诺”与“师庐”同，皆为“儿子”之音读或异读。

乌师庐之“乌”，当与其父乌维之“乌”义同，皆为“主”或“监主”之意。另，西夏文有𗧒𘉞列于其字书《音同》：“𗧒𘉞〔怛特〕监主（同16B1）。”“怛”与“澹”音俱为“dan”。据白於蓝先生的《战国秦汉简帛古书通假字汇纂》，收有《语丛一》“各以澹（詹）词毁也”。（白）按：“‘澹（詹）’字从裘按（《郭店楚墓竹简·语丛一》篇注〔二一〕）读。”① 依之，则将西夏文𘉞（音勿或乌）与𗧒𗧒（音怛或詹）相比照可知：乌师庐之“乌”与詹（澹）师庐之“詹”俱为“监主”之意。由是，才生出“徐广曰：乌，一作‘詹’”之说。

西夏文𗏁（5873）〔牙音，改怒切，音姑〕“兄弟也。（名）”；𗏇（1241）〔来日音，音力〕“①儿童也。（名）②又音〔利〕、〔吏〕〔隶〕也。”；𗴂（2813）〔喉音，乙瞀切，音吴（胡）〕“君、皇也。（名）”。三字组合即“句（姑）黎（力）湖（胡）”。如是，则“句黎湖单于”可释做“兄弟儿单于之继君”义。《汉书·匈奴传》载：“儿单于立三岁而死。子少，匈奴乃立其季父乌维单于弟右贤王句黎湖为单于。”正可为“句黎湖单于”的释文；只不过“兄弟儿单于之继君”更像是史官的口吻，联系到史书所载“句黎湖单于立一岁死，其弟左大都尉且鞮侯立为单于”（《汉书·匈奴传》）。还真有可能，这个“立一岁死”的乌维单于弟还未及获得单于名号即已殒命，只得由史官以“句黎湖单于”称之。

第七节　能征惯战数老三
——“且鞮侯”释义

且鞮侯单于（前101—前96年在单于位），挛氏。伊稚斜单于子，乌维单于之弟。于前101年接任呴犁湖单于担任匈奴单于，前96年卒于任。

“且鞮侯”之“且”，当为“狂童之狂也且”（《诗·郑风·褰裳》）之“且（ju）”，师古注亦有“且音子馀反，复音扶目反”之曰。西夏文𗏹（5565）〔牙音，音巨（玉）〕“三也。（数）”与“且（ju）”

① 白於蓝：《战国秦汉简帛古书通假字汇纂》，福建人民出版社2012年版，第916页。

音同。以“三”为单于名称的首位，恰合于“且鞮侯单于”的身份。因为史书明载：且鞮侯单于为句黎湖单于之弟；而句黎湖单于又是乌维单于之弟。且鞮侯之“且”，正是在申明其为所谓三兄弟单于中的老三是也。如此，单于名称“且（三）”其后的“鞮”才可以确定：不是“栾鞮氏”之“鞮”；而是匈奴单于史上最有名的因六兄弟蝉联六届单于而连用于单于名号上六次的“若鞮”。著名的“若鞮”非汉语的“孝”实为“友悌”，可详见于下文的《“鞮”及“若鞮”释义》。正如上古音“呼—吼”可音近通转一样，“胡—侯”亦然。而西夏文有[illegible]（2750）〔喉音，乙谷切，音吴（胡）〕“①头、首也。②上也”。或[illegible]（2813）〔喉音，乙瞽切，音吴（胡）〕“君、皇也。（名）”。“[illegible]（且）+悌（鞮）+[illegible]（侯）或[illegible]（侯）”组合为一词，恰为“三弟单于”之义。

且鞮侯单于可称为匈奴史上最惯征战的单于，初任匈奴左大都尉。汉武帝太初四年（前 101 年），兄死，嗣位。初恐遭汉袭击，尽归还原拘留之汉使，遣使至汉贡献，与汉交好。后益骄，于天汉元年（前 100 年）拘留汉使中郎将苏武，徙之北海（今贝加尔湖）。二年，以兵围困汉军，收降汉骑都尉李陵。继遣军万人援车师，败汉军。四年（前 97 年），闻汉遣李广利等诸将分路出击匈奴，遂以兵十万于余吾水（今蒙古土拉河）南迎战汉军，连战十余日，迫使汉军无功而返。继攻汉塞外奚侯城，收降都尉李绪，立为右校王。次年卒。

小　结

且鞮侯单于成了匈奴记忆中的分野：此前，夏后氏威仪犹存，单于一律以夏后氏的羌语支方言称之；此后，匈奴土著的原蒙古语贵族们侵夺了单于命名的权力，单于名号归于了原蒙古语版本；及至匈奴南北分野，单于名号又陷入羌语、原蒙古语、突厥语分立的局面。

第九章　草原场域的主体：匈奴单于名号系统释义（2）

第一节　胡语因"福"入名号
——"狐鹿姑"释义

狐鹿姑单于（？—前85年），挛氏。且鞮侯单于子。于前96年接任且鞮侯单于担任匈奴单于，前85年卒于任。匈奴延绵的单于系统中，说到有福当首推狐鹿姑单于。

据史书载，匈奴且鞮侯单于有两个嫡子。长子就是这位狐鹿姑，也许是为了区别单于前后，做单于之前的狐鹿姑被史书称为"壶卢孤"。且鞮侯单于次子的名字史书上没有详细记载，只知道后来被任命为左大将。公元前96年，且鞮侯单于病死在军队中，临终遗诏传位给壶卢孤。但问题是，壶卢孤当时远在漠北，使者去传信，等了一个月也没有来王庭即位。且鞮侯单于的身边贵族以为壶卢孤大约身体不好，加之先前的儿单于、句犁湖单于都是忽然病死，匈奴贵族恐惧再有什么不测，于是改立且鞮侯单于的次子左大将为单于。等即位仪式完成，壶卢孤才带着军队，赶到王庭。这下子，匈奴帝国史无前例的麻烦让两兄弟摊上了；但事实出人意料，本该水火不容的王权之争，却上演成了一出兄友弟恭互相谦让的故事。他们两个互相推辞单于大位，最后还是这位已经即位的左大将说："既不幸死，传位于我！"结束了这场谦让的戏码。于是，狐鹿姑单于以其左大将为左贤王，对天盟誓，发誓自己死后单于之位由其继承。没有想到的是为弟的左贤王却死在了狐鹿姑前面。结果，狐鹿姑毫不客气的掳夺了其子先贤惮的继承权力。

想必这出兄友弟恭互相谦让的故事，一时亦成为遍及匈奴草原的美谈。于是，奇迹出现了：单于史上一直由夏后氏淳维传来的夏雅语命名单于美称的传统，第一次让位给了匈奴部族基层的胡语（即古蒙古语）；同时，周雅语亦即官方汉语也因此浮出水面。两个本不为人知道姓名的兄弟，哥哥成了“狐鹿姑单于”，“狐鹿姑”即后世契丹语中的“胡覩衮”。孙伯君、聂鸿音考证为：“胡笃堇（胡突堇、胡独堇、胡覩衮）hudugin/hudugon：汉意为‘有福的人’。”① “狐鹿姑”或“胡覩衮”，代表了匈奴部族基层的胡语族群对兄友弟恭互相谦让故事的认同。同时也说明：“壶卢孤”也好“狐鹿姑”也罢，都非这位“有福单于”的名字，当与“乌师庐”、“句黎湖”一样，为匈奴掌事贵族们或者史官们在单于身后为其拟定的称号。至于弟弟，虽然早逝，却为已深受周雅语亦即官方汉语影响的匈奴贵族所推崇，将其事迹化名给了其子“先贤掸”。“掸”有“dan、shan”二音，可读与“先贤禅”同，内中含有的正是那段谦让单于位的佳话。

第二节　拦截而来的单于
——“壶衍鞮”释义

壶衍鞮单于（公元前85—前68年在位），狐鹿姑之子。壶衍鞮单于的名号，与狐鹿姑单于的妃子、壶衍鞮单于的生母有着莫大的干系。这个“颛渠阏氏”是个为自己的儿子打算的女人。狐鹿姑单于病重时，遗命“我子少，不能治国，立弟右谷蠡王”。等到单于死后，颛渠阏氏就和卫律等匈奴贵族合谋，“匿单于死，诈矫单于令，与贵人饮盟，更立子左谷蠡王为壶衍鞮单于”（《汉书·匈奴传》）。13世纪古蒙古语词典中仍葆有“壶衍鞮”这个“huya”+“da”的动词，曰：“①系住，系上。②捆上，拴住。③拦截，堵住。④止泻。⑤閂上。⑥（话）卡住。⑦穿法衣。”② 显然，壶衍鞮单于的生母“颛渠阏氏”用其带来的蒙古语单于名号表白：她系住了狐鹿姑单于的帝王血脉传承。

---

① 孙伯君、聂鸿音：《契丹语研究》，中国社会科学出版社2008年版，第69页。

② 保朝鲁编：《穆卡迪马特蒙古语词典》，内蒙古大学出版社2002年版，第59页。

第三节　“珊瑚屈戌儿”的文化勾连
——“虚闾权渠单于”释义

公元前68年（汉宣帝地节二年），壶衍鞮单于死，其弟左贤王继位，称虚闾权渠单于（前68—前60年在位）。

“虚闾权渠”者，蒙古语“珊瑚屈戌儿”之义。其中，“虚闾”即蒙古语“quru 珊瑚，一虎口”[①]，而“权渠”则为蒙古语“屈戌儿”qū · qur［a hinge］之音读。[②] 所谓“屈戌儿”，指铜制或铁制的带两个脚的小环儿，钉在门窗边上或箱、柜正面，用来挂上钌铞或锁，或者成对地钉在抽屉正面或箱子侧面，用来固定U字形的环儿。“珊瑚屈戌儿”作为蒙古族妇女首饰中重要的珠宝纽扣，起着连接“达如勒嘎阿如布其”和“乌苏敖绕达克”两大首饰系统的作用。如曹纳木文所言：

> 塔勃哈是在达如勒嘎阿如布其最末端和乌苏敖绕达克后边缀入的较大的珊瑚、玛瑙、松石、琥珀或粉红色宝珠（纯）等饰物，中间以小珊瑚珠子斜联在一起，末梢用3颗小珊瑚珠作纽扣，以屈戌儿固定，形状像乳头似的向外翘起的饰物。又叫纽扣。[③]

因为“屈戌儿”的首饰连接大多以“一虎口”距离计，所以其又与“一虎口”同称。关于蒙古族妇女首饰连接大多以“一虎口”或“半虎口”距离计，曹纳木文有详解，不再赘述。

《资治通鉴》卷二十四载：虚闾权渠单于立，“是时汉以匈奴不能为边寇，罢塞外诸城以休百姓。单于闻之，喜，召贵人谋，欲与汉和亲”。“虚闾权渠”的“珊瑚屈戌儿”之义美称，当即“欲与汉和亲”之意的符号化。命运弄人，和亲的意愿虚闾权渠单于至死也未达成，此事直至虚闾权渠之子稽侯珊成为“呼韩邪单于”的第25个年头，竟宁元年（前

---

① 高娃：《满语蒙古语比较研究》，中央民族大学出版社2005年版，第361页。

② 内蒙古大学蒙古学研究院蒙古语文研究所：《蒙汉词典》（增订本），内蒙古大学出版社1999年版，第1293页。

③ 曹纳木：《鄂尔多斯蒙古族妇女首饰略考》，《鄂尔多斯学研究》2010年第2期。

33年）呼韩邪单于第三次朝汉，自请为婿，娶汉宫女王嫱（昭君）为妻，号为宁胡阏氏，才达成其父心愿。此后，汉与匈奴40余年无战事。此事对于中国北方游牧民族的文化影响之巨，单就“quru（虚闾）珊瑚，一虎口”一词内涵的文化增值一隅即可窥得。

清高宗敕撰《皇朝通志·氏族略·满洲八旗姓》：“舒穆禄”，满语“珊瑚”。女真最古老的姓氏，本金旧姓“石抹”，实契丹人种，金元时，冠汉字姓萧。而据《金史》、《金史补注五种》，俱云石抹氏即契丹时代的述律。由是，知承匈奴语“虚闾（珊瑚）”一脉，“珊瑚”族称由“述律”而至“石抹”，再由“石抹”传至“舒穆禄”。问题是：契丹的述律氏并非简单地族称传递手，而是重组囊括了辽朝的整个后族。于是，“虚闾（珊瑚）”经述律氏的重组，又派生出源于辽国时期契丹可汗耶律·阿保机之后族的回鹘族之Sulu hala（汉义“白马”）。

“虚闾权渠单于”二子得名稽侯狦，恐怕亦于父汗有美称“珊瑚屈戌儿”相关。因为在蒙古语中，“稽侯（julhu）”被释为“扯手”[①] 作为满语蒙古语的通用语，“扯手”一直被释为缰绳，其实准确地讲，扯手是指缰绳头上的纽扣。《说文解字》例如《儒林外史》第三五回：“两个太监笼着缰绳——那扯手都是赭黄颜色。”明言缰绳与扯手是两回事；再如《儿女英雄传》第四回：“只见一个人骑着匹乌云盖雪的小黑驴儿走到当院里，把扯手一拢，那牲口站住，他就弃镫离鞍下来。”更直言拢的是缰绳头上的纽扣“扯手”。只是这回“扯手”“稽侯（julhu）”所节制的不再是首饰，而是被称为“恶健犬”的“狦”。

狦，《说文解字》云：“恶健犬也。从犬，删省声。所晏切。”注“广雅曰：狼也”。其实“狦”就是汉文献中以追逐狡兔而展露“恶健”本领的“走狗”。《史记》中范蠡说道：“飞鸟尽，良弓藏；狡兔死，走狗烹”，就是在说“狦”之本事。至于后起的“细狗”之记，有“狦—细”音读讹变之虞。《至元译语》中的古蒙古语仍称“363 细狗 阿撒立”，若忽略发语词“阿”不计，“撒立”即是“狦”+包括匈奴语直至蒙古语所有胡语共有的表人或物的“li”。萧大亨《夷俗记·牧养》中记载：“犬不甚大，而其性更灵，收则籍于守，猎则籍于逐。有兽被矢而走者，犬追

① 高娃：《满语蒙古语比较研究》，中央民族大学出版社2005年版，第309页。

之不获不止，其发纵指示，动如人意，故虏贵犬。”充分诠释了又称“㹁”的细犬其“恶健犬也”称号的含义。

“㹁”之蒙古细狗，在辽代已经得到了契丹王室的垂爱。辽代契丹人很重视对猎犬的选择，哲里木盟库伦旗六号辽墓壁画《出行图》中绘有一只灰犬，该犬长喙、长腿、细身，给人以机警迅猛之感，颈部系着黄色脖套，身向墓室，长尾卷起，做回首张望状。据邵清隆先生研究认为，该犬是契丹猎犬——细犬。《契丹国志》载：契丹“取细犬于萌骨子（蒙古）之疆”。可知细犬是契丹贵族从当时居于额尔古纳河流域蒙古人那里索取来的良种犬加以培育的。另据邵国田先生《敖汉旗喇嘛沟辽墓壁画》一文介绍：该墓东壁画一幅《出行图》其上画有一只白色奔犬，细腰，腿高且粗壮属猎犬之类。此犬与库伦六号辽墓壁画中所绘灰犬相似，应同属“细犬”。2003 年 10—11 月，文物工作者在辽祖陵清理半埋在地下的石翁仲时，在翁仲西侧地下 1.2 米处发现一件石雕卧犬。该石犬隆头竖眼，长嘴尖耳，前腿并拢前伸，头部依伏于双腿间。左后腿在下，右后腿在上，后身就势侧卧于石座之上。石犬颈胸部粗壮，腰部细而坚挺，脊背至臀部线条柔韧而有力，腿长爪利，长尾依后腿而下垂，尾尖卷曲，首尾如果舒展开来长约 1.7 米。通过那强劲的身躯和长嘴利爪等特征，透出契丹猎犬机警威猛的本质。另据《西夏书事》里记载金朝送给西夏礼物：“礼物十二床、马二十匹、海东青五、细犬五。”表明“㹁”之蒙古细狗是整个北方草原民族的喜爱之物。

第四节　谎话与计谋赚来的单于
——“握衍朐鞮”释义

“握衍朐鞮”实源于对壶衍鞮单于名号的反拨。

其一，据《史记·匈奴传》，汉神爵二年（公元前 60 年），虚闾权渠单于逝世。颛渠阏氏乃与其弟左大且渠都隆奇谋，立右贤王屠耆堂为握衍朐鞮单于。（虚闾权渠单于初立为单于时，贬黜了颛渠阏氏，颛渠阏氏便与右贤王屠耆堂私通。右贤王去龙城赴会，颛渠阏氏告以单于病重，不要远去。过几天，单于死。郝宿王刑未央使人召各部贵族，未曾来到，颛渠阏氏与其弟左大且渠都隆奇阴谋立右贤王为握衍朐鞮单于。）

其二，屠耆堂本六任单于挛鞮乌维的耳孙（即忽孙，第八代孙）。以握衍朐鞮单于名号初立，即大开杀戮，尽杀先单于所用之人，又尽免先单于之子弟近亲，而自以子弟代之。于是，在此场大清洗中，匈奴皇族中各派间之新仇旧怨，终于爆发出来。其后三年，匈奴内部各派相互攻伐，至于汉神爵四年（前 58 年），握衍朐鞮单于败于呼韩邪单于，自杀，民众尽归降呼韩邪单于，匈奴再次统一。《汉书·宣帝纪》：五凤三年（前 55 年）“三月，行幸河东，祠后土。诏曰：‘往者匈奴数为边寇，百姓被其害。朕承至尊，未能绥安匈奴。虚闾权渠单于请求和亲，病死。右贤王屠耆堂代立。骨肉大臣立虚闾权渠单于子为呼韩邪单于，击杀屠耆堂。诸王竝自立，分为五单于，更相攻击。……’”

13 世纪《穆》收有“oin 智慧，智力，才智；头脑”。以及“qudal 谎话，假话；不真实，虚伪”①。组合一起即成音读“握衍朐鞮”。其中，“握衍”亦即“oin 智慧，智力，才智；头脑”尚可勉强评价“其一”事件的话；“朐鞮”亦即“谎话，假话；不真实，虚伪”，则准确地勾勒出了“其二”诸事握衍朐鞮单于呈现出的嘴脸。不用多说，“握衍朐鞮”的单于名号与之后的“乌珠留”“乌达”一样，带有浓厚的史家或匈奴贵人集团在单于身后臧否的意味。

第五节 单于圈中的幼子们
——“牙斯”释义

匈奴单于名字带“牙斯”之称的，为“乌珠留若鞮单于囊知牙斯”。另外，囊知牙斯有子名“乌鞮牙斯”；然而，匈奴王室中最早得名“牙斯”的，则要数王昭君与呼韩邪单于所生幼子“伊屠智牙师”。王昭君于公元前 33 年嫁与呼韩邪单于，不足两年，公元前 31 年呼韩邪单于逝去。虽然有《后汉书》谓王昭君与呼韩邪单于生前育有二子（《后汉书·匈奴列传》：“遂与匈奴。生二子。及呼韩邪死……”）但有三点可证此说有误。

其一，《史记》明言王昭君只有一子“伊屠智牙师”。其曰：“王昭君

① 保朝鲁编：《穆卡迪马特蒙古语词典》，内蒙古大学出版社 2002 年版，第 101、125 页。

号宁胡阏氏，生一男伊屠智牙师，为右日逐王。呼韩邪立二十八年，建始二年死。始，呼韩邪嬖左伊秩訾兄呼衍王女二人。长女颛渠阏氏，生二子，长曰且莫车，次曰囊知牙斯。少女为大阏氏，生四子，长日雕陶莫皋。次曰且麋胥，皆长于且莫车，少子咸、乐二人，皆小于囊知牙斯。”（《史记·匈奴传》）

其二，呼韩邪单于为公元前68—前60年在位的虚闾权渠单于之子；而虚闾权渠单于又为公元前85—前68年在位的壶衍鞮单于之弟；其后，又经历了公元前60—前58年乌维单于之后的“屠耆堂”趁虚闾权渠死而谋立；最终才迎来了其公元前53—前31年的单于生涯。推算下来，公元前33年迎娶王昭君之时，呼韩邪单于已经年届五十，且此后不足两年即已故去。在此不足两年的余生里，与王昭君独有二子的可能性会有多大？

其三，由“伊屠智牙师”得名亦可窥之。《史记》载：呼韩邪单于二子得名“牙斯（师）”，其一为颛渠阏氏次子“囊知牙斯”，另外则为呼韩邪单于七子中的最末一子，呼韩邪单于逝去前一年王昭君所生子“伊屠智牙师”。由是知，“牙斯（师）”应兼有“次子、幼子”之意。查西夏文，其有𘙆（2375）〔喉音，余迪切，音牙（耶）〕“东、末、尾也。（名）”另外，𘝞（5070）〔来日音，口移力切，音氏〕“①子也。（名）②（氏）也。（音）”两字组成词组即“牙氏”，当为“牙斯（师）”异读，俱为“尾子、末子”之意。

第六节　“呼韩邪”释义

“呼韩邪”有人以为是蒙语 Uhaanyehe（古蒙语 Huhaanyeke）。意为“广智，多智”。西汉后期匈奴单于。前58—前31年在位。名稽侯狦，虚闾权渠单于之子。父死，未能立，逃至妻父乌禅幕处。汉宣帝神爵四年（前58年），被乌禅幕及左地贵人等拥立，发兵击败握衍朐鞮单于。五凤二年（前56年）秋，击败右地屠耆单于。四年夏，被其兄郅支单于击败，引众南近塞，遣子入汉，对汉称臣，欲借汉朝之力保全自己。甘露三年（前51年）正月，朝见宣帝于甘泉宫（今陕西淳化西北），受特殊礼遇。数年后，鉴于郅支单于西迁，内患已消，力量渐强，乃率部重归漠北。竟宁元年（前33年）正月，第三次朝汉，自请为婿，娶汉宫女王嫱

（昭君）为妻，号为宁胡阏氏。此后，汉与匈奴40余年无战事。

第七节　管理属国的独立之王

——“日逐”释义

“日逐”是匈奴王侯系列中的重要一环。《后汉书·南匈奴传》：“其大臣贵者左贤王，次左谷蠡王，次右贤王，次右谷蠡王，谓之四角；次左右日逐王，次左右温禺鞮王，次左右斩将王，是为六角：皆单于子弟，次第当为单于者也。”可见日逐王是列入“次第当为单于者也”的单于候选人位置的。

“日逐王”一词，首见于《史记·建元以来侯者年表》；但日逐王的设立，却是源于上述那出兄友弟恭互相谦让故事的颠覆性收尾：

> 初，且鞮侯两子，长为左贤王，次为左大将，病且死，言立左贤王。左贤王未至，贵人以为有病，更立左大将为单于。左贤王闻之，不敢进。左大将使人召左贤王而让位焉。左贤王辞以病，左大将不听，谓曰：“即不幸死，传之于我。”左贤王许之，遂立为狐鹿姑单于。狐鹿姑单于立，以左大将为左贤王，数年病死，其子先贤掸不得代，更以为日逐王。日逐王者，贱于左贤王。单于自以其子为左贤王。（《汉书·匈奴传上》）

依史记所记，“狐鹿姑单于立，以左大将为左贤王，数年病死。其子先贤掸不得代，更以为日逐王”。当皆发生于汉武帝太始年间（前96—前93年）。因此，徐松《汉书西域传补注》卷上“日逐王”才有“盖置在太始时”之断语。

何谓“日逐”？《资治通鉴》卷二二“汉武帝太始元年”取用上述《汉书》史料后，载有胡三省注引师古曰：“日逐王居匈奴西边，以日入于西，故以为名。至宣帝神爵二年，掸来降。”王子今据此以为“‘日逐王’是匈奴诸王名号中极少见可以以汉文字义解说者之一”，[①] 并更多地

① 王子今：《“匈奴西边日逐王”事迹考论》，《新疆文物》2009年第3—4期。

联想到了“夸父逐日”：

> 颜师古所谓“日逐王居匈奴西边，以日入于西，故以为名”，符合“匈奴西边日逐王”领地的方位。也使我们联想到夸父逐日传说。《山海经·海外北经》：“夸父与日逐走，入日，渴欲得饮。饮于河渭。河渭不足，北饮大泽。未至，道渴而死。弃其杖，化为邓林。”“大泽”方位在北。又《太平御览》卷五七引《山海经》：“桃林方三百里，在昆仑南、夸父山北。”《抱朴子·内篇》卷三《辩问》又说：“飞廉、夸父，轻速之圣也。”其“轻速”的特质，也与游牧族机动性甚强的习性相合。
>
> 现在尚无充备的资料具体说明“日逐王”名号的文化内涵及其发生的文化条件。但是由相关的“僮仆都尉”名号汉文化意味甚为浓厚可以推想，“日逐王”定名或者汉译，或许有熟悉夸父逐日传说的知识背景。①

“日逐王居匈奴西边，以日入于西，故以为名”说问题有二：

其一，日逐王之得名，并非与“居匈奴西边”有必然的联系。《后汉书·南匈奴传》还记载了匈奴单于舆封其侄比为右薁鞬日逐王统领南边八部及乌桓。显然便与“以日入于西，故以为名”没什么关系。另外，《后汉书》将左右日逐王列为“六角”之首，可见匈奴左右两翼的政治—军事体制中，都一样有日逐王的存在。

其二，文献之中，“日逐王”尚有异译。如《晋书·四夷列传》在左右贤王、左右奕（谷）蠡王下为左右於陆王，当系左右日逐王的异译。而“日逐”是如何异译为“於陆”的，恐怕就并非“汉文字义解说”能完成的。

放在整个匈奴单于名号系统语境中可知，所谓“始均”“淳维（倕）”的“生北狄”“变北狄”，所生所变的最主要内容便是夏后氏雅语构成的“其世传国官号乃可得而记云”。（《史记·匈奴列传》：“自淳维以至头曼千有余岁，时大时小，别散分离，尚矣，其世传不可得而次

---

① 王子今：《“匈奴西边日逐王”事迹考论》，《新疆文物》2009年第3—4期。

云。然至冒顿而匈奴最强大，尽服从北夷，而南与中国为敌国，其世传国官号乃可得而记云。”）借助于西夏文葆有的遥远记忆，我们逐次还原了由“头曼”始直至“且鞮侯”八代单于名号夏后氏雅语的含义。现在，狐鹿姑单于的命名，将匈奴文化的进程推到了一个节点：原本处于底层的古蒙古语第一次进入了匈奴“传国官号”系统，从此，匈奴单于名号系统进入了夏后氏雅言与古蒙古语混用阶段，直至匈奴历史的消亡。

回到“日逐”。狐鹿姑单于虽然延续了夏后氏雅言命名的传统，却也留下了一个古蒙古语“於陆（ülü）”的异译。《穆》记为：“ülü 不。~ sonasuqci 不在听的；不听从的。”① 天呐！最初的古蒙古语对夏后氏雅言“独立”的意译，竟是如此的笨拙却又在情理之中。使人不由得想起千年以后的成吉思汗那些近乎市井俗语的“皇帝诏曰”。

不错，“日逐”居然是夏后氏雅言“独立”的音读。西夏文𗈪（5425）〔来日音，音佘、日〕“①〔佘〕、〔社〕、〔涉〕、〔日〕也。（音）②独也。”另外，西夏文𗼃（2498）〔齿头音，“尼习”独切，音族（尼卒）〕“植、立也。（动）”组成词组即“日逐（独立）”。狐鹿姑单于废先贤掸承袭左贤王权利，而另设所谓“日逐（独立）王给先贤掸”，等于宣告将先贤掸从单于储君的位置上踢了出来。

“日逐”为夏后氏雅言“独立”的音读，还可以由其同出的“薁鞬”一词证得。事实上，“日逐王”还只能算是略称。上文论及：“狐鹿姑单于的命名，将匈奴文化的进程推到了一个节点：原本处于底层的古蒙古语第一次进入到了匈奴‘传国官号’系统，从此，匈奴单于名号系统进入了夏后氏雅言与古蒙古语混用阶段，直至匈奴历史的消亡。”其中最明显的个案即“日逐王”和它的全称“薁鞬日逐王”。

日逐王始置于汉武帝太始年间（前96—前93年），原本因以其子代先贤掸做左贤王，而另为先贤掸所设王位。由“匈奴日逐王先贤掸将众降汉。匈奴罢西域僮仆都尉”之记可知，“日逐王”之初的职能即为管理被视为“僮仆”的匈奴属国。所谓“匈奴西边日逐王置僮仆都尉，使领西域，常居焉耆、危须、尉黎间，赋税诸国，取富给焉”，明确这主要为聚集起来“赋税”管理。所以，“薁鞬日逐王”才说清了其职能与权限。

① 保朝鲁编：《穆卡迪马特蒙古语词典》，内蒙古大学出版社2002年版，第167页。

“薁鞬日逐王”始见于《后汉书·冯异传》：“于是使异进军义渠，并领北地太守事。青山胡率万余人降异。异又击卢芳将贾览、匈奴薁鞬日逐王，破之。上郡、安定皆降。”此为后汉光武帝建武六年（公元30年）之事。孙伯君、聂鸿音考契丹职官“夷离堇”时云：

> 王民信据以认为“俟斤”即“移离堇”之渊源，并进一步阐述：“今人岑氏突厥集史中，其附录有《突厥语及其相关外语之汉文译写的考定表》里有‘俟斤’的译名：Ergin，irgin，erkan‘俟斤、颉斤、奥鞬’。‘俟斤’既作Erkin，或irken，二者皆系‘夷离堇’之对音，奥鞬乃匈奴官名，据岑氏在同书中谓：‘后汉南匈奴有左奥鞬’（永寿元年下），汉书西域传之奥鞬，余曾证其为后世之urgenj，然则奥鞬殆即匈奴之Erkin也。’若岑氏所证不误，契丹的夷离堇实源于俟斤，更远可追溯至匈奴，换言之契丹因袭于突厥，突厥又承之匈奴是。”此外，《南齐书》称北魏有官号俟勤（即俟斤），其职“比尚书”。而突厥语irkin，《突厥语大词典》释为：“任何聚集起来的东西都可用irkn表示。葛逻禄人称首领为kol irkin，也是来自这个词。意为‘智慧像湖水一样丰富的人’。”由此可知，辽金官名“移离堇”、“夷离堇”*irgin，实源自突厥语，职掌为“统军马大官”，本义为“聚集起来的东西”。①

如此，“薁鞬日逐王”即“聚集起独立属国之王”。

第八节　南匈奴的独立徽号
——“尸逐（侯）鞮”释义

“日逐（独立）”的意义并未止于王号。整理《后汉书·南匈奴列传》可知，醢落尸逐鞮单于栾提比为匈奴乌珠留若鞮单于之子，初为日逐王。公元46年，蒲奴单于立为单于，比不得立，既怀愤恨。公元48年，比秘密派遣汉人郭衡奉匈奴地图诣见东汉西河太守，请求内附。

① 孙伯君、聂鸿音：《契丹语研究》，中国社会科学出版社2008年版，第122页。

单于得报后想加害于比。比就率所辖六部四五万人起事。单于派万余骑前往镇压，因比兵马强盛，悻悻而返。第二年春天八部大人共议立比为单于。十二月，比自立为呼韩邪单于，称为南匈奴，匈奴一分为二。49 年，攻北匈奴。后率 4 万多人南下附汉，被汉朝安置在河套地区。

需要注意的是：在整个匈奴单于世系中，栾提比是唯一一个记载有两个封号的单于。其一，“自立为呼韩邪单于”，表明栾提比立志学习祖父呼韩邪单于栾提稽侯珊的“对汉称臣”；其二，得封号“醢落尸逐鞮单于”，则更像是匈奴贵族或史家对其的评价。

其中，“醢落－hiro：r 或 hiruar”，在《穆》都被记为“①根。②根脚”。或“基，基础，根基”。[①] 而“尸逐”，则是“日逐”的异写。上文提到，西夏文𗎘（5425）〔来日音，音佘、日〕“①〔佘〕、〔社〕、〔涉〕、〔日〕也。（音）②独也”。表明西夏文的历史记忆中“日、涉”音同；而由另一西夏文𗏁（4867）“音实、十、失、室、涉”可知，“涉（日）”亦可与“失（尸）”音同。之所以要另用“尸逐”代替“日逐”，一是为区别栾提比曾经担任过的“日逐王”；二是更重要的，栾提比的这次“尸逐（独立）”是“醢落”——从根本上建立一个叫“南匈奴”的新世界！“尸逐（独立）”作为南匈奴的单于名号，贯穿了此后 150 年间的南匈奴历史。以致整个 21 位南单于，竟有 12 位封号中葆有“尸逐”二字。

另外，《后汉书·南匈奴列传》尚载：“异姓大臣：左右骨都侯，次左右尸逐骨都侯，其余日逐、且渠、当户诸官号，各以权力优劣、部众多少为高下次第焉。”当源自《史记·匈奴列传》：“置左右贤王，左右谷蠡王，左右大将，左右大都尉，左右大当户，左右骨都侯。”南朝宋裴骃【集解】：“骨都，异姓大臣。”结果，让后世学者甚至辞书皆以为“骨都”原意即“异姓大臣”。其实不然，13 世纪的古蒙古语还知道：gütül（骨都）为“越过，走过；渡过”之义。[②] 只是用在匈奴职官制里，才意在指超越了单于世系栾鞮氏的异姓官员。“左右骨都侯”和“左右尸逐骨都侯”区别主因应在于“尸逐”：没有“尸逐”之限的，指那些在匈奴龙

① 保朝鲁编：《穆卡迪马特蒙古语词典》，内蒙古大学出版社 2002 年版，第 56 页。

② 保朝鲁编：《穆卡迪马特蒙古语词典》，内蒙古大学出版社 2002 年版，第 53 页。

庭为官的异姓大臣；标志了“尸逐”亦即“独立”一词的，则是指那些相对边远或独立地区的异姓大臣。

第九节　“友悌”做“孝”的历史误读
——“鞮”及“若鞮”释义

因为有文献明言“匈奴谓孝为若鞮”，后世学者虽有诸解，却俱是围绕“若鞮”如何为“孝”破题，其中以白鸟库吉说影响为巨。白鸟库吉认“若鞮”其古音读作 zaktai。“系 Mogol 语 Suhutai 之原语，由血之意转而为孝之意”。[①] 然而，若将“若鞮”以“场域与惯习”的范式放进整个匈奴文化的语境中重读，却会发现，“匈奴谓孝为若鞮”实在疑点重重。

疑一，由呼韩邪的“见汉帝常谥为孝，慕之”为依据的“匈奴谓孝为若鞮”，有违包括匈奴在内的中国北方民族广泛的“贵壮贱老”习俗。早有文指出：“‘贵壮贱老’习俗圈在我国北方地区覆盖面是非常广泛的。从民族上看，肃慎族系的肃慎、挹娄、勿吉、黑水，东胡族系的乌桓、鲜卑和契丹，以及匈奴人等，这些同时代或不同时代的民族共同体，在文献中都明文记载有‘贵壮贱老’之习俗。”[②]

疑二，与“贵壮贱老”习俗相关，中国北方民族“孝”之理解认同的历史也比匈奴时代晚了许多。

“孝”字最早见于距今三千多年的殷墟甲骨文中。在甲骨文中，“孝”字是标示祭祀祖先时有所奉献的形象。孝由上面一个“老”字和一个“子”字组成，后来在书写过程中把“老”字的下半部分省略了。《说文》解释为：“善事父母，子承老也。”而甲骨文、金文中“老”“考”“孝”三字相通。

就目前所见文本，除疑点重重的“匈奴谓孝为若鞮”，在中国北方诸族中，最早试图以本民族语言释“孝”的，大概要算蒙古语族的契丹语。《辽史》卷 31《营卫志》：“孝文皇太弟敦睦宫，谓之赤寔得本斡鲁朵，

---

① ［日］白鸟库吉：《匈奴民族考》，林幹编：《匈奴史论文选集》，中华书局 1983 年版，第 204 页。

② 于学斌、赵静敏：《我国北方古代民族“贵壮贱老”习俗浅论》，《北方文物》1999 年第 2 期。

孝曰‘赤寔得本’。”《国语解》：“得失得本，孝也。”孙伯君、聂鸿音以为：“此词来源未详，且‘赤’与‘得’未知孰是。”（《契丹语研究》，第56页）其实，“赤寔得本”与“得失得本”，皆出自契丹语对“孝”的意译：满语蒙古语共同语有“cisui 私”+“deberen 崽子”（高娃：《满语蒙古语比较研究》，第232、239页），汉文音读可以“赤寔得本”当之。将“孝”意译作“cisui 私”+“deberen 崽子”，当源于契丹人对汉文献“弟子入则孝，出则悌”（《论语·学而》）和“使布五教于四方，父义，母慈，兄友弟恭，子孝，内平外成”（《史记·五帝本纪》）的契丹式理解。同理，“得失得本”亦可视为“doosi 贪”+“deberen 崽子”（高娃：《满语蒙古语比较研究》，第244、239页）的汉文音读。契丹人从辽太宗谥号“孝武惠文皇帝”始，已将作为道德标准的“孝”纳入了自家的文化体系；只不过由“赤寔得本”或“得失得本”之释可体验得到：契丹人对这种“善事（自家）父母，子承老也”的“孝”，仍带有对其有违“贵壮贱老”习俗及打破部落共有制传统的意识感，并将这一情绪透过“赤寔（私）”或“得失（贪）”之称宣泄出来。

由“孝曰‘赤寔得本’”，我们可以上溯至匈奴自认的“孝”见用于单于名号中，即最后一个持有南匈奴单于名号“持至尸逐侯单于”中的“持至”。“因为南匈奴历任单于的单于号，都是死后获得的。”（罗新：《中古北族名号研究》），而南匈奴的贵族们给于扶罗单于名号“持至”的理由，就在于於扶罗单于任内做的唯一事情，就是替被国人所弑杀的父王报仇。它是匈奴传统上的“持至（赤寔）cisui 私”事；却亦是汉文化传统认可的“孝”事。当然，这里还只是“孝”之用，其明确为“孝”的概念，就现有的材料看，还得算千年以后《辽史》的正式认定：“孝曰‘赤寔得本’”。

西夏文的创制虽比契丹文晚出百年，对孝的理解却独显草原文化的心得。西夏文𗍫（2323）〔轻唇音，韦能切，音勿〕“①孝也。（名）②柔也。③葵也”。然研读过《文海》[①] 对𗍫的释文可发现：西夏文理解的“孝”，实际上是把三层内容全包容了进来。即“孝：心右（勿）右；

① 《文海》，西夏文字书。著者不详，成书约在12世纪。1909年在中国黑水城遗址（在今内蒙古额济纳旗）出土。是研究西夏语言、文字的重要文献。由于书中有很多关于西夏经济、政治和社会生活、文化等方面的资料，也是研究西夏社会历史的重要参考书。

（前四字是描述“孝”字结构）孝者心慈也，慈愍也，生善心，悯忧谓，为顺随，悟善心也（海 41.121）。”

值得深思的是，西夏文释“孝”以独音的“勿”并葆有“顺随”之义，由来久远。《礼记·祭统》曰：“孝者畜也，顺于道不逆于伦，是之谓畜。”而西夏文“畜”为䔢（1609）〔喉音·wu2.51 音恶〕“畜、骏也。（名）”以西夏文读《礼记·祭统》“孝（音勿 wu）者畜（音恶 wu）也”，可达与上古汉语的音义两同。不仅如此，由“孝顺”再溯本，西夏文称“孝顺父母”为[illegible]〔袜麻勿成〕，（珠 202）又可抵达《尚书·尧典》的“以孝烝烝”之源头。《广雅·释训》：“烝烝，孝也。”《说文》：“烝，［煑仍切］，火气上行也。从火丞聲。”知“烝烝”从“丞丞（成成）声”，以形容孝德如火气随顺上行之盛貌。西夏文以“孝顺”音读为“勿成”，正透露出西夏文虽然晚出，却葆有上古夏后氏雅言（包括“孝顺”）的真相。

《明太祖实录》卷 141 记：明洪武十五年（1382 年），明太祖“命翰林院侍讲火原洁等编华夷译语。……乃命火原洁与编修马沙亦黑等以华言译其语”。于是，在《华夷译语·身体门》里，人们第一次成系统地看到了可以用汉文译之的表道德规范的蒙古词语，其中包括“仁、义、礼、智、信、理、德、志”相对的蒙古语标音，却偏偏缺少了“孝”。[①] 直到永乐五年《续增华夷译语》的问世，才在“人事门”下补进了“孝顺 塔钦塔兀 taqimdaqu”之释。其中，“塔钦”者，又被释为“侍奉 塔钦 taqin”；[②] 或“tacin 学，三教之学，习俗”，[③] 意指“孝顺”一词是融合了儒、释、道三教而成的外来语；或者以“侍奉”为行为特征的动词。

最终，中国北方诸族还是走向了对汉语“孝”称谓与内涵的全面认同。满语蒙古语共同语中，“孝顺”音读为“hiyoosun”或“hiyoosongga”[④]，已经完全成为汉语“孝顺”的音读。

疑三，匈奴单于称号语境中的“鞮”之用，远早于“至其子复珠累单于以下皆称若鞮，南单于比以下直称鞮”之“匈奴谓孝为若鞮”。

① 贾敬颜、朱凤合辑：《蒙古译语 女真译语汇编》，天津古籍出版社 1990 年版，第 56 页。

② 贾敬颜、朱凤合辑：《蒙古译语 女真译语汇编》，天津古籍出版社 1990 年版，第 92 页。

③ 高娃：《满语蒙古语比较研究》，中央民族大学出版社 2005 年版，第 362 页。

④ 高娃：《满语蒙古语比较研究》，中央民族大学出版社 2005 年版，第 290 页。

《汉书·匈奴传》载："然至冒顿，而匈奴最强大，尽服从北夷，而南与诸夏为敌国，其世姓官号可得而记云。单于姓挛鞮氏，其国称之曰'撑犁孤涂单于'。匈奴谓天为'撑犁'，谓子为'孤涂'，单于者，广大之貌也，言其象天单于然也。"唐司马贞《史记索隐》引《汉书》，单于姓氏，《汉书》作孪鞮氏，《后汉书》作虚连题。当为"鞮"之匈奴首用；随后单于名号用到"鞮"字的，还有公元前101—前96年在位的且鞮侯单于，公元前85—前68年在位的壶衍鞮单于，以及公元前60—前58年在位的握衍朐鞮单于。

此后，至《后汉书·南匈奴传》言："匈奴谓孝为若鞮。自呼韩邪单于降后，与汉亲密，见汉帝常谥为孝，慕之，至其子复珠累单于以下皆称若鞮，南单于比以下直称鞮。"这里的"呼韩邪单于降"，已是公元51年的事情。此前匈奴二百年间诸"鞮"之用，并无一例提及"鞮"为"孝"之义；彼时呼韩邪单于所慕，也被明记是"见汉帝常谥为孝"其事。呼韩邪单于病重之时，确实为身后事进行过一番谋划，却无半字提及"孝"字；只是"卒从颛渠阏氏计，立雕陶莫皋，约令传国与弟。呼韩邪死，雕陶莫皋立，为复株累若鞮单于"。可见呼韩邪单于将"见汉帝常谥为孝，慕之"化为的只是"约令"之事。至于约令的内容"传国与弟"，及六兄弟次第为单于都号"若鞮"的事实，才真正标志出"若鞮"的"约令传国与弟"的约束与强调。六"若鞮单于"者——六兄弟单于也。白鸟库吉说对了一句话"若鞮之现音为yo-ti"；[①] 只可惜白鸟库吉弃此不顾，却要去推测所谓的汉音。殊不知匈奴单于名号之中就有"若鞮"的汉字异写，清楚地表明"yo-ti"即是汉音。比如三位创建南匈奴的第一代单于，为号称"呼韩邪第二"的栾鞮比及其弟兄，兄弟三人如故奉行着其高祖父"呼韩邪第一"制定的"约令传国与弟"的"若鞮"——"（兄）友（弟）悌"传统，只不过"若鞮"异写为了"尤鞮"（丘浮尤鞮单于比之弟56—57年）；好在有这一异写，进一步证实了"若鞮"即"友悌"的汉字记音。只不过没能把"若鞮"放入中国北方诸族的"孝顺"称谓之用的"场域与惯习"中加以考量。结果忽略了五个要素。

① ［日］白鸟库吉：《匈奴民族考》，林幹编：《匈奴史论文选集》，中华书局1983年版，第205页。

第一，匈奴“孝”含义扩大化而成“孝顺”，详可见前述。

第二，上古汉语文献的“孝悌”合用的文化传统，为此误“悌”为“孝”提供了支撑。如《论语·学而》：“子曰：‘弟子入则孝，出则悌。’”《孟子·梁惠王上》“孝悌之义”等，则“若鞮之现音为 yo-ti”，当源自历史悠久的“友悌”——兄友弟悌之谓；所以，当呼韩邪单于因“见汉帝常谥为孝，慕之”，而改造出“约令传国与弟”的“若鞮（友悌）”之单于名号时，方导致了汉文献按自身文化传统的“匈奴谓孝为若鞮”之误读。

第三，在“约令”而产生兄弟相及的“若鞮”之前，已经有因弟承兄为单于而单用“鞮”为称号之例：如且鞮侯单于。至于其后南单于比、莫、汗三兄弟相及，莫、汗二人皆名号单用“鞮”，亦因并非之前有兄弟相及之“约令”，只是单方面弟承兄为单于的自诩而致。

第四，“匈奴谓孝为若鞮”只是汉文献的解读，源于王莽《汉书·匈奴列传》：王莽“使译出塞诱呼右犁汗王咸、咸子登、助三人，至则胁拜咸为孝单于。”其中“诱呼”和“胁拜”二词，已将“孝单于”实乃强加之事表白无遗。以致不久咸设法逃回草原，乌珠留若鞮单于做的头一件事便是废除孝单于封号。公元 13 年，乌珠留若鞮单于故去，身为乌珠留若鞮单于之弟的咸，得以再度封为单于时，咸认同的名号则为“乌累若鞮单于”而非“孝单于”。至著名的“匈奴谓孝曰若鞮”一语始见于文献，则是在此后五年，呼都而尸道皋若鞮单于继乌累若鞮单于而立之时。至此，“孝曰若鞮”正式由外加的“胁拜”变为了所谓自认的“匈奴谓”。

第五，综观“鞮”在匈奴单于名号系统中的应用，除了用作对汉语“友悌”音读的“若鞮”和单独表示“弟悌”的“鞮”之外。

综上，“若鞮”实为“（兄）友（弟）悌”的音读；同样，“鞮”即为“（弟）悌”之用。至于后来的“匈奴谓孝为若鞮”之演变，发生于由政治体视角引发的汉政权“胁拜”与汉文献解读。

第十章 草原场域的主体：匈奴单于名号系统释义（3）

第一节 “五单于之乱”中的“自立”之意蕴
——“车犁”“乌藉”“呼揭”“闰振”释义

屠耆单于（公元前55年在位），名簿胥堂，握衍朐鞮之兄。

五凤元年（公元前57年），匈奴内乱，东有姑夕王及左地（匈奴东部地区）贵人拥立的呼韩邪单于；西有右贤王及左大且渠都隆奇拥立的屠耆单于。七月，屠耆单于派驻东部边境防御呼韩邪单于的右奥鞬王及乌藉都尉又分别自立为车犁、乌藉两单于；统辖匈奴西北部地区的呼揭王亦自立为呼揭单于。形成五单于并立之势。

呼揭单于（公元前57年在位），呼揭本为西域小国是呼揭族所建立的政权，其范围约在阿尔泰山南麓一带的准噶尔盆地。匈奴、乌孙两国，基本上是以“准噶尔盆地西部山地”，中分了这个盆地。西汉文帝前元四年（前176年），呼揭国被匈奴人征服，并且以单于子弟为呼揭王。《史记·匈奴列传》：匈奴人“定楼兰、乌孙、呼揭及其旁二十六国，皆以为匈奴”。颜师古注引服虔曰：“呼偈，小国名，在匈奴北。”其后，受封管理此地的匈奴部落为“呼揭部”。《汉书·陈汤传》：“会汉发兵送呼韩邪单于，郅支由是遂西破呼偈、坚昆、丁令”即是。如部落名所云，呼揭在边境前沿担当着“看，望，瞧，观看”责任。《穆》犹记：“hüje-看，望，瞧，观看”。[①] 由是，待其部呼揭王自立单于时，自然也就叫“呼揭单于”了。只不过，呼揭单于随即又与乌稽单于一起取消了自己的单于名号，改为拥戴车犁单于。

---

① 保朝鲁编：《穆卡迪马特蒙古语词典》，内蒙古大学出版社2002年版，第59页。

乌藉单于与车犁单于，车犁单于原本为屠耆单于派驻东部边境防御呼韩邪单于的右奥鞬王，“奥鞬”与同样担此责任的“乌稽”都尉一样，命名中已经强调了各自的功能。“奥鞬”者（师古曰：“奥音郁，鞬音居言反。”），“聚集”之义，其实，从右奥鞬王一旦自立单于便改名“车犁”可知，车犁单于并不满足于对边境属国的“聚集”性管理，于是就要变“奥鞬”为“车犁”。即《穆》中的：“cerig//cerik（T. ~）军，军队”。[①] 后为突厥族、契丹族广泛用以指“首领”[②]“统兵马之将军”[③] 的“夷离堇”“俟斤”，应当是受从“奥（yi）鞬”到“车犁”改良的影响。五凤二年（公元前56年），“屠耆单于兵败自杀，……车犁单于东降呼韩邪单于”（《汉书·匈奴传》）。

至于“乌藉”，《穆》记其本义为“üje ①看，望，瞧。②看见，见，见到。”[④] 由是知“乌藉都尉”即担当“看，望，瞧”任务的“先锋都尉”。这一点，“乌藉”与“呼揭”大体相同，只不过一个是面向乌孙，另一个是面向呼韩邪单于罢了。因为其中包含了勇敢荣耀之义，当“乌藉都尉”自立单于之时就仍然沿用了“乌藉”的称号。

这里给人以新的认知：“乌藉”与“奥鞬”一样，不是原出突厥语而后影响至蒙古语、满—通古斯语诸族；而是相反，原出于说蒙古语的匈奴人，中经突厥语族域内的流布，再回归到蒙古语、满—通古斯语诸族的老家中。

闰振单于，五凤元年八月，屠耆单于亲自率兵向东进攻车犁，同时遣都隆奇率兵进攻乌藉。车犁、乌藉两单于战败，退向西北，与呼揭单于合兵一处，共计4万余人。乌藉、呼揭取消单于称号，共同辅佐车犁单于。变成三单于争位之后，草原上的地缘格局变得明朗了起来。车犁—屠耆—呼韩邪三人，各以匈奴的右—中—左三地为基地，图谋一统草原。

屠耆单于再率骑兵4万向西进攻车犁单于。同时遣派左大将及都尉分率骑兵屯驻东部边境，防备呼韩邪单于乘机进攻。屠耆单于再次击败车犁。车犁率部向西北方向转移。屠耆转兵西南，留居闟敦。

---

① 保朝鲁编：《穆卡迪马特蒙古语词典》，内蒙古大学出版社2002年版，第27页。

② 麻赫默德·喀什噶里：《突厥语大词典》，民族出版社2002年版，第一卷116页。

③ 孙伯君、聂鸿音：《契丹语研究》，中国社会科学出版社2008年版，第121页。

④ 保朝鲁编：《穆卡迪马特蒙古语词典》，内蒙古大学出版社2002年版，第165页。

五凤二年（公元前56年）春，呼韩邪派其弟右谷蠡王率兵进攻屯驻东部边境的屠耆单于的左大将及都尉统帅的骑兵，俘斩万余人。屠耆闻之，即亲率骑兵6万，反击呼韩邪，东行千余里，与呼韩邪4万骑兵遭遇。屠耆兵败自杀，余部降汉。退向西北的车犁单于见呼韩邪势众，率部归降。

十一月，乌藉复自立为单于，被呼韩邪捕杀，至此，呼韩邪兼并匈奴各部，复都单于庭（今蒙古乌兰巴托）。战后，呼韩邪单于所部也不过数万人。

战争还没有完全结束。屠耆单于从弟休旬王带了一部分兵力，到了右地自立为闰振单于，居西边。即《汉书·匈奴传》所记："屠耆单于从弟休旬王将所主五六百骑，击杀左大且渠，并其兵，至右地，自立为闰振单于，在西边。"

"休旬"为古蒙古语"柽柳"的汉语对音。《华夷译语》载："柳 希扯孙 qaylasun"①；《穆》则记为："šor suqai（T. ~ yulhun）（→suqai）柽柳，红柳。"② "休旬王"与史书仅此一见，且不同于匈奴子弟担任的诸王，从"屠耆"到"日逐"皆以古羌语或者匈奴认同的夏后氏语命名；"休旬"是属于可由异族大臣担任的以蒙古语命名的（譬如骨都侯）诸王之列，显见得无关紧要。

"闰振"就大不同。"闰振"就是通常称之的"焉支"，本指色彩中的"草色"，含有对游牧民至关重要的"变青"概念，常被用来做山水之名。如"鸭子水""淹篪水""焉支山"等皆是。闰振单于既为"自立"，命名自然也不需他人代为。所以，所用"闰振"，只能是匈奴人视之如同生命的焉支山，一称燕支山、胭脂山。在甘肃省永昌县西，山丹县东南。山势险要，历代驻兵防守。汉将霍去病曾越此山大破匈奴。《史记·匈奴列传》："汉使骠骑将军去病将万骑出陇西，过焉支山千余里，击匈奴，得胡首虏万八千余级，破得休屠王祭天金人。"张守节正义引《括地志》："焉支山一名删丹山，在甘州删丹县东南五十里。《西河故事》云：'匈奴失祁连、焉支二山，乃歌曰：亡我祁连山，使我六畜不蕃息；失我焉支

① 贾敬颜、朱风合辑：《蒙古译语 女真译语汇编》，天津古籍出版社1990年版，第29页。
② 保朝鲁编：《穆卡迪马特蒙古语词典》，内蒙古大学出版社2002年版，第143页。

山，使我妇女无颜色。其憋惜乃如此。’”半个世纪过后，屠耆单于从弟身在漠北却复以“闰振（焉支）”命名，表明其心系漠南单于庭之情怀。果然，“其后二年，闰振单于率其众东击郅支单于。郅支单于与战，杀之，并其兵，遂进攻呼韩邪。呼韩邪破，其兵走，郅支都单于庭”。原来，“都单于庭”一直就是五单于之乱的根本动能。闰振单于以自命名的方式，让自己在精神上先据焉支山拥单于庭，虽死无憾矣！

接着，呼韩邪单于率部南投汉朝。郅支单于自知实力不敌汉朝，于是开始向西方扩张，匈奴族第一次分裂开始。

伊利目单于。关于伊利目单于，《汉书·匈奴传》只留下一句话：

> 始郅支单于以为呼韩邪降汉，兵弱不能复自还，即引其众西，欲攻定右地。又屠耆单于小弟本侍呼韩邪，亦亡之右地，收两兄余兵得数千人，自立为伊利目单于，道逢郅支，合战，郅支杀之，并其兵五万余人。

自汉代以来，以各族语言称呼的“伊犁”地名，用不同的汉译方式，见诸汉文典籍。其中最为经典的有自汉至唐的“伊列”，唐之“伊丽”，西辽之“益离”，元之“亦剌八里”，明朝时的“亦力把里”，清代以来的“伊犁”。最先对其进行解释的当为《突厥语大词典》，其载：“ila：伊丽水，一条河的名称。”①

唐善纯在其《国土：伊洛=亦洛=猗卢=伊连=若洛=弱洛=伊利=伊犁=野利》一文中论述过：

> 伊犁河流域先秦为塞种游牧地，汉为乌孙地，《汉书·陈汤传》作伊列水；《唐书·突厥传》作伊丽水；《元史》及耶律楚材《西游录》均作亦剌河；清乾隆年间始定名伊犁。所以伊犁作为地名，应来源于塞语。这是不成问题的问题。
>
> ……
>
> 汉代“伊列”当为乌孙语，众多迹象表明，乌孙使用突厥语，

① 麻赫默德·喀什噶里：《突厥语大词典》，民族出版社 2002 年版。

> 也就是说，“伊列”已转为突厥语 el，意思是“国土”。
>
> 在突厥汗国里，el 是极为常见的官号，比如伊利可汗、颉利可汗。伊利可汗（552—553 年在位）即土门（Tumen），突厥碑铭中称 Bumin，突厥汗国的创立者，姓阿史那氏。①

由此可知，最早的“伊利可汗”之称就源于东匈奴单于的名号“伊利目”。其中，“目”就是“土门（Tumen）”的“门”，突厥时代译作了“可汗”，汉代则译为“王”更适宜。“伊利目”者，国王也。

第二节 由民间重返贵胄的北单于第一人

——郅支骨都侯释义

郅支单于（公元前 56—前 36 年在单于位），名呼屠吾斯，呼韩邪之兄，匈奴分裂为南北两部之后的北匈奴第一代单于，曾击败大宛、乌孙等国，强迫四方各族进贡，威震西域，最后被汉朝远征军击灭。

《汉书·匈奴传下》就是以郅支单于之谜开篇的：

> 呼韩邪单于归庭数月，罢兵使各归故地，乃收其兄呼屠吾斯在民间者立为左谷蠡王，使人告右贤贵人，欲令杀右贤王。

所谓“在民间者”，历来未见人细究。依余之见，当由神爵二年（前 60 年）之事而来。据《汉书·匈奴传下》：神爵二年，“（握衍朐鞮）单于初立，凶恶，尽杀虚闾权渠时用事贵人刑未央等，而任用颛渠阏氏弟都隆奇，又尽免虚闾权渠子弟近亲，而自以其子弟代之。虚闾权渠单于子稽侯狦既不得立，亡归妻父乌禅幕”。由“尽免虚闾权渠子弟近亲”和呼屠吾斯之弟稽侯狦的“亡归妻父”，可推知呼屠吾斯流离民间之缘由。

知此，则文中的“欲令杀右贤王”，亦应是指与呼屠吾斯与稽侯狦兄弟二人仇深似海的握衍朐鞮单于；以“右贤王”代之，因屠耆堂称“握

---

① 唐山川的新浪博客：《国土：伊洛 = 亦洛 = 猗卢 = 伊连 = 若洛 = 弱洛 = 伊利 = 伊犁 = 野利》，2014 年 6 月 14 日。

衍朐鞮单于”之前即位于“右贤王”。

至于“其兄呼屠吾斯在民间者立为左谷蠡王”看似有些奇怪的句式，只要辨识出“呼屠吾斯”非名非号，实为社会间对“在民间者立为左谷蠡王”一种俗称，便一通而皆通。“呼屠”是中国北族中颇有名气的一个词。孙伯君 聂鸿音专就“胡笃（胡覩、鹘突）＊hudu：汉意为‘与人同受福’”做过考证。[①] 而“吾斯”，蒙古语则记为“use 籽粒，虮子”[②]。“与人同受福的籽粒或虮子”，显然在指“在民间者立为左谷蠡王”一事是其兄与呼韩邪单于“同受福”的结果。妒忌与嘲讽口吻足见于“吾斯”一词中。

于是，当“呼韩邪单于兄左贤王呼屠吾斯亦自立为郅支骨都侯单于”（《汉书·匈奴传下》），这位呼韩邪单于兄宁愿在自立的名号中废弃尊贵的“左贤王”头衔，而选择了低了好几级的“骨都侯”。注意，匈奴单于名号表中，带“骨都侯”头衔的单于只有两位：一是须卜骨都侯单于，是南匈奴末世在单于缺位的情势下，众人推选担任骨都侯的另一须卜家贵族代立的。呼韩邪单于兄则情况不同，其放弃左贤王尊号而称骨都侯是自立的结果，显然不会因为倾心于爵位更低的“侯”，而是要取“骨都”以明志。上文已有释义：13 世纪的古蒙古语还知道：gütül（骨都）为“越过，走过；渡过”之义。呼韩邪单于其兄立志要“越过，走过；渡过”的，直指“郅支”。

何谓“郅支”？首先，“郅支”排除了蒙古语。13 世纪的《穆》的音序列表告诉人们：蒙古语没有以“f、l、p、r、z”开头的词。蒲立本怀疑匈奴语与蒙古语关系的第一条，就是匈奴语“第一个最令人吃惊的发现是大量的词以 l 开头……总的来说，在阿尔泰语系中以 r-开头的词语根本没有，以 l-开头的词也极少……而匈奴语中 l-的频繁出现必然会引起对匈奴语和阿尔泰语系互有联系的可能性的极大怀疑”[③]。上文已经指出：自狐鹿姑单于始，匈奴单于名号便由一色的古羌语或者说夏后氏语改变为掺有蒙古语，时间在郅支单于 30—40 年前。郅支单于的自命名立志要

① 孙伯君、聂鸿音：《契丹语研究》，中国社会科学出版社 2008 年版，第 68—69 页。

② 高娃：《满语蒙古语比较研究》，中央民族大学出版社 2005 年版，第 381 页。

③ ［加］蒲立本：《上古汉语的辅音系统》附录：（1）匈奴语；中华书局 1999 年版，第 160—161 页。

“越过（骨都）”蒙古语，自然是表明希望回到夏后氏语命名单于号的时代。于是，在同样以古羌语为基底的西夏文里，我们看到了𘓁(4018)〔正齿音，音赤〕“①根、本、典也。(名) ②又音〔尺〕、〔齿〕、〔滞〕、〔痴〕、〔治〕、〔持〕、〔池〕、〔直〕也”。可见，在古羌语或者说夏后氏语中，“郅支”音读的正是“根本”之义。呼韩邪单于兄自立的正是“回到根本（郅支骨都侯）”的旗号，以扬弃蒙古语对其的妒忌与嘲讽。

第三节　将“约令传国与弟”写进名号
——“复株累”释义

复株累若鞮为雕陶莫皋单于的名号。复株累若鞮为呼韩邪单于的长子，呼韩邪单于生前立其为左贤王，并与他约定要传位给弟弟。高娃所记“满语蒙古语共同语”有“fujuri 世”①，“复株累”即可视为 fujuri 的音读。“世（复株累）”+“友悌（若鞮）”之单于美称，贯穿的正是呼韩邪单于的“卒从颛渠阏氏计，立雕陶莫皋，约令传国与弟。呼韩邪死，雕陶莫皋立，为复株累若鞮单于”（汉书·匈奴列传）“约令”与实践。《论语》有记：“子曰：如有王者，必世而后仁。”《世》，也是记载古代帝王公卿世系及事迹的文献。楚庄王时，申叔为太子箴开列的教学课程有《世》。申叔认为，以《世》施教可以起到“昭明德而废幽昏”、以规范行为的借鉴作用。(《国语·楚语上》) 草原民族则更崇尚“如有王者，必世而后友悌”。果然，由复株累若鞮单于开始，匈奴开启了一个六兄弟 101 年的“世（复株累）”+“友悌（若鞮）”单于相传承时代。支撑这一命名的，是因为呼韩邪单于有一个堪称贤内助的“颛渠阏氏”。

颛渠阏氏为单于生了两个儿子，老大叫且莫车，老二叫囊知牙斯。她妹妹大阏氏生了四个儿子，“长曰雕陶莫皋，次曰且麋胥，皆长于且莫车，少子咸、乐二人，皆小于囊知牙斯”。加之王昭君初生的“伊屠知牙师”，共有七子。呼韩邪单于病重死，原本打算立他最喜欢的儿子——“颛渠阏氏”的长子且莫车为继承人，却在“颛渠阏氏”的劝说后作罢。

① 高娃：《满语蒙古语比较研究》，中央民族大学出版社 2005 年版，第 267 页。

“颛渠阏氏”这段深明大义的劝说，见载于《汉书》：“匈奴乱十余年，不绝如发，赖蒙汉力，故得复安。今平定未久，人民创艾战斗，且莫车年少，百姓未附，恐复危国。我与大阏氏一家共子，不如立雕陶莫皋。”她的妹妹大阏氏也说：“且莫车虽少，大臣共持国事，今舍贵立贱，后世必乱。”呼韩邪单于听了姐妹俩的进言，“卒从颛渠阏氏计，立雕陶莫皋，约令传国与弟。呼韩邪死，雕陶莫皋立，为复株累若鞮单于”。

呼韩邪单于逝世后的五代单于：复株累若鞮单于“雕陶莫皋”（前31—前20年）、搜谐若鞮单于“且麋胥”（前20—前12年）、车牙若鞮单于“且莫车”（前12—前8年）、乌珠留若鞮单于“囊知牙斯”（前8—13年）、乌累若鞮单于“咸”（13—18年），都是她们姐妹俩的儿子。之后的第六代单于——呼都而尸道皋若鞮单于“舆”（18—46年），则是呼韩邪单于“第五阏氏”的儿子，这显然也是按照呼韩邪单于“兄终弟及”的遗命顺序接班的。

雕陶莫皋及之后五位单于均为呼韩邪单于之子，到了呼都而尸道皋若鞮单于时期，右谷蠡王伊屠知牙师按次序应该担任左贤王，但是呼都而尸道皋若鞮单于希望传位给自己的儿子，于是杀死了伊屠智牙师。

第四节　令人疑惑的路死与“蝎伏”
——“搜谐、车牙”释疑

搜谐若鞮单于名寧鞮且麋胥，复株累若鞮单于之弟，被其兄封为左贤王，在其兄死后继任单于，在位8年（前20—前12年）。然八年间，唯一被史书记下的，却是搜谐若鞮单于蹊跷的“病死”。《汉书·匈奴传》：“搜谐单于立，遣子左祝都韩王朐留斯侯人侍，以且莫车为左贤王。搜谐单于立八岁，元延元年，为朝二年发行，未入塞，病死。弟且莫车立，为车牙若鞮单于。”《穆》有词条“šox（T. ~）爱开玩笑者，爱说笑话的人。~ kibe kü：ken 孩子做了游戏”①。在南匈奴掌事贵族们眼里，朝见却病死于途，不啻为一种玩笑。

车牙若鞮单于，或称车牙单于，栾提氏，名且莫车。他是搜谐若鞮单

① 保朝鲁编：《穆卡迪马特蒙古语词典》，内蒙古大学出版社2002年版，第143页。

于之弟，被其兄封为左贤王，在其兄死后继任单于，在位 4 年（前 12—前 8 年）。同他的哥哥近似，史书中只记了车牙单于上任时做的一件事，即："车牙单于立，遣子右于涂仇掸王乌夷当入侍，以囊知牙斯为左贤王。车牙单于立四岁，绥和元年死。"（《汉书·匈奴传》）于是，在其身后，南匈奴掌事贵族们如何为其立名号便成了一种艺术。《穆》有词条"ciyan 蝎子。"[①] 至《武备志》收《蓟门防御考》载《蒙古译语》，称"蝎子"为"叉牙"。[②] 于是，通过"车牙"的命名，无事可记艺术地转化为了"蝎（蛰）伏"。

第五节 王莽新政的匈奴记忆

——"乌珠留若鞮"释义

乌珠留若鞮单于是车牙若鞮单于之弟。车牙在位时，以囊知牙斯为左贤王。车牙于公元前 8 年去世，由囊知牙斯继任单于，是为乌珠留若鞮单于。公元前 8—公元 13 年在位；在位共计 21 年。

"乌珠留"得名缘于匈奴对两件事情的刻骨铭心。

其一，王莽建新朝后，把汉宣帝颁给呼韩邪单于的金质"匈奴单于玺"索回，另发给乌珠留单于"新匈奴单于章"，蓄意压低单于的政治地位；将"匈奴单于"称号改为"恭奴善于"，后改为"降奴服于"；王莽企图用武力树立威信，分匈奴居地为 15 部，强立呼韩邪子孙十五人俱为单于，以削弱匈奴的势力，激起了匈奴的不满，连年侵扰北方边塞。西域诸国先后沦入匈奴势力范围。

其二，公元 10 年，王莽奏请皇太后批准，禁止匈奴人有两个名字，并派使者前去劝说单于，囊知牙斯听从了汉朝使者的劝说，上书汉廷，自愿把自己的名字改为一个字的"知"字，从此匈奴单于就出现了一个字的名字。

《穆》称 uju：r 为"开始，开端；起初，起点"[③]。《满语蒙古语比较

---

① 保朝鲁编：《穆卡迪马特蒙古语词典》，内蒙古大学出版社 2002 年版，第 179 页。

② 贾敬颜、朱凤合辑：《蒙古译语 女真译语汇编》，天津古籍出版社 1990 年版，第 162 页。另，《卢龙塞略》"译部"所收"蒙古译语"也有此条。

③ 保朝鲁编：《穆卡迪马特蒙古语词典》，内蒙古大学出版社 2002 年版，第 157 页。

研究》收有满语蒙古语共同语“uju 头，第一”、“ujulambi 为首，领头，首出”。[①] 俱可视为“乌珠留”的基本语。乌珠留若鞮单于的命名，不仅体现了匈奴族对囊知牙斯单于任上出现的影响匈奴文化走向的两个“开端”之深刻记忆；而且带有浓厚的人物臧否意味。结合之前分析的多位单于命名存在的相似痕迹，怀疑其中的一些单于命名，当为匈奴贵人在单于身后为其追加的谥号。从而进一步证明：呼韩邪单于“见汉帝常谥为孝，慕之”的非“孝”之用，而是“汉帝常谥”之仪式。

第六节　应邀“越舆”的单于
——“乌累若鞮”释义

乌累若鞮者，栾鞮咸之单于名号（公元13—18年在位）。《汉书·匈奴传》：“乌珠留单于立二十一岁，建国五年死。匈奴用事大臣右骨都侯须卜当，即王昭君女伊墨居次云之婿也。云常欲与中国和亲，又素与咸厚善，见咸前后为莽所拜，故遂越舆而立咸为乌累若鞮单于。”

《穆》载“uri-①请；邀请。②召唤，呼唤”。[②]《华夷译语》则分列为“唤　兀里　uri”和“请　古列　hüre”，[③] 当均可视为“乌累（urei）”至宋元时期韵尾脱落的变音。

乌累若鞮单于的五年，不但鲜有政绩，反而“贪莽金币，故曲听之”，悉听王莽改匈奴单于为“恭奴善于”，实在不足为道；而由用事大臣“召唤和邀请”得立单于，则可算作匈奴单于史上的大事。于是，在栾鞮咸的身后，才赢得了“乌累若鞮”这一名号。

第七节　保住父子传承的血脉
——“呼都而尸道皋”释义

据史书所载，公元18年（新莽天凤五年）乌累若鞮单于死，其弟舆继立，称呼都而尸道皋若鞮单于。他性贪婪，又刚愎自用，掌权后，为了

---

① 高娃：《满语蒙古语比较研究》，中央民族大学出版社2005年版，第376页。

② 保朝鲁编：《穆卡迪马特蒙古语词典》，内蒙古大学出版社2002年版，第160页。

③ 贾敬颜、朱风合辑：《蒙古译语 女真译语汇编》，天津古籍出版社1990年版，第47页。

改变兄终弟及的传位制度为父子继承制，便废弟右谷蠡王伊屠知牙斯承袭左贤王位，复杀伊屠知牙斯。

如此巨大的制度变革必然带来匈奴社会的动荡。果然，即有右奥鞬王比口出怨言："以兄弟言之，右谷蠡王次当立；以子言之，我前单于长子，我当立。"单于知比不服，心怀疑贰，遣两骨都侯监领比所部官兵。公元 46 年（东汉建武二十二年），呼都而尸道皋若鞮单于死，子左贤王乌达鞮侯立。

简单描述一下这位呼都而尸道皋若鞮单于给匈奴带来的恶果：乌达鞮侯无福消受乃父留给他的权力美味，单于宝座还没有坐热就一命呜呼了。主政贵族们又立乌达鞮侯的弟弟做了单于，是为蒲奴单于。右奥鞬日逐王比在这场单于接力赛中竟然被剥夺了参赛资格，心怀愤恨，便欲与蒲奴单于分庭抗礼。最终，公元 48 年，呼韩邪单于之孙日逐王比率 4 万多人南下附汉，被汉朝安置在河套地区，称为南匈奴。留居漠北的称为北匈奴。匈奴一分为二。

回到栾鞮舆单于名号的意味。超长的"呼都而尸道皋若鞮单于"名号可谓南匈奴贵人集团的杰作之一。首先，保留"若鞮"之称营造了仍留在兄终弟及的传位制度内的假象，因为包括舆在内的几兄弟相继为左贤王是按照老单于呼韩邪的约定，而舆也正是因为这一兄终弟及的传位制度才可能继承单于位；其次，"呼都而尸道皋"分别由"hundusun［呼都（而）尸］"+"daoge（道皋）"两个古蒙古语词构成。13 世纪《穆》分别对这两词做出解释："hundusun 根"；"daoge ①使……成为必需的。②使……成为代理人"。[①] 即是宣告：保住父子传承的血脉之"呼都（而）尸（根）"也是"道皋（使……成为必需的）"的头等大事，需要以单于名号的方式表示出来。当然，也是老天假以他天年，让他可以在众单于之林中少见地做足了 29 年王位，有机会实现这一体制颠覆。

这里要多说几句"孝单于"。《后汉书·南匈奴列传》："自呼韩邪后，诸子以次立，至比季父孝单于舆时，以比为右薁鞬日逐王，部领南边及乌桓。"汉文献直接将"呼都而尸道皋"翻称为"孝"，是因为"呼都而尸道皋"具有的"保住父子传承的血脉之根"之内涵，与汉文化传统的

---

① 保朝鲁编：《穆卡迪马特蒙古语词典》，内蒙古大学出版社 2002 年版，第 61、35 页。

“孝”颇为吻合；却未见有得到匈奴认同的记载。

第八节　被耽搁的与分道扬镳的单于
——“乌达鞮侯”与“蒲奴”“优留”释义

史书记载：公元四十六年即建武二十二年，呼都而尸单于在位二十九年后病死，儿子乌达鞮侯即单于位。然而这位乌达鞮侯无福消受乃父留给他的权力美味，不到一年，单于宝座还没有坐热就一命呜呼了。主政贵族们又立乌达鞮侯的弟弟做了单于，是为蒲奴单于，只是，这个单于让主政贵族们面临了匈奴历史上更大的没想到。“乌达”与“蒲奴”两单于的命名，正是对这“没想到”的实录。

第一个“没想到”充满了苦水。《后汉书·南匈奴列传》：“自呼韩邪单于降后，与汉亲密，见汉帝谥常为孝，慕之。至其子复珠累单于以下皆称若鞮，南单于比以下直称鞮也。”由此可知：匈奴单于姓氏与名号中的诸“鞮”，只有至“南单于比以下直称鞮也”，“鞮”才是对“若鞮”的简称。具体而言，即是由醢落尸逐鞮单于开始。进而言之，由“若鞮又衍生出的”始于“乌达鞮侯单于”之“鞮侯”，亦当与150年前“且鞮侯单于”之“鞮侯”含义完全不同。如果说，“南单于比以下直称鞮也”是指对单于王位的“鞮（悌，恭也）受”，“鞮”在这里为汉字“悌”的音读；那么，“鞮侯”则是指不属于王位“兄终弟及”的“若鞮”们之外的“鞮（悌，恭也）候”。古文字学告诉人们：侯即候之古字；“矦，伺望也”（《说文》）。只是这场六兄弟单于间的“若鞮（兄终弟及）”竟然缠绵了100年，让子一辈的“鞮侯—鞮（悌，恭也）候”几成了“等待戈多”的穿越剧。即便呼都而尸道皋单于杀了这场单于接力赛的下一个接棒人——王昭君的儿子右谷蠡王伊屠知牙斯，而让自己的儿子为左贤王，作单于的继承人；然待其最终等到单于之位时，也已经成了“乌达鞮侯”单于。“乌达”见于13世纪《穆》，记为“uda ①耽搁；拖延，延迟。②迟到”[①]。显然，是以此名号表达对乌达单于被耽搁以致无法消受王位的惋惜。

---

① 保朝鲁编：《穆卡迪马特蒙古语词典》，内蒙古大学出版社2002年版，第156页。

“蒲奴”有点意思。蒲奴单于（46—？年在位）为匈奴呼韩邪单于之孙，乌达鞮侯单于的弟弟，继乌达鞮侯单于之后的单于。说“蒲奴”有点意思，首先是因为，“蒲奴”的出现打破了［加］蒲立本的一个著名结论：

> 在匈奴对音中值得注意的是我们只发现了声母＊b-，而没有声母＊p-。而在词的中间，情况就相反了，只有＊-p-而没有＊-b-。这种情况类似古突厥语和蒙古语。①

只是，带声母＊p-的单于名号“蒲奴”出现，确实也标示着由“狐鹿姑单于”开始而后被南匈奴延续的蒙古语诸单于名号传统的再次分野。要知道，［加］蒲立本指出的：蒙古语也是词首有“声母＊b-，而没有声母＊p-。而在词的中间，情况就相反了，只有＊-p-而没有＊-b-”，在最早的《穆卡迪马特蒙古语词典》里已经不只是现象，而成了法则。因为当保朝鲁按音序排列了词典原著的词汇后，显现出的正是“词首为l、p、r”的词条全部空白！显然，“蒲奴”以单于名号的方式打断由“狐鹿姑单于”开始的单于名号回归蒙古语的努力绝非偶然。

“蒲奴”在强调什么？试着回到夏雅语或者羌语，就一切释然了。原来，读音为“蒲（普）”的那个词，在整个羌族史中都是赫赫有名。葛维汉在他的调查报道《羌族的习俗与宗教》中记载：

> 有些树木也被人们当做神灵予以崇拜。在和平寨附近，神树称波下瑟（p'o-shya-sei）；距桃子坪7.5公里的一棵树是当地的保护神；在佳山寨附近的如他寨，神林中有一汉族寺庙，庙后有一颗大的松树被称之为么破瑟（M'e-pok-sei）松树神被作为该寨寨主神。人们焚香供奉，甚至在重大祭典上要杀一只黑羊和两只鸡。②

西夏文𘜶（5814）〔重唇音，音普〕“树木也。（名）”原来，葛维汉

① ［加］蒲立本：《上古汉语的辅音系统》“附录（1）匈奴语”，中华书局1999年版，第163页。

② 葛维汉：《羌族的习俗与宗教》。《葛维汉民族学考古学论著》，2004年版，第52页。

调查报告中的保护神“波”、主神“破”，与“蒲奴”的“蒲”一样，都是指具有保护神功能的神树。至于“奴”，西夏文则有𗕄（3016）〔舌头音，音杜（奴）〕“志向，能干也。（名、形）”“蒲奴”作为词组，则具有了立志保卫传统的含义。结合蒲奴面对的改由蒙古语命名单于称号的自立为南匈奴的势力，可想而知，蒲奴要保护的只是原初认同夏后氏后裔的传统。果然，分立的北匈奴名号又回到了以夏雅语或者说羌语命名的老路。

蒲奴之后，匈奴正式分裂为南北匈奴，北匈奴蒲奴单于率众远徙，去向不明。只知 87 年，鲜卑杀北匈奴优留单于，并“取其皮而还”。北匈奴大乱。在大乱中立其异母兄为单于。于是，“取其皮”之族辱，让“优留”名号成了与鲜卑怼仇的口号：西夏文𗗙（4349）〔喉音，音右〕“寻求，寻找也。（动）”𗖵（0649）〔来日音，缧独切音六〕“失、遗、违、背也。（动）”组合词组音读即为“优留”，义为“寻找遗失（皮囊）”。

乌达、蒲奴和优留，包含着的是围绕着王权角逐展开的匈奴分裂史。

第九节　北匈奴的“分地”单于

——“逢侯单于”释义

逢侯单于（94—118 年在位）南匈奴单于屯屠何之子。公元 94 年，因为新降的北匈奴部众对南匈奴单于师子不服，十五部二十几万人皆叛变，胁迫前南匈奴单于屯屠何之子奥鞬日逐王逢侯为单于，匈奴再次分裂。东汉派遣大军以及乌桓、鲜卑兵共四万人大败逢侯，逢侯遂率众出塞，汉军追赶不及，他成为新任的北匈奴单于。公元 107 年，逢侯趁东汉撤销西域都护，放弃西域之际，控制西域，对各国进行压榨勒索，胁迫诸国共同骚扰东汉边疆十几年。公元 118 年，逢侯被鲜卑击败，大部分部落归附鲜卑，逢侯只得率领百余人到朔方郡投靠东汉。东汉政府把他徙居到豫州的颍川郡。至此，逢侯单于共立 25 年。

以西夏文观之，“逢侯”者，“分地”之谓。西夏文𗗚（4329）〔轻唇音，福军切，音分〕“①分也。（名、动）（汉语借词）②训也。③辆、所也。④又音〔风〕、〔峰〕、〔缝〕、〔粉〕、〔奉〕、〔汾〕也”。另，西夏文𗏆（3083）〔喉音，音哈、匣〕“土地也”。而由西夏文（3540）可知，西夏文中，“哈”又音通于“合、褐、皓、阖、活也”。因此，西夏文“分地”的读音“分哈”，实际上是音近于汉语的“逢侯”的。

“逢侯”非官称，从“屯屠何子”所冠以的“薁鞬日逐王”即可知。据《汉书·南匈奴列传》，新降的北匈奴部众“胁立前单于屯屠何子薁鞬日逐王逢侯为单于”被击败后，“逢侯遂率众出塞，汉兵不能追”。其后，“逢侯于塞外分为二部，自领右部屯涿邪山下，左部屯朔方西北，相去数百里”。可见，史书所记逢侯事迹，主要就是其“被胁立为单于”时与其“于塞外”的两次分地。“逢侯”当由北匈奴贵族因其主要事迹而命名的世称；然而，仍然流露出北匈奴对以夏后氏语为单于命名传统的恪守。

第十一章　草原场域的主体：匈奴单于名号系统释义（4）

第一节　南匈奴的祝福、祈祷与奠基
——醢落尸逐鞮释义

醢落尸逐鞮单于（48—56 年在位），姓挛鞮，名比，呼韩邪单于之孙，乌珠留若鞮单于之子，南匈奴第一任单于。

呼都而尸单于杀了伊屠知牙斯，惹恼了一个人。此人就是呼都而尸单于的侄子，乌珠留单于的长子，时任奥鞬日逐王的比。早在西汉时期，汉朝政府把归顺的匈奴人安置在边境八个郡县，保留他们的部族结构，依旧由其自治，称为属国。王莽新朝末期，汉匈边境再起战火，这些属国很快归顺匈奴，成为匈奴骑兵进攻汉地的先锋。为便于管理，呼都而尸单于在这里设下八部大人，而以日逐王比作为他们的总头目。这是匈奴第一次改变左、中、右三权分立的格局，一变而为左、中、右、南四部。

当右奥鞬日逐王比欲与蒲奴单于分庭抗礼之际，匈奴境内又发生了连年干旱和蝗灾，赤地千里，草木尽枯，再加上瘟疫流行，人畜死耗大半。建武二十三年（公元 47 年）春，蒲奴单于害怕东汉王朝趁匈奴灾荒之际出兵讨伐，派遣使者到渔阳会见汉朝官吏，希望与东汉和亲。

光武帝刘秀知道，由于自己忙于平定内乱，无暇顾及北境，匈奴人得寸进尺，不断侵扰边塞，和亲不过是匈奴人索要财物的借口，因此，出于礼仪上的考虑，仅仅派中郎将李茂回访匈奴。

右奥鞬日逐王比得知单于和亲意图，深知汉匈一旦和亲，自己的下一步行动便无法实施，就借边塞之便，先行密派汉人郭衡带了匈奴地图到了西河郡，献给了西河太守，要求归顺汉朝。

右奥鞬日逐王比的一行一动早被负责监视他的两个骨都侯察觉，趁参加五月龙城祭祀的机会禀告了蒲奴单于，密谋欲杀掉右奥鞬日逐王比。不巧右奥鞬日逐王比的弟弟渐将王潜伏在王庭蒲奴单于身边，得知此事，忙快马奔回八部匈奴，告知了比。事已至此，右奥鞬日逐王比孤注一掷，急忙召集八郡部众共四五万人马，准备等两位骨都侯回来，便杀了他们起事。

两位骨都侯领了蒲奴单于密令，回驻地便宜行事。还在路上，便发觉了比的动作，知道不妙，策马而逃，回王庭禀报蒲奴单于。

蒲奴单于立即出兵讨伐，然而经过这场旱蝗大灾，已经没多少兵力可调，只带了一万多军士前往讨伐。日逐王比陈兵严阵以待，蒲奴知道打不过，只好撤回单于庭。公元四十八年，即建武二十四年春，八部匈奴贵族见事情到了如此地步，骑虎难下，只好顺从了比的归顺汉朝的主意，立比为单于，即醢落尸逐鞮单于，公开与蒲奴单于决裂。当初比的祖父呼韩邪单于归顺汉朝，换来了匈奴几十年的安定。为了沾一沾祖父的光。比决定袭用呼韩邪的名号，也叫作呼韩邪单于。为了方便，权且称之为“呼韩邪二世”罢。

这年冬天，呼韩邪二世来到五原塞，向汉朝表示永为藩篱，抵御北虏(北匈奴)。称自己的同族为“虏”，说明八部匈奴因为长期汉化，与北匈奴在生产方式、文化形态上已经存在很大差异，南匈奴已经在不自觉中接受了汉人的“夷夏之辨”，而且认为自己已经脱离夷的行列。

汉光武帝刘秀一直为北方边境发愁。他知道自己的手下众将对付各路豪强地主等无组织的乌合之众还可以，而要对付强悍的匈奴铁骑，实在勉为其难。而匈奴一直是凭借武力骚扰边塞，索要财物。如今主动归顺，正不知葫芦里装的什么药，刘秀便要朝廷大臣议论此事。

大臣们都认为，如今天下初定，国力空虚。而匈奴人性情乖戾莫测，这归顺的事情不能答应。而东汉开国名将耿弇之弟耿国时为五官中郎将，眼光独到，说：“臣以为宜如孝宣皇帝接受呼韩邪单于归顺的旧例，接受比的归顺，让他们在东方抵御鲜卑，北边抗拒北匈奴，带领四夷，保卫边郡，使塞下再无夜开城门之警情，实在是保万世安宁的良策。”

呼韩邪单于二世见汉朝迟迟没有回音，唯恐发生意外，忙又派儿子带上大批礼物到洛阳当面陈说自己的心愿，并把儿子留下作为人质。

刘秀采纳了耿国的建议，同意比归顺汉朝。公元五十年，刘秀派中郎将段彬前往边塞，帮助比在五原塞以西八十里处建立单于庭，又仿照西汉对待呼韩邪单于的旧例，颁给金质玺绶、冠带、衣服、车马、锦绣等物及米两万五千斛、牛羊三万六千头。为便于以后控制，汉朝又把比的单于庭迁到云中郡。

从此，匈奴分裂为南、北二部。南、北匈奴的分裂，使匈奴势力再次受到削弱，并成为匈奴由盛转衰并西迁的转折点。

对于南匈奴那些具有为单于身后确立美称名号权力的掌事贵族们，栾鞮比的南匈奴开拓之功，恐怕是少有人可比的。因此，“醢落”构成了一个极高的礼赞。《穆》有三个词与“醢落”关系密切：1，“hire：r ①奖，奖赏。②善行。③祷告，祈祷。”2，“hire：-致祝词，祝福。”3，“hiro：r ①根。②根脚。”①

第二节　“请为汉扞边”的名号化
——“丘浮尤鞮”释义

理解丘浮尤鞮单于名号的含义，首先需要进一步认识他的兄长栾鞮比。

上文提及：需要注意的是：在整个匈奴单于世系中，栾提比是唯一记载有两个封号的单于。其一，“自立为呼韩邪单于”，表明栾提比立志学习祖父呼韩邪单于栾提稽侯狦的“对汉称臣”；其二，得封号“醢落尸逐鞮单于”，则更像是匈奴贵族或史家对其的评价。

近年读罗新的《中古北族名号研究》，才发现书中竟然梳理出了醢落尸逐鞮单于没有改名为单字“比”时《汉书》所记名“苏屠胡”。②“苏屠胡”改单字“比”可不同于乌珠留若鞮单于的“臣故名囊知牙斯，今谨更名为知”（汉书·匈奴传下）。后者只是旧名的简称；前者却是在旧名意译基础上的鲜明表态。不用管“苏屠胡”的“胡”，前文已经援引西夏文证“胡（兀）”为夏后氏雅语中的“头，首”，就如同“牙斯”，在同一话语系统中被称为“幼子”，都是在表明兄弟间的排序。这里要分析的是“苏屠”与

① 保朝鲁编：《穆卡迪马特蒙古语词典》，内蒙古大学出版社 2002 年版，第 56 页。

② 罗新：《中古北族名号研究》，北京大学出版社 2009 年版，第 38 页。

“比”。《穆》记有两个“šitü（苏屠）”，其一意为“支持力，支援，依靠”；另一意为“①诉诸；请求。②靠，支，柱”。[①] 两语义当都已包含在了乌珠留若鞮单于为其头子取名“苏屠胡”之举中；但又都没有一个“比”字讲得清楚。比，甲骨文字形，像两人步调一致，比肩而行。它与“从”字同形，只是方向相反。《说文》：“二人为从，反从为比。”《尔雅·释鸟》云：“南方有比翼鸟焉，不比不飞，其名谓之鹣鹣。”显然，醢落尸逐鞮单于通过为自己改名的机会，再次表明：“苏屠胡”变化为“比”，标志着其立国立政将独立高飞，从此匈奴南北比翼。以下是“苏屠胡”改名“比”直至其弟“莫立为丘浮尤鞮单于”间的大事记年表：

公元四八年 正月，日逐王比与八部大人叩汉五原塞，请为汉扞边、汉许之。十月，比立为单于，是为“南”单于。从此，匈奴被分称为南、北匈奴。

公元四九年 正月，汉祭彤赂鲜卑攻匈奴。南单于向汉称藩。三月，使子入侍汉。

公元五零年 正月，汉授南单于玺绶。听入居云中，设使匈奴中郎将。夏，南单于部下内讧，左贤王自立为单于，月余死。冬，北匈奴始攻南单于，汉使南单于，居西河美稷，使西河长吏以兵卫之。南单于以兵屯八郡，为汉侦侯。

公元五六年 比死，莫立为丘浮尤鞮单于。一年后，汗立为伊伐于虑鞮单于。

在此基础上去理解栾鞮莫继其兄栾鞮比取单于名号“丘浮”，则此名号只能是《穆》中的“quflla”——“把门用锁子锁上”[②]。依此来明其延续“请为汉扞边”、“为汉侦侯”的夙愿。另外，兄弟三单于名号中，已经为未来的单于三系统规范了相区别的徽称，即：老大比的象征南匈奴的新称“尸逐”名号系统；老二莫的标志恪守祖父呼韩邪“若鞮”传统的“尤鞮”；以及老三汗自创意味第三条道路的“尸逐”异称“於虑”。

---

① 保朝鲁编：《穆卡迪马特蒙古语词典》，内蒙古大学出版社 2002 年版，第 143 页。

② 保朝鲁编：《穆卡迪马特蒙古语词典》，内蒙古大学出版社 2002 年版，第 204 页。

第三节　捍卫独立的单于本色
——“伊伐于虑鞮”释义

“伊伐于虑鞮”为栾鞮汗的单于号。栾鞮汗本匈奴乌珠留若鞮单于之子。东汉建武中元二年（公元 57 年），丘浮尤鞮单于死，栾提汗立为伊伐于虑鞮单于，永平二年（公元 59 年），北匈奴护于丘率千余人归附南匈奴，同年伊伐于虑鞮单于去世。

同理，前有兄长栾鞮莫以单于名号申明“请为汉扞边”、“为汉侦侯”之愿，后继则出现栾鞮汗弟以单于名号立“伊伐（保护）”之誓，重申保护祖父呼韩邪“若鞮”传统南单于独立之宏业。

《华夷译语·人事门》载“保护 亦别延 ibehen”。[①] 古语“fa-bo”一音相转，如“拨”，《说文》：“治也。从手发声。北末切。”既从“发（同“伐”）”声，又依“北末（bo）切”。可知“伊伐”即“ibo（hen）”的异读，由此而与“保护 亦别延 ibehen”音近而转。

以单于名号立“伊伐（保护）”之誓，究竟要保护什么？“于虑”亦即“独立”也。上文已云：“日逐王”尚有异译。如《晋书·四夷列传》在左右贤王、左右奕（谷）蠡王下为左右於陆王，当系左右日逐王的异译。“於陆”或“于虑”即以古蒙古语的：“ülü　不。~ sonasuqci 不在听的；不听从的。”（《穆》，第 163 页）来意译夏后氏雅言中的“独立（日逐—尸逐）”。

第四节　霓虹一现的“仰赖”
——“醢僮尸逐侯鞮”释义

醢僮尸逐侯鞮单于，挛鞮氏，名适，为匈奴醢落尸逐鞮单于之子。东汉永平二年（59 年），伊伐于虑鞮单于死，适承袭为醢僮尸逐侯鞮单于。据《后汉书》：“（永平）五年冬，北匈奴六七千骑入于五原塞，遂寇云中，至原阳。南单于击却之，西河长史马襄赴救，虏乃引去。”只可惜，

① 贾敬颜、朱风合辑：《蒙古译语 女真译语汇编》，天津古籍出版社 1990 年版，第 50 页。

度过这个胜利的冬天，东汉永平六年，适便带着东汉与南匈奴贵族的肯定和赞赏故去了。

何谓“醢僮”？《续增华夷译语 · 通用门》记做“赖 失都周 sitüjü”，[①] “仰赖”之义；《穆》则谓“sitü 依赖，依靠。”[②] “尸逐—日逐—独立”，这里代指南匈奴：“醢僮尸逐”者——南匈奴之仰仗！好高的身后评价。[③] 应该是源于“北匈奴六七千骑入于五原塞，遂寇云中，至原阳。南单于击却之”的那场胜利保卫战。至于“侯鞮”，当源于“乌达鞮侯”；只不过“鞮侯”颠倒为“侯鞮”，表述的则不再是对单于位的“鞮（恭）侯（候）”，而是特指“侯（伺候）鞮（恭敬）”单于位的时间长度。

南匈奴单于系列中，第一位得“侯鞮”名号的就是醢僮尸逐侯鞮单于。一方面他是既伺候三位诸父单于轮替又开启诸子辈单于接替的第一人；另一方面也是更重要的：经历了两任加起来不足 4 年的单于更替之后，南匈奴终于迎来了“侯（伺候）鞮（恭敬）”单于位超过 4 年的君王！在南匈奴贵族们的眼里，强敌环顾的南匈奴头等大事便是王权的稳固。于是，从醢僮尸逐侯鞮单于（南匈奴第 4 位单于）起到最后一位得“侯鞮”王号的亭独尸逐侯鞮单于（南匈奴第 10 位单于），其间坐满了 4 年王位以上的，名号都被冠上了“侯鞮”二字。20 位南匈奴单于，除了几位未及等到名号的，前 12 位都是以这种方式轮替的。直到他们找到了简化的方式：用“就”来统一替代“鞮—侯鞮”。

---

① 贾敬颜、朱风合辑：《蒙古译语 女真译语汇编》，天津古籍出版社 1990 年版，第 91 页。

② 保朝鲁编：《穆卡迪马特蒙古语词典》，内蒙古大学出版社 2002 年版，第 134 页。

③ 罗新：“我认为，南匈奴历任单于的单于号，都是死后获得的。”罗新：《中古北族名号研究》，北京大学出版社 2009 年版，第 44 页。

第十二章　草原场域的主体：匈奴单于名号系统释义（5）

第一节　锁断的祭祀
——“丘除车林鞮”释义

栾提苏，号丘除车林鞮单于，为匈奴丘浮尤鞮单于之子。东汉永平六年（公元63年），醢童尸逐侯鞮单于死，栾提苏立为丘除车林鞮单于，“敏月复薨”，数月后去世。没有任何做单于的事情，可供为栾提苏设计名号的南匈奴贵族们去褒贬。但南匈奴贵族们还是找到了更重要的事情记于单于名号之上——“丘除车林”。其中，“丘除”当袭自其父丘浮尤鞮单于的“丘浮”——“把门用锁子锁上”之意。只是所指完全相反，所以要用不同的汉字强调其不同的用意：“丘浮”用于强调捍卫南匈奴；而“丘除”却是借“把门用锁子锁上”意向来张佈：丘除车林鞮单于的故去，标志着单于更替中栾提莫一脉如“把门用锁子锁上”一样断除了“车林（祭祀，庇护）”之香火。《续增华夷译语·通用门》收有“祭祀　塔乞仑 taqir-un”；[①]《穆》则记“qoli-（T. qolu-）保护；防止；庇护。”[②] 当皆与“车林”具有语源上的关联。

第二节　压倒性胜利的宣告
——“胡邪尸逐侯鞮”释义

胡邪尸逐侯鞮单于，挛鞮氏，名长，为匈奴醢落尸逐鞮单于之子，东

① 贾敬颜、朱凤合辑：《蒙古译语 女真译语汇编》，天津古籍出版社1990年版，第92页。

② 保朝鲁编：《穆卡迪马特蒙古语词典》，内蒙古大学出版社2002年版，第124页。

汉永平六年（63 年），丘除车林鞮单于死，长立为胡邪尸逐侯鞮单于。在位 23 年。且不去梳理史书对胡邪尸逐侯鞮单于的具体记载，关键在于《后汉书 · 南匈奴列传》在记胡邪尸逐侯鞮单于事迹的开端，有“时北匈奴犹盛，数寇边，朝廷以为忧”的慨叹；而及至结束，时局已颠覆为“时北虏衰耗，党众离畔，南部攻其前，丁零寇其后，鲜卑击其左，西域侵其右，不复自立，乃远引而去。”正是在胡邪尸逐侯鞮单于任上，南匈奴的事态发展才彻底地压倒了北匈奴。认清这一语境，才敢于进一步确认：其实“胡邪（ye）”早就以“壶衍”的模样见著百年前的单于名号中。13 世纪古蒙古语词典中这个“huya-”的动词，义为“①系住，系上。②捆上，拴住。③拦截，堵住。④止泻。⑤閂上。⑥（话）卡住。⑦穿法衣。”其所以如此为南匈奴贵人集团所偏爱，是因为直至胡邪尸逐侯鞮单于，保住南匈奴王位政治体，都被视为南匈奴的头等大事。

第三节 （被）信任的南匈奴单于
——“伊屠於闾鞮”释义

伊屠於闾鞮单于名栾提宣，伊伐于虑鞮单于之子。东汉元和元年（85 年），胡邪尸逐侯鞮单于死，栾提宣得立为单于。伊屠於闾鞮单于任上的头等大事，便是北匈奴大乱，五十八部皆降。究其原委，其实《后汉书 · 南匈奴列传》已告知了其中的奥秘。即：

> 伊屠於闾鞮单于宣，元和二年立。其岁，单于遣兵千余人猎至涿邪山，卒与北虏温禺犊王遇，因战，获其首级而还。冬，孟云上言：“北虏以前既和亲，而南部复往抄掠，北单于谓汉欺之，谋欲犯塞，谓宜还南所掠生口，以慰安其意。”肃宗从太仆袁安议，许之。乃下诏曰：“昔猃狁、獯粥之敌中国，其所由来尚矣。往者虽有和亲之名，终无丝发之效。墝埆之人，屡婴涂炭。父战于前，子死于后。弱女乘于亭障，孤兒号于道路。老母寡妻设虚祭，饮泣泪，想望归魂于沙漠之表，岂不哀哉！传曰：‘江海所以能长百川者，以其下之也。’少加屈下，尚何足病？况今与匈奴君臣分定，辞顺约明，贡献累至，岂宜违信，自受其曲？其敕度辽及领中郎将庞奋倍雇南部所得生口，

以还北虏。其南部斩首获生，计功受赏如常科。”于是南单于复令薁鞬日逐王师子将轻骑数千出塞掩击北虏，复斩获千人。北虏众以南部为汉所厚，又闻取降者岁数千人。

章和元年，鲜卑入左地击北匈奴，大破之，斩优留单于，取其匈奴皮而还。北庭大乱，屈兰、储卑、胡都须等五十八部，口二十万，胜兵八千人，诣云中、五原、朔方、北地降。

原来，是汉庭的计谋“其敕度辽及领中郎将庞奋倍雇南部所得生口，以还北虏。其南部斩首获生，计功受赏如常科”，让“北虏众以南部为汉所厚”。最终导致了北匈奴政权的雪崩。此事难瞒过南匈奴的议事贵族们。于是，栾提宣身后的名号自然离不开对此事的褒贬。“伊屠”，《穆》记作“itege-//itegü-信，相信，信任。”① “於闾”则是“于虑”的异写，俱为“日逐”的异称。“伊屠於闾”者，直译“信任独立”，意译“伊屠於闾鞮单于”——“（被）信任的南匈奴单于”也。

第四节　胜利诏告于名号之上

——“休兰”释义

休兰尸逐侯鞮单于，挛鞮氏，名屯屠何，为南匈奴醢落尸逐鞮单于之子，伊屠於闾鞮单于死后由他继位，时年为汉章和二年（88 年）。单于屯屠何多次出兵配合东汉军队大败北匈奴，俘获极多，又大量接纳北匈奴降众，势力大增，原来南匈奴部众为四五万人，在他在位时期得到空前发展，增加到户口 34000，人口 237300，兵力 50170。汉永元五年（93 年），单于去世，由前任单于的弟弟左贤王安国继位。反映休兰尸逐侯鞮单于业绩的《后汉书·南匈奴列传》，集中了其章和二年的“上言”及永元年间的数度大捷。即：

休兰尸逐侯鞮单于屯屠何，章和二年立。時北虏大乱，加以饥蝗，降者前后而至。南单于将并北庭，会肃宗崩，窦太后临朝。

① 保朝鲁编：《穆卡迪马特蒙古语词典》，内蒙古大学出版社 2002 年版，第 64 页。

其年七月，单于上言："远虑臣累世蒙恩，不可胜数。孝章皇帝圣思远虑，遂欲见成就，故令乌桓、鲜卑讨北虏，斩单于首级，破坏其国。今所新降虚渠等诣臣自言：'去岁三月中发虏庭，北单于创刈南兵，又畏丁令、鲜卑，遁逃远去，依安侯河西。今年正月，骨都侯等复共立单于异母兄右贤王为单于，其人以兄弟争立，并各离散。'臣与诸王骨都侯及新降渠帅杂议方略，皆曰宜及北虏分争，出兵讨伐，破北成南，并为一国，令汉家长无北念。又今月八日，新降右须日逐鲜堂轻从虏庭远来诣臣，言北虏诸部多欲内顾，但耻自发遣，故未有至者。若出兵奔击，必有响应。今年不往，恐复并壹。臣伏念先父归汉以来，被蒙覆载，严塞明侯，大兵拥护，积四十年。臣等生长汉地，开口仰食，岁时赏赐，动辄亿万，虽垂拱安枕，惭无报效之地。愿发国中及诸部故胡、新降精兵，遣左谷蠡王师子、左呼衍日逐王须訾将万骑出朔方，左贤王安国、右大且渠王交勒苏将万骑出居延，期十二月同会虏地。臣将余兵万人屯五原、朔方塞，以为拒守。臣素愚浅，又兵众单少，不足以防内外。愿遣执金吾耿秉、度辽将军邓鸿及西河、云中、五原、朔方、上郡太守并力而北，令北地、安定太守各屯要害，冀因圣帝威神，一举平定。臣国成败，要在今年。已敕诸部严兵马，讫九月龙祠，悉集河上。唯陛下裁哀省察！"

太后以示耿秉。秉上言："昔武帝单极天下，欲臣虏匈奴，未遇天时，事逐无成，宣帝之世，会呼韩来降，故边人获安，中外为一；生人休息，六十余年。及王莽篡位，变更其号，耗扰不止，单于乃畔。光武受命，复怀纳之，缘边坏郡得以还复。乌桓、鲜卑，咸胁归义。威镇四夷，其效如此。今幸遭天授，北虏分争，以夷伐夷，国家之利，宜可听许。"秉因自陈受恩，分当出命效用。太后从之。

永元元年，以秉为征西将军，与车骑将军窦宪率骑八千，与度辽兵及南单于众三万骑，出朔方击北虏，大破之。北单于奔走，首虏二十余万人。事已具《窦宪传》。

二年春，邓鸿迁大鸿胪，以定襄太守皇甫棱行度辽将军。南单于复上求灭北庭，于是遣左谷蠡王师子等将左右部八千骑出鸡鹿塞，中郎将耿谭遣从事将护之。至涿邪山，乃留辎重，分为二部，各引轻兵两道袭之。左部北过西海至河云北，右部从匈奴河水西绕天山，南度

> 甘微河，二军俱会，夜围北单于。单于大惊，率精兵千余人合战。单于被创，堕马复上，将轻骑数十遁走，仅而免脱。得其玉玺，获阏氏及男女五人，斩首八千级，生虏数千口而还。是时南部连克获纳降，党众最盛，领户三万四千，口二十三万七千三百，胜兵五万一百七十。故事：中郎将置从事二人，耿谭以新降者多，上增从事十二人。
>
> 三年，北单于复为右校尉耿夔所破，逃亡不知所在。其弟右谷蠡王於降鞬自立为单于，将右温禺鞬王、骨都侯已下众数千人，止蒲类海，遣使款塞。大将军窦宪上书，立於除鞬为北单于，朝廷从之。四年，遣耿夔即授玺绶，赐玉剑四具，羽盖一驷，使中郎将任尚持节卫护屯伊吾，如南单于故事。方欲辅归北庭，会窦宪被诛。五年，於除鞬自畔还北，帝遣将兵长史王辅以千余骑与任尚共追，诱将还斩之。破灭其众。
>
> 单于屯屠何立六年薨，单于宣弟安国立。

这里有南匈奴史上最值得一书的“上言”与捷报！阅毕史书，南匈奴贵族给予单于屯屠何名号“休兰”的缘由即已大白。《穆》：“šü：-①过滤。②赢，获胜。”①《鞑靼译语》：“报喜 赛必塔剌”；②《续增华夷译语》：“报捷 撒比惕阑”③。其中，“ 赛必”或“撒比”为“好、喜”之义，则“塔剌”“惕阑”必为动词“报”。如是，休（šü：-）兰（惕阑）作为词组，表达的便是“诏告胜利”之义。

第五节　第一位没有名号的单于
——“安国”释疑

“安国”需要释疑，是因为现今网站通行的介绍一致的错乱。即：

> 安国，为南匈奴醢落尸逐鞮单于之子、休兰尸逐侯鞮单于的弟弟，单于屯屠何死后由他继位，时年为汉永元五年（93年）。安国继

① 保朝鲁编：《穆卡迪马特蒙古语词典》，内蒙古大学出版社2002年版，第144页。

② 贾敬颜、朱风合辑：《蒙古译语 女真译语汇编》，天津古籍出版社1990年版，第96页。

③ 贾敬颜、朱风合辑：《蒙古译语 女真译语汇编》，天津古籍出版社1990年版，第91页。

位后，因与左贤王师子失和，内乱再起，不久安国被杀。（《搜狗百科》“安国单于”条）

其实《后汉书·南匈奴列传》写得清楚：“单于屯屠何立六年薨，单于宣弟安国立。”而栾鞮宣则为醢落尸逐鞮单于弟栾鞮汗之子，与身为醢落尸逐鞮单于嫡孙的左贤王师子，成为角逐单于权位的两支势力的代表，必然会争斗日益。问题在于：汉朝的封疆大吏们也深深地参与在了其中。由《后汉书·南匈奴列传》的“后帝知朱徽、杜崇失胡和，又禁其上书，以致反畔，皆征下狱死”。可知，汉庭参与其中程度之深。南匈奴建国比、莫、汗三兄弟单于，至丘除车林鞮单于之后，已断了莫弟这一支；现在安国被杀，又灭了汗弟另一支。此后的南匈奴，成了栾鞮比一脉的天下，这让南匈奴执政贵族们如何接受。索性就连单于身后的名号也罢工不去册封了。安国就这样成了匈奴史上第一位没有名号的单于。

第六节　汉庭的化育与宠幸
——“亭独尸逐侯鞮”释义

栾提师子，号亭独尸逐侯鞮单于，为南匈奴第四任醢童尸逐侯鞮单于的儿子。汉永元六年（94 年）立。

《后汉书·南匈奴列传》里，栾提师子未即单于位时便多得宠幸：“左谷蠡王师子素勇黠多知，前单于宣及屯屠何皆爱其气决，故数遣将兵出塞，掩击北庭，还受赏赐，天子亦加殊异。是以国中尽敬师子，而不附安国。安国由是疾师子，欲杀之。”

由于师子登单于位前，曾多次参与征伐北匈奴的战事，与北匈奴人结有嫌怨，因此新降的北匈奴部众不服。“降胡五六百人夜袭师子，安集掾王恬将卫护士与战，破之。于是新降胡遂相惊动，十五部二十余万人皆反畔，胁立前单于屯屠何子薁鞬日逐王逢侯为单于。”（《后汉书·南匈奴列传》）匈奴再次分裂，东汉派遣大军以及乌桓、鲜卑兵共四万人大败逢侯，逢侯遂率众出塞，汉军追赶不及。

师子其后一直得到越骑校尉冯柱、行度辽将军庞奋的鼎立辅助，得以制服右温禺犊王乌居之叛，加速逢侯部溃败。师子立五年去世，由前单于栾提长之子栾提檀继位。

《老子》："长之育之，亭之毒之，养之覆之。"一本作"成之熟之"。高亨正诂："'亭'当读为'成'，'毒'当读为'熟'，皆音同通用。"后引申为养育，化育。"亭独"即"亭毒"的异写，用来强调栾提师子的单于位，不过得益于汉庭的化育。其中，南匈奴贵人集团情系前单于屯屠何子薁鞬日逐王逢侯之倾向昭然。

第七节　被汉人诱惑了的单于
——"万氏尸逐鞮"释义

万氏尸逐鞮单于檀（公元98—124年）是南匈奴在位时间较长的单于，却没有依例冠"侯鞮"的名号。原因在于：比、莫、汗三兄弟开启的兄终弟及诸子"鞮侯"制只实行了两代。莫、汗两兄弟加上他们的子辈，做单于竟没有一个超过三年的，当然更谈不上第三代准备"侯鞮"单于位的接班人了。于是，至第10位南匈奴单于亭独尸逐侯鞮单于之后，南匈奴的贵人们发现：单于的接班人只剩下了醢落尸逐鞮单于比一脉。此后谁来做单于，做多长时间的单于，成了一家人关起门来商量就成的事情。当然就用不着再拿名号"鞮侯"标示接班人的换代；或者用"侯鞮"来彰显单于位上的时间长短。于是，从亭独尸逐侯鞮单于之子万氏尸逐鞮单于（第11代）开始，先是令"侯"字休息；至13代去特若尸逐就单于，为了防止"鞮"的"恭敬"之义与原有的"弟悌"意相混淆，干脆易"鞮"为"就"。何谓"就"？既然是用来替换匈奴名号中夏后氏语组成部分，还是用本书提议的方式——去西夏文中寻求夏后氏语之痕迹。西夏文𗃛（1920）〔牙音，巨（玉）油切，音骄（乐）〕"①恭敬也。（形）②曲也。"显然也就是南匈奴名号中那个代替专指"弟恭"之"鞮"的泛指恭敬之"就（𗃛）"。

再来看"万氏"得名。万氏尸逐鞮单于檀在位26年，最为史书所道的即所谓万氏尸逐鞮单于为汉人"引诱，诱惑"之事。《后汉书·南匈奴列传》：

> 万氏尸逐鞮单于檀，永元十年立。……永初三年夏，汉人韩琮随

南单于入朝，既还，说南单于云："关东水潦，人民饥饿死尽，可击也。"单于信其言，遂起兵反畔，攻中郎将耿种于美稷。秋，王彪卒。冬，遣行车骑将军何熙、副中郎（将）庞雄击之。

四年春，檀遣千余骑寇常山、中山，以西域校尉梁慬行度辽将军，与辽东太守耿夔击破之。事已具慬、夔传。单于见诸军并进，大恐怖，顾让韩琮曰："汝言汉人死尽，今是何等人也？"乃遣使乞降，许之。单于脱帽徒跣，对庞雄等拜陈，道死罪。于是赦之，遇待如初，乃还所钞汉民男女及羌所略转卖入匈奴中者合万余人。

《穆》记古蒙古语"引诱，诱惑"音读为 weswese ki[①]。汉语略读正为"万氏"。

第八节　再起开端

——"乌稽侯尸逐鞮"释义

乌稽侯尸逐鞮单于栾提拔，为南匈奴胡邪尸逐侯鞮单于之子，万氏尸逐侯鞮单于之弟，公元 124 年单于檀死后由他继位。南匈奴执政贵族们能够给栾提拔命名"乌稽"的名号，意在指其摆脱了万氏尸逐鞮单于对汉庭先"起兵反畔"；继而"道死罪"的紧张关系，创造了新的开端。

《穆》载有"uju：r 开始，开端；起初，起点"。[②] 其汉语记音即近于"乌稽"。这个新开端包括了三个方面：（1）"（汉度辽将军）耿夔复免，以太原太守法度代为将军"，正是这个耿夔，"征发烦剧，新降者皆悉恨谋畔"；（2）"中郎将马翼遣兵与胡骑追击，破之，斩首及自投河死者殆尽，获马、牛、羊万余头。"灭除了"新降者"之叛；（3）"上言求复障塞，顺帝从之。乃遣黎阳营兵出屯中山北界，增置缘边诸郡兵，列屯塞下，教习战射。"解除了"单于（对鲜卑的）忧恐"。[③]

---

① 保朝鲁编：《穆卡迪马特蒙古语词典》，内蒙古大学出版社 2002 年版，第 217 页。

② 保朝鲁编：《穆卡迪马特蒙古语词典》，内蒙古大学出版社 2002 年版，第 157 页。

③ 以上三方面所引，皆出自《后汉书·南匈奴列传》。

第九节　沦为“汉人—奴才”的单于

——“去特若尸逐就”释义

去特若尸逐就单于栾提休利，为南匈奴胡邪尸逐侯鞮单于之子，乌稽侯尸逐鞮单于之弟。公元128年单于拔死后由他继位。140年夏，南匈奴左部句龙王吾斯、车纽等叛汉，率三千余骑寇西河，杀朔方、代郡长史。单于脱帽避帐向汉朝谢罪。五原太守、护匈奴中郎将陈龟以单于不能制下，逼迫去特若尸逐就单于自杀。

南匈奴单于承袭制在只剩下栾鞮比一脉之后，于第11位万氏尸逐鞮单于檀开始，又恢复了兄终弟及的接替传统，连续三届，一直到呼兰若尸逐就单于的前任去特若尸逐就单于。按照旧例，这种兄终弟及接替传统的预备方式，需要先质子于汉庭，然后再任命未来单于位的储君为左贤王。问题是去特若尸逐就单于事出突然，结果“单于及其弟左贤王皆自杀”，只余下兜楼储“先在京师”，此四字等于间接地告知了人们兜楼储为去特若尸逐就单于“质子”的身份。

那么，什么妨碍了兜楼储，使其只能在南匈奴空位三年后，由汉顺帝册封，并派人护送他回单于庭做单于。蹊跷就出在南匈奴贵族们在身后给予栾提休利名号的“去特”上。

“去特”对于匈奴及其之后的中国北方诸族是熟悉不过的“冤家”。《华夷译语》里称之为“汉人　乞塔惕 kiat”；[①]《韃靼译语》称为“汉人乞塔苦温”；[②]《登坛必究》所载（蒙古）《译语》记做“汉人 乞塔”；[③] 至《新刻校正买卖蒙古同文杂字》，却一变成为了“奴才 乞塔”。[④] 即是说，在北方诸族的“乞塔”或“去特”中，“汉人”与“奴才”始终是其互为显隐的两层含义。南匈奴贵族们在身后给予栾提休利名号以“去特”，表达了他们对栾提休利“单于本不豫谋，乃脱帽避帐，诣并谢罪”，最终“单于及其弟左贤王皆自杀”行为的不耻，以致除了在

① 贾敬颜、朱风合辑：《蒙古译语 女真译语汇编》，天津古籍出版社1990年版，第44页。

② 贾敬颜、朱风合辑：《蒙古译语 女真译语汇编》，天津古籍出版社1990年版，第96页。

③ 贾敬颜、朱风合辑：《蒙古译语 女真译语汇编》，天津古籍出版社1990年版，第135页。

④ 贾敬颜、朱风合辑：《蒙古译语 女真译语汇编》，天津古籍出版社1990年版，第199页。

名号上“去特（汉人—奴才）”外，对迎接在汉庭京师做“质子”的兜楼储回来继单于位也一并失去了兴趣。

第十节　值得记忆的单于盛势
——“呼兰若尸逐就”释义

呼兰若尸逐就单于，挛鞮氏，名兜楼储，公元143年在南匈奴空位三年后，由汉顺帝册封，并派人护送他回单于庭。《后汉书·南匈奴列传》详细的描述了其盛况：

> 呼兰若尸逐就单于兜楼储先在京师，汉安二年立之。天子临轩，大鸿胪持节拜授玺绶，引上殿。赐青盖驾驷、鼓车、安车、驸马骑、玉具刀剑、什物，给彩布二千匹。赐单于阏氏以下金锦错杂具，軿车马二乘。遣行中郎将持节护送单于归南庭。诏太常、大鸿胪与诸国侍子于广阳城门外祖会，飨赐作乐，角抵百戏。顺帝幸胡桃宫临观之。

可见在当时留下印象之深刻。满语蒙古语共同语有“horou 威武，盛势，毒”①，已见出呼兰（horou）一词的双重含义。所以，《续增华夷译语》称“咏　土兀（呼）蓝　duqulan”《鞑靼译语》却译作“恐吓　合（阿）蓝”。② 呼兰若尸逐就的“呼兰”，表达的当是南匈奴掌事贵族们对汉庭所立单于的双重心理情绪。

至于“兜楼储”，当即蒙古语“小老七”之义。《穆》中谓“第七”为“dula：nci”；③ 同时期的《华夷译语》称“弟　迭兀　dehü”。④ 二者合读，其汉语对音当为“兜楼赐（迭）兀”，急读则成“兜楼储”。原来，兜楼储本是去特若尸逐就单于栾提休利的“小老七”。上文已论及“南匈奴单于承袭制在只剩下栾鞮比一脉之后，于第11位万氏尸逐鞮单

① 高娃：《满语蒙古语比较研究》，中央民族大学出版社2005年版，第291页。

② 贾敬颜、朱风合辑：《蒙古译语 女真译语汇编》，天津古籍出版社1990年版，第84、109页。

③ 保朝鲁编：《穆卡迪马特蒙古语词典》，内蒙古大学出版社2002年版，第34页。

④ 贾敬颜、朱风合辑：《蒙古译语 女真译语汇编》，天津古籍出版社1990年版，第43页。

于檀开始，又恢复了兄终弟及的接替传统，连续三届，一直到呼兰若尸逐就单于的前任去特若尸逐就单于。按照旧例，这种兄终弟及接替传统的预备方式，需要先质子于汉庭，然后再任命未来单于位的储君为左贤王。”这里涉及了兜楼储身世的两方面问题：其一，正是因为连续三届的兄终弟及，30 年的漫长排队，儿孙忽满堂的去特若尸逐就单于栾提休利，捱到登大位时有“小老七”可以去做“质子”就成了一桩很正常的事情；其二，去特若尸逐就单于虽然在位 12 年之久，却是苟活在汉庭地方官吏的淫威之下，甚至脱帽避帐向汉朝谢罪仍不得活，最终落得被逼自杀永世戴着“去特（汉人—奴才）单于”的秽号下场，则其“质子”的生存质量可想而知，择机投汉庭成为“归义王”，只能说明这位“小老七”兜楼储还不太笨。

第十一节　“其遣还庭”的单于糗事

——“伊陵尸逐就”释义

伊陵尸逐就单于栾提居车儿。公元 147 年呼兰若尸逐就单于去世，居车儿继位，做了 25 年单于于 172 年去世。《后汉书·南匈奴列传》却只记下了他的两件糗事：

> 伊陵尸逐就单于居车兒，建和元年立。至永寿元年，匈奴左薁鞬台耆、且渠伯德等复畔，寇抄美稷、安定，属国都尉张奂击破降之。事已具《奂传》。
>
> 延熹元年，南单于诸部并畔，遂与乌桓、鲜卑寇缘边九郡，以张奂为北中郎将讨之，单于诸部悉降。奂以单于不能统理国事，乃拘之，上书立左谷蠡王。桓帝诏曰：“《春秋》大居正，居车一心向化，何罪而黜！其遣还庭。”

“大居正”典故出自《公羊传·隐公三年》：“故君子大居正。宋之祸，宣公为之也。”何休注：“明修法守正，最计之要者。”《东观汉记·下伾惠王衍传》：“礼重嫡庶之序，《春秋》之义大居正。”意为：以恪守正道为贵。大，尊尚。按理，汉恒帝已对栾提居车儿做出如此肯定的评价，南匈奴贵族自家给出的单于身后名号，选择的却是“伊陵”。《穆》中，这个词被记作“ile-①打发，派出，派遣。②寄出，发出”[①]，简直就是“其遣还庭”的翻版。

第十二节 “逃窜—什么也不（没有）—结子”的末世三部曲

——“屠特、呼徵、羌渠”释义

屠特若尸逐就单于，公元172年伊陵尸逐就单于去世，其子屠特若尸逐就单于继位。177年，他与中郎将臧旻出雁门攻击鲜卑檀石槐。178年，屠特若尸逐就单于去世。依照传统，名号“屠特”，当来自南匈奴贵人们的评价。依《后汉书·南匈奴列传》所记，屠特若尸逐就单于六年间，唯一可列入史书的事，即：

> 屠特若尸逐就单于某，熹平元年立。六年，单于与中郎将臧旻出雁门击鲜卑檀石槐，大败而还。是岁，单于薨，子呼徵立。

“屠特”者，《穆》记音为tuta：-，意为“①逃跑；脱逃；逃避。②逃窜”[②]，正应了史书的“大败而还”四字。

“屠特”名号对南匈奴产生了持续的影响。首先，来自南匈奴贵人们的评价表明了对屠特若尸逐就单于一脉的极端失望。果然，屠特若尸逐就之子即位不足一年便被斩杀，死后竟罕见地没有得到南匈奴贵人们的封号。如此，所谓“呼徵单于”的“呼徵”便显得格外可疑。“徵”原初音zhi，《周礼·春官·大师》：“皆文之以五声：宫、商、角、征、羽。”即用此音。《穆》有读如“呼”者“hü’ü：-//h ü：-①腐败，腐烂。②发臭。”[③] 至于“徵（zhi）”，满语蒙古语共同语常以此读音指“者、人、匠”。“腐烂者、发臭者”很可能是在暗指呼徵这个短命鬼单于“不先请而擅诛杀”的可怜际遇：“单于呼徵，光和元年立。二年，中郎将张

---

① 保朝鲁编：《穆卡迪马特蒙古语词典》，内蒙古大学出版社2002年版，第63页。

② 保朝鲁编：《穆卡迪马特蒙古语词典》，内蒙古大学出版社2002年版，第155页。

③ 保朝鲁编：《穆卡迪马特蒙古语词典》，内蒙古大学出版社2002年版，第61页。

脩与单于不相能，脩擅斩之，更立右贤王羌渠为单于。脩以不先请而擅诛杀，槛车征诣廷尉抵罪。”（《后汉书·南匈奴列传》）长远来看，“屠特”代表了南匈奴贵族们对随汉军征战的抵触与厌倦，最终演变成了“初，南单于於扶罗既立，国人杀其父（羌渠单于）者遂叛”的导火索。

当然，最令人可疑的还数“羌渠单于”。据《后汉书·南匈奴列传》：

> 单于羌渠，光和二年立。中平四年，前中山太守张纯反畔，遂率鲜卑寇边郡。灵帝诏发南匈奴兵，配幽州牧刘虞讨之。单于遣左贤王将骑诣幽州。国人恐单于发兵无已，五年，右部醢落与休著各胡、白马铜等十余万人反，攻杀单于。
>
> 单于羌渠立十年，子右贤王於扶罗立。
>
> 持至尸逐侯单于於扶罗，中平五年立。国人杀其父者遂畔，共立须卜骨都侯为单于，而於扶罗诣阙自讼。

这里的“右部醢落”，让人记起前述提及的《后汉书·南匈奴传》中“匈奴单于舆封其侄比（即后来的醢落尸逐鞮单于）为右薁鞬日逐王统领南边八部及乌桓”。“右部醢落”即“右部根基”，当然也就是栾鞮比支系的根基。上文论及南匈奴单于三兄弟比、莫、汗三支，“至第10位南匈奴单于亭独尸逐侯鞮单于之后，南匈奴的贵人们发现：单于的接班人只剩下了醢落尸逐鞮单于比一脉”。现在，醢落尸逐鞮单于比一脉老家竟然“十余万人反，攻杀单于”，则意味着栾鞮氏四百年的江山就此作结！

果然，据《资治通鉴·汉纪》：

> 初，南单于於扶罗既立，国人杀其父者遂叛，共立须卜骨都侯为单于。於扶罗指阙自讼。会灵帝崩，天下大乱，於扶罗将数千骑与白波贼合兵寇郡县。时民皆保聚，钞掠无利，而兵遂挫伤。复欲归国，国人不受，乃卡河东平阳。须卜骨都侯为单于一年而死，南庭遂虚其位，以老王行国事。

国人在杀了羌渠之后，已经弃栾鞮氏而选择另一贵族须卜家的“须卜骨都侯”立为单于，才有“随叛”之评价。至于所谓“（羌渠）子右贤王於扶罗立”，所能作为的只剩下流浪在外的“指阙自讼”，以及“复欲归国，国人不受，乃卡河东平阳”；更惨的是，即便“须卜骨都侯为单于一年而死”，南匈奴执政贵族们也不再选栾鞮氏为单于，“南庭遂虚其位，以老王行国事”。

有了此番梳理，再来看何谓“羌渠”。《穆》记：“janqi 结子，结扣。”① 音近于“羌渠”。天下竟然有这么奇特的事？奇特一，屠特、呼徵、羌渠三位单于，竟然会连续缺命名或者缺单于号；奇特二，单剩下的单于号或名，又未卜先知地概括出了三位单于各自不同的命运；奇特三，单剩下的单于号或名，竟然全是“逃窜”“什么也不（没有）”“结子”这样的恶评！

第十三节 由报私仇开端的“孝”义构建
——“持至尸逐侯”释义

持至尸逐侯单于，名於扶罗，公元188—195年在位。羌渠之子。前赵刘渊之祖。

就目前所见文本，除疑点重重的“匈奴谓孝为若鞮”，在中国北方诸族中，最早试图以本民族语言释“孝”的，大概要算蒙古语族的契丹语。《辽史》卷31《营卫志》：“孝文皇太弟敦睦宫，谓之赤寔得本斡鲁朵，孝曰‘赤寔得本’。”《国语解》：“得失得本，孝也。”孙伯君、聂鸿音以为：“此词来源未详，且‘赤’与‘得’未知孰是。”② 其实，“赤寔得本”与“得失得本”，皆出自契丹语对“孝”的意译：满语蒙古语共同语有“cisui 私”＋“deberen 崽子”，③ 汉文音读可以“赤寔得本”当之。将“孝”意译做“cisui 私”＋“deberen 崽子”，当源于契丹人对汉文献“弟子入则孝，出则悌”（《论语·学而》）和“使布五教于四方，父义，母慈，兄友弟恭，子孝，内平外成”（《史记·五帝本纪》）的契丹式理解。

由“孝曰‘赤寔得本’”，我们可以上溯至匈奴自认的“孝”见用于单于名号中，即最后一个持有南匈奴单于名号“持至尸逐侯单于”中

① 保朝鲁编：《穆卡迪马特蒙古语词典》，内蒙古大学出版社2002年版，第66页。

② 孙伯君、聂鸿音：《契丹语研究》，中国社会科学出版社2008年版，第56页。

③ 高娃：《满语蒙古语比较研究》，中央民族大学出版社2005年版，第232、239页

的“持至”。“因为南匈奴历任单于的单于号，都是死后获得的。”（罗新：《中古北族名号研究》），而南匈奴的贵族们给於扶罗单于名号“持至”的理由，就在于於扶罗单于任内做的唯一事情，就是替被国人所弑杀的父王报仇。它是匈奴传统上的“持至（赤寔）cisui 私”事；却亦是汉文化传统认可的“孝”事。当然，这里还只是“孝”之用，其明确为“孝”的概念，就现有的材料看，还得算千年以后《辽史》的正式认定：“孝曰‘赤寔得本’”。

第十四节　最弱小的单于仍免不了被瓜分命运
——“呼厨泉”释义

呼厨泉单于，公元 195—216 年在位。於扶罗之弟，前赵刘渊之叔祖。216 年被曹操留邺。遣去卑代理，去卑乃夏赫连勃勃之先祖。

之所以视“呼厨泉”为单于名号，是因为该名号只能是在呼厨泉单于身后为其际遇量身定做的。《穆》有“hücü：ken//hücü：kün//hücüken 小的，细的；最小的”①。其中，“呼厨泉”构成了其第二种读法的汉语对音。呼厨泉的弱小，不仅表现在“被曹操留邺”而有家不能回；更蕴含在“去卑代理”的被架空上。“去卑”者，虽说只是刘去卑的名，但因何得之却似乎也藏有深意。“qubi（一）部分”也。《穆》在此词条下的例句有“把财产和他分成了两份”；“东西被分成了好多部分”等。② 对应的正是史书所载：曹操将南匈奴分为五部，每部选尊贵者为帅，别令汉人为司马，以监督之。

至此匈奴遂弱。至西晋惠帝时复兴，304 年，於扶罗之侄孙刘渊（元海）反晋建汉，后改前赵，329 年被后赵石勒所灭。后又有北凉和夏兴于一时，至 431 年夏亡于吐谷浑，史书不见匈奴也。

---

① 保朝鲁编：《穆卡迪马特蒙古语词典》，内蒙古大学出版社 2002 年版，第 59 页。

② 保朝鲁编：《穆卡迪马特蒙古语词典》，内蒙古大学出版社 2002 年版，第 124 页。

第十三章　草原场域的西南：纳木依语记忆中的二十八宿牧声（1）

“有两样东西，我们愈经常愈持久地加以思索，它们就愈使心灵充满始终新鲜不断增长的景仰和敬畏：在我之上的星空和居我心中的道德法则。”① 这句名言虽然只有 230 年的历史，但是，人类依赖星空构建自己心灵渴望的理想秩序的努力，却被证明已经具备了 5000—6000 年的实践。②

1982 年 5—7 月，在中国西南民族研究学会组织的六江流域民族综合科学考察中的雅砻江下游试点考察系列里，龙西江先生完成了其中的《冕宁县联合公社藏族的传说及天文历法》调查报告（以下简称《冕》文）。③ 纳木依人记忆中的二十八宿从被遮蔽状态走出。35 年之后，当下族群记忆视角中的华夏与政治体视角下的华夏争执正酣之时，重新释读一个契合着布迪厄的“场域（field）与惯习（habitus）”原则，重建具有“华夏边缘”品格的纳木依人二十八宿文化，将会产生多层面的启迪作用。

鉴于纳木依人母语在以古羌语为基底方面与西夏文的深厚渊源，鉴于纳木依语与羌语彝语的相互影响，本书在考证部分尽可能地引入了西夏文及羌彝语为互证；鉴于纳木依人给二十八宿赋予的“场域”特质，本书试图重构有纳木依记忆参与的诸星官图的整体意义；也鉴于二十八宿文化

---

① ［德］康德：《实践理性批判》，韩水法译，商务印书馆 1960 年版，第 177 页。

② 详见冯时《中国天文考古学》第六章“星象考原”，中国社会科学出版社 2010 年版，第 351—458 页。其结论云：“事实上，从考古学所能展示的最新资料入手，中国二十八宿体系的初创期至少可以上溯到公元前第四千纪的中叶。”

③ 龙西江：《冕宁县联合公社藏族的传说及天文历法》，《雅砻江流域民族考察报告》，民族出版社 2008 年版，第 75—86 页。

的全面释读需要较之论文更大的体量与篇幅。本书决定将选择性的释读围绕于“过渡”“恪守”“融通”“创新”等符号，品味纳木依人母语中的星空文化带给我们的惊奇与思索。

第一节　“骨”之场域与混血的二十八宿结构

“场域与惯习”是当代法国最具国际性影响的思想大师皮埃尔·布迪厄（1930—2002年）社会实践理论的核心概念。

> 布迪厄眼中的“场域”（field），首先，可以设想为由一些特定原则所界定的相对独立的社会空间，每个场域都规定了各自特有的价值观，拥有各自特有的调控原则。这些原则界定了一个社会构建的空间。其次，场域是一个活动着的、充满冲突和竞争的空间。在场域中，参与者彼此竞争，以确立对在场域内能发挥有效作用的词源和权力的垄断。在此过程中，场域本身的形塑与划分成为核心焦点。最后，场域是一种关系系统，由附着于某种权力（或资本）形式的各种位置间的一系列客观历史关系所构成。如果说，“场域”概念所指向的是一种社会世界的客观结构，那么，“惯习”概念所描绘的则是行动者的性情倾向系统。在布迪厄看来，惯习是一种“结构形塑机制”（structuring mechanism），一种“生成策略的原则，这种原则能使行动者应付各种未被预见、变动不居的情境”。而作为一种外在结构内化的结果，惯习总是以某种大体上连贯一致的系统方式，对场域的要求做出回应，并通过体现于身体而实现集体的个人化。在这种意义上，惯习是一种“社会化了的主观性”，它来自于社会制度，寄居于身体之中。布迪厄认为，惯习与场域之间存在着十分密切的关系。一方面，场域形塑着惯习，惯习因此成为某个场域所固有的必然属性体现在身体之上的产物；另一方面，惯习又赋予场域以感觉和价值，并把它建构成一个充满意义的空间。①

① 周大明主编：《文化人类学概论》，中山大学出版社2009年版，第18—19页。

纳木依人二十八宿文化和“场域与惯习”概念的契合，体现在：①这是一个由纳木依母语构建的被称之为“骨”的“相对独立的社会空间”；②具备“活动着的、充满冲突和竞争的空间”的“星星过渡”调控原则；③星占层面则凸显着游牧者的“性情倾向系统”。

其一，与世界其他的二十八宿文化相比较，纳木依人的独特之处首先是将二十八宿统称为“骨”。世界的二十八宿文化中，“宿”之称本源于中国。《史记·律书》：“《书》曰二十八舍。……舍者，日月所舍。”司马贞《索隐》：“二十八宿，［七正］之所舍也。舍，止也。宿，次也。言日月五星运行，或舍于二十八次之分也。”冯时在历数汉文献记载后总结道：“这些记载与司马迁所理解的‘舍’为日月所舍的认识一样，都把二十八宿视为日月在天空中停留的驿馆。”又云：“二十八宿体系的创立采用了恒星月的长度似乎已没有疑问，在古代印度，二十八宿被称为‘纳沙特拉’（nakshatra），在阿拉伯则被称为‘马纳吉尔’（al-manazil），意思都是‘月站’。”①

那么，纳木依人将二十八宿统称为“骨”，是否亦可视为“日月在天空中停留的驿馆”的同义词呢？龙西江的调查报告没有涉及，可能以为应该不成问题。然而，将“骨”放回至纳木依人的语境中，却发现并不那么简单。纳木依人称其著名的《送魂经》为“错布露骨”。为此，杨福泉先生曾详为解析：

> 纳木依人称其为“错布露骨”。汉意为指路经、送魂经、俗称“路票”、“案子”。从“错布露骨”这4个词分析，我认为“错”即古纳西语（或纳语）的“撮”（coq，一般音译为“崇”），是指“人”，“布”应即“送”之意，这个“送”指送人、送客，也指送人之亡灵。“露骨”应该是纳西语“liuq gv”（吕古），意为“看的地方”、“看的所在”，“错布露骨”的汉文意应是“送人（亡灵）时看的地方（所在）”，指根据这些图谱和文字，将亡灵送回祖先之地。②

① 冯时：《中国天文考古学》第六章“星象考原”，中国社会科学出版社2010年版，第351—458页。

② 杨福泉：《纳木依与“纳”族群之关系考略》，《民族研究》2006年第3期。

可见，纳木依人将二十八宿统称为“骨”，是在强调它们是远比“日月在天空中停留的驿馆”复杂得多的独立空间。纳木依人的强调是有其本源的。作为同以古羌语为基底的西夏语，便在诸星宿称谓之外，另外称承载这些星宿的天体为𘟣𘕿“〔没各（骨）〕天体（珠 032）”；同时，西夏文亦将帝王“城主”称谓的“城”汉语音读为近于“骨”的“歌”。[①]

为什么纳木依人甚至上溯至10世纪的西夏人，要强调二十八宿是天体，是远比“日月在天空中停留的驿馆”复杂得多的独立空间？客观上，恐怕是因为星宿中的星官在发展中愈加丰富，需要将其作为整体加以诠释；主观上，纳木依人甚至扩展到整个羌语支族群的历史记忆，都被“华夏边缘”的宿命所缠绕，时时需要在“华夏化”“内亚化”“土著化”的过渡与融通之间施展智慧。于是，星宿命名与星占内涵重释便成为世俗世界边缘化社会实践的折射。

其二，纳木依人的二十八宿结构从“骨子吉骨”开始的文化意味。“骨子吉骨”是龙西江的纳木依人考察报告中，纳木依人二十八宿星辰唯一可确定含义的名称。即“骨子吉骨（纳木依语意为七姐妹，二十八宿第一宿。纳木依根据月亮经过此宿来定日历，这天被称为星星过渡，纳木依占星术上认为这一天大吉大利。纳木依根据此星宿在夜间辨别方向、择日）”，“骨子吉骨我们考证为昴宿”。龙西江先生也承认：“遗憾的是，关于从第二宿绿苏里骨至第二十八宿枯兹食骨间的星宿名称的意思，我们的调查对象李阿若和汉牛马章都不知道，有待今后继续调查。”龙西江先生根据唯一知道纳木依语义为“七姐妹”的二十八宿首宿，考证其为“昴宿”，并依此类推出纳木依二十八星宿的序列：

> 肯定了纳木依二十八宿之首宿为昴宿，那么纳木依二十八宿的序列就是：昴（骨子吉骨）、毕（绿苏里骨）、觜（窝乌所骨）、参（纳日骨）、井（柱乌阿骨）、鬼（米依枯骨）、柳（赫摸底食骨）、星（阁来击骨）、张（木都里骨）、翼（木麻所骨）、轸（米依日骨）、角（左勃阿骨）、亢（左曲枯骨）、氐（依枯食骨）、房（依鸭结骨）、心（也是兹都里骨）、尾（里布所骨）、箕（兹里日骨）、斗

---

① 李范文编著：《简明夏汉字典》，中国社会科学出版社2012年版，第104页。

（依拉按骨）、牛（衣卑枯骨）、女（马依食骨）、虚（塔牙结骨）、危（锡都里骨）、室（锡麻所骨）、壁（窝鱼日骨）、奎（土呷按骨）、娄（吃蒐枯骨）、胃（枯兹食骨）。①

显然，这与中国传统的以“东方七宿”之“角”为首宿截然不同。对此，龙西江的解释是：“纳木依二十八宿以昴宿为起首的星宿，绝非偶然。《晋书·天文志》记载：‘昴七星，天之耳目也。主西方、主狱事。又为旄头，胡星也。’又‘昴主戎狄蛮夷’。古代汉族认为昴宿是西方少数民族的星辰，昴宿与其关系必然密切。我们在纳木依人中的调查证实了这一点。昴宿（骨子吉骨），纳木依语意为‘七姊妹’。每个纳木依家庭的保护神绘在一张牛皮上，牛皮称之为‘通杆’，通杆上绘有的星辰是日、月、骨子吉骨（七姊妹）。‘通杆’对每个纳木依家庭是非常神圣的，他们异常崇拜此物，将其小心地珍藏着，世代相传。每次把这张牛皮打开都得举行宗教仪式，任何事情纳木依都是通过阿什、帕比去向这张牛皮祈求祷告。因此，昴宿对纳木依显然是起保护作用的善星。”②

问题在于：纳木依人不仅以“骨子吉骨”为二十八宿首宿，而且由此重新结构了二十八宿的四组星宿序列，即：“吉骨、里骨、所骨、日

① 有幸的是，古羌语不仅残留在发育并不充分的彝文、纳西文里，而且作为文字的基本词汇而结构在曾经作为国家文字流行的西夏文中。西夏文将表“村邑、乡里、家庭、聚落”的文字[illegible]标注为“韦布切”（《简》2820字），将表“宫、城”的文字[illegible]标注为“嵬刮切，音斡”（《简》1623字），将表“城堡”的汉字[illegible]注音为“裹”（《简》2077字），将表“仓、库、藏、府、當”的[illegible]汉文字注音为“坞”（《简》4730字），音皆近于“骨”。至于[illegible]（《简》3372字）“〔牙音，改怒切，音姑〕内也。（名）”西夏字书释“[illegible]（内）”：“国家天子居住处有之谓”（合编甲07.193）；另，西夏文[illegible]（《简》0046字），“〔来日音，音领〕①见、看、视、观也。（动）；②二字重叠表示多次见、反复见、持续见或互相见。③音〔礼〕、〔丽〕、〔令〕也。”如此，西夏文“看的地方”读作“领坞”，其读音亦近于纳西语“liuq gv”（吕古）或“露骨”。

另外，方言系统里，陕北说土堆、土峁是“圪堆、圪都”。宋元时候文字里也见到这个词，写的是“骨堆、孤堆”。宋·普济《五灯会元》：“山僧今日已是平地起骨堆，诸人行时，各自著精彩看。”元武汉臣杂剧《老生儿》三：“我嫁的鸡随鸡飞，嫁的狗随狗走，嫁的孤堆坐的守。”原来，纳木依语用来指称星宿的“骨”、西夏文与之相对的[illegible]、西北方言系统的“圪”，词源皆来自于“地方（所在）”。

② 龙西江：《冕宁县联合公社藏族的传说及天文历法》，《雅砻江流域民族考察报告》，民族出版社2008年版，第75—86页。

骨、阿骨、枯骨、食骨。”对照刘辉强《纳木依语概要》中列出的“一 ʨi（吉）、二 ni（尼）、三 so（叟）、四 zɿ（日）、五 ŋa（那）、六 qu（枯）、七 ʂɿ（食）”；① 再佐之以藏语汉字注音称“1（吉）、2（尼）、3（松）、4（西）、5（阿）、6（珠）、7（登）”，加之注音“骨”，即成了吉骨（第一）、尼骨（第二）、松骨（第三）、西骨（第四）、阿骨（第五）、珠骨（第六）、登骨（第七）。可以发现，除了“日骨”“食骨”外，纳木依人的星宿称谓皆与藏语第一至第七读音相同或相近。至于“日骨”的“日”、“食骨”之“食”，比较羌语“hhrre　会；辣；砌匠；四”、“sde　七，sdelh 七月”②，也应该看出其间具有的渊源关系，再次透露了现今并入藏族的纳木依人，与古羌人同源的历史。③

“二十八宿：昴为首”的结构方式及其演变，是一直伴随着印度佛教经典在中国的传播而发展。最早见于安息国太子安世高于东汉元嘉元年（151 年）译为汉文的《摩邓女经》，不过该译本已佚。三国时期，孙吴印度僧人竺律炎与月氏国清信士支谦再度将其翻译，名为《摩登伽经》，共二卷，全用二十八宿汉译名；西晋时，高僧竺法护又于永嘉年间翻译了该经，即作《舍头谏太子二十八宿经》，已增加了印度二十八宿的意译名；（唐）《酉阳杂俎》本则又衍生出“姓，形、祭”之记；只是皆未见将二十八宿分组列之。直至多罗那他于 1610 年所著《莲花生大士传》，才在前揭的基础上，将“昴为首”的排序与“东方有昴宿星”的四方组合融汇在了一起。由此可知，纳木依的“二十八宿：昴为首”+四方组合，应出现于《莲花生大士传》之后。只是根据龙西江调查报告中纳木依巫师所画二十八宿图，“表明骨子吉骨的方位在西方，星数为七颗。”则可见，纳木依的二十八宿依旧是一个依中国四象为基底的混血产物。

---

① 刘辉强：《纳木依语概要》，《雅砻江流域民族考察报告》，民族出版社 2008 年版，第 365—395 页。

② 刘辉强：《纳木依语概要》，《雅砻江流域民族考察报告》，民族出版社 2008 年版，第 365—395 页。

③ 正如杨福泉先生在援引了何耀华教授的研究成果后所言：“从何教授的上述研究结论中，不仅可以看出川西南藏族先民与纳西族先民同源于牦牛羌的佐证，同时，也可以看出两族在历史上的融合和分化现象。大量的民族学和语言学资料，都证明了今四川省雅砻江流域的藏族纳木依人是如今已经融于藏族的纳西族人（确切讲，应该称为“纳”族群之人）。”杨福泉：《纳木依与“纳”族群之关系考略》，《民族研究》2006 年第 3 期。

第二节　主位的“华夏边缘”与“星星过渡”的调控原则

值得注意的是：纳木依人独特的“星星过渡”观念，当与（唐）《酉阳杂俎》里内亚化的二十八宿记载关系密切。《酉阳杂俎》的二十八宿第一句话即讲：“二十八宿：昴为首，一夜行三十时，形如剃刀，姓鞞耶尼，祭用乳，属火。”而同一时间的莲花生大士已经将印度的“纳沙特拉”（二十八宿）介绍至中土，其中“昴”的印度宿名为“kritika”，意为“剃刀”。显然，《酉阳杂俎》版多出了一个对“姓鞞耶尼”的强调。其实，“鞞耶尼”的“鞞”，当为“bicin”汉字注音的略读。“bicin”最早见于八世纪奥尔浑岛的突厥文碑铭。路易·巴赞的研究指出：

> 因此，通过与蒙古和及嘎斯历法资料的比较，我认为已经得出了对奥尔浑岛碑铭的真正历法部分的一种具体解释：“arkar ay：bicin、kis”，其意义为：“雄性大角山羊月，划分，冬季。”
>
> ……
>
> 但在突厥民用天文学和历法的关系上，应该赋予 abguulgar（吉祥的昴星团）一词一种非常特殊的重要意义，它在碑铭中紧接着 bicin（划分）与 kis 之后。
>
> 事实上，蒙古文中的“昴星团”名称本身恰恰就是借鉴自一个突厥文 bicin（意指通过对昴星团日落而出的观察来“划分”年），这样的一种绝无仅有和珍贵的证据便是该碑中的记载。①

“耶尼”本为梵语“货”或者“者”。②《酉阳杂俎》将“bicin”的汉字注音略读“鞞”作为“耶尼”的修饰，正是在凸显“剃刀”功能的

---

① ［法］路易·巴赞：《古突厥社会的历史纪年》，中国藏学出版社 2014 年版，第 62—74 页。

② 丁福保：《佛学大辞典 》“四大部洲”：“三、西瞿耶尼，梵语瞿耶尼。华言牛货。为彼多牛。以牛为货。故名牛货。在须弥山西。其土形如满月。纵广八千由旬。人面亦如满月。人身长十六肘。人寿五百岁。”知“耶尼”可译为“货”，含有“等”“者”之义。

“划分者”鞞耶尼。而纳木依人的“星星过渡”，强调的也恰是昴宿因此所具有的“划分”功能。“（巫师）李阿若讲如果要给人择日看可否上山打猎或修房造屋，他就得夜晚起来观察星星，等到月亮和骨子吉骨（昴宿）聚会，以这天起首按二十八宿推算看哪天最宜。月亮与昴宿聚合纳木依称为星星过渡，这一天大吉大利，是最美好的一天。”① 看来，纳木依的二十八宿的“场域”里，也掺杂了突厥的血缘。

龙西江以为“昴宿（骨子吉骨），纳木依语意为七姊妹”。却未能给定出处。事实上，龙西江的调查报告中，纳木依巫师已经讲得明白，即“与昴宿相邻的胃宿也称之为星星过渡，李阿若认为：这两天都是星星过渡，但是以昴宿这天为准为起首。很显然，历史上纳木依的二十八宿中昴宿和胃宿曾经是一宿，后来才分为二宿的。”果然，昴宿的“骨子”与胃宿的“枯兹”音近相通，当为同一词汇的不同汉字记音。

不过，西夏文有将胃宿称为[illegible]〔六迎〕（珠 053、孔 222）的记载；但同时西夏文也有[illegible]（音口仡，《简》0108），“星、辰也”；[illegible]（音骨，《简》0860），“体也”，并附例词“[illegible]〔没各普〕天体上”。两词音读皆近于“骨（枯）”。另外，西夏文[illegible]（音寂，《简》5539），“渡、度、往也”，音读也近于“兹（子）”。结合《纳木依语概要》所记“ŋuə⁵⁵告诉”，即“骨（枯）”不仅指“天体”，也指“告诉”这一功能，而这一功能恰恰是“星星过渡”所具有的。当然，还有反推：昴宿、胃宿都是“星星过渡”，所以它们才共名“骨（枯）子（兹）”；但没有任何资料显示它们可以共称“七姊妹”。所以，在古羌语支（包括纳木依语）或许对昴宿胃宿还有其他称谓，但称“骨（枯）子（兹）”，却一定是因为“星星过渡”这一功能而来。

至于七姊妹之说，更凸显纳木依人二十八宿文化的“场域”特质。因为希腊神话中，昴团中的七颗星被认为是大力神阿特拉斯和普雷涅所生的七个女儿。称它们为“七姐妹（Pleiades）”。至此，从中国的二十八宿到印度的二十八宿，由内亚化元素再到希腊神话因子，纳木依人二十八宿文化的“华夏边缘”品格在其首宿已可见一斑。

---

① 龙西江：《冕宁县联合公社藏族的传说及天文历法》，《雅砻江流域民族考察报告》，民族出版社 2008 年版，第 75—86 页。

现在，可以来解开纳木依人为何不取影响颇大的昴宿“胡星也”之说了。因为包括纳木依在内的诸羌语支，早早就被放逐在了华夷之争的边缘，更别说进入胡汉之争的中心。有人从政治体视角精彩地梳理了“华夷双方对昴宿星占的运用”①，可谁在意古羌语支中最强大的党项羌，在其建立国家以“大夏”自诩时，曾经也将华夏文化中的“胡星”昴宿音读为“贼”②；又曾以释读𦙶（音坞）为“夷”，曰“夷（𦙶）者九夷姓回鹘、契丹等之谓（海 63. 161）”。剖白自己非夷的身份；甚至用自称“[illegible][illegible]〔列谢〕夏人、党项人（同 35B7）”的方式，努力将族源上溯至炎帝列山氏。③ 胡鸿注意到：“羌”是由《说文》始，“取代戎而填补西方异族的位置的”，“贯穿整个东汉一代的羌乱，让当时的华夏对西方的羌人印象极其深刻，说起西方的异族，第一个想到的是羌而不是戎”。④ 此后，没人再去注意羌人自己的申辩。譬如西夏文，其实是着重地分辨了“羌”的三种不同用法的：其一称（《简》5233），“〔重唇音，泊力切，音孛〕羌、藏、吐蕃也”；其二称（《简》5235），“〔喉音，音耶〕羌、戎、吐蕃也”；其三称（《简》5011），“〔牙音，凱样切，音羌〕①〔羌〕、〔骞〕族姓也（音）；②强也（形）”。即“藏之羌”“戎之羌”“汉之羌”的分别。所谓“汉之羌”，西夏文又在其文献中强调道“〔羌〕汉族姓也；又强壮，为勤快之谓（合编甲 13. 101）”。这一声被深锁在黑水城废墟中千余年的申辩，应该可以提醒人们：在政治共同体视角的华夏重建之外，切莫忘记了文化连续体聚拢的华夏认同。真正的华夏边缘，正存在于这样一些虽然“渐慕华风”，却不得不时时在诸多相互冲突的文化传统交织的“场域”间寻求平衡与过渡的族群。

回到昴宿，“胡星”之称既然是政治体视角下华夏重建的产物，有学者因此而追溯其源于披发之相，以为：“披发正是华夏心目中戎狄的显著标志。”⑤ 然而，二十八宿出现的时代比华夏认同构建的年代早了许多。

---

① 胡鸿：《能夏则大与渐慕华风》，北京师范大学出版社 2017 年版，第 88—114 页。

② [illegible]（《简》2209）“〔齿头音，粗夷切，音贼〕昴星也(名)”。

③ 喻权中：《草原记忆中的“秩序天下”之发端》，《论草原文化》（第 14 辑），内蒙古教育出版社 2018 年版，第 188—208 页。

④ 胡鸿：《能夏则大与渐慕华风》，北京师范大学出版社 2017 年版，第 131 页。

⑤ 胡鸿：《能夏则大与渐慕华风》，北京师范大学出版社 2017 年版，第 92 页。

依目前所知最早的文献记载，《尚书·尧典》："日短星昴，以正仲冬"，知昴宿原初还是出于为古人划定四时之用，是指如果日落时看到昴宿出现在中天，就可以知道冬至到了。著名的曾侯乙墓二十八宿天文图，是迄今为止世界上最早的二十八宿图，表明最迟在公元前 5 世纪纪初，中国就有了完整的二十八宿体系（见图 13-1）。其图之的昴宿即写如"矛"。刘熙《释名·释兵》："矛，长九尺者也，霍也，所中霍然即破裂也。"明言矛有使物霍然判分的功用；其后的秦简中，有"卯"读为"昴"，指昴星。如《睡虎地秦简·日书乙种·三月》简 85："卯（昴），邋（猎）、贾市吉。"全句指有昴星，打猎、买卖都是吉利的。这种由"矛"至"卯"的转变，只能从昴宿由最初单纯的划分天时之用，发展为冬至或年初的祭祀之标志的缘故。殷商甲骨卜辞中已然有卯几牢、卯几牛、卯几羊之记，这是杀牲祭祖祭天，所以"卯"字的本义应为"杀"。至于《说文》和《段注》将"卯"解释为"冒""茂"的说法，应皆是引申义。之所以将祭祀之杀特称为"卯"，当亦有希望祭祀可以如卯榫相契合一般平衡刚—柔、阴—阳、吉言—谗语、自然—生计、闭合—冒然之意。因此才会有秦简的"卯（昴）"之吉占。

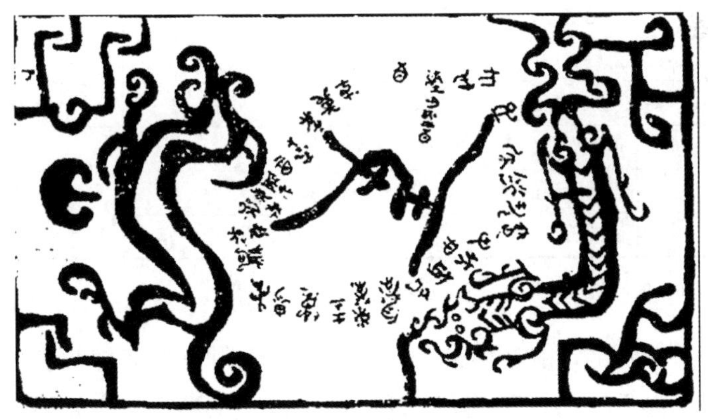

图 13-1　曾侯乙墓二十八宿天文图

纳木依人的"星星过渡"，恰恰是"胡星"之说的扬弃并努力回归原初。"李阿若在讲述他怎样根据月亮和昴宿聚合给人择吉日时说了一句：听老人说古时候纳木依每年开头的第一天就是月亮和七姊妹过渡。"显然，这里的年应指"羌年"。对"羌年"（羌历年），羌语称"日麦节"（现居阿坝州内茂县的羌族自称"日麦"）、"日美吉"，意为"羌历新年”“过小年”“丰收节”等，是羌族一年中庆丰收、送祝福、祈平安的最为隆重的节日。大型活动有感恩，祈福和吉庆的程序。每年农历十月初一举行庆典，一般为三至五天，有的村寨要过到十月初十。按民间习俗，过羌年时要还愿敬神，要敬祭天神、山神和地盘业主（寨神）。全寨人要吃团圆饭、喝咂酒、跳莎朗，直到尽欢而散。整个活动仪式由“释比”主持，咂酒则由寨中德高望重的长者开坛。节日期间亲朋好友可互道祝贺，相互迎请。

不只是昴宿，纳木依人非政治体视角下的二十八宿星占的显著特色就是：既言戍戎、帝王、国运；更关乎民间生计、趋吉避祸。

依“星星过渡”的视角看昴宿星官图，竟然会发现其真的如“卯”形象示意的那样两两相对之相生与相克（见表13-1）。

表13-1　昴宿星官图（有星官9个）

星官	注释	所处星座	星数
昴*	矛	金牛座	7
天阿	天上的大山	白羊座	1
月	月精	金牛座	1
天阴	黄道之北，天的阴面	白羊座/金牛座	5
刍藁	牛马食用的干草	鲸鱼座	6
天苑	皇家牧场	鲸鱼座/波江座	16
卷舌	形似卷曲的舌头	英仙座	6
天谗	卷舌所说的谗言	英仙座	1
砺石	磨刀石	仙女座/英仙座/金牛座	4

说明：在曾侯乙墓漆箱盖上，昴写作矛。

其中，“砺石”相克相生于“矛”；“天阴”如卯榫契合般接纳着“月精”；“卷舌”与“天谗”，警示着“诉”的两面；“天阿”与“天苑”（“刍藁”作为“牛马食用的干草”，应视为“天苑”之附属），诠释着高耸与平坦之两极。对于时时需要在多元文化的影响中加以抉择融通纳木依人，这样的“星星过渡”自然会比只为建立华夷秩序而衍生出的“胡星”更容易被认可。至于同昴宿星官并无直接瓜葛的七姊妹，则只有归结于中国北方诸族对于数字“七”特有的历史文化积蕴作用于游牧者的“性情倾向系统”使然。

第十四章　草原场域的西南：纳木依语记忆中的二十八宿牧声（2）

第一节　回归雨师与大鹏记忆

绿苏里骨：纳木依语“毕宿”。“毕，田网也。”（东汉许慎《说文解字》）；“田守毕弋。”（《国语·齐语》）注：“掩雉兔之网。”甲骨文字形，上端像网形，下端是柄，为古时用以捕捉鸟兽、老鼠之类的器具。金文又在上面加个“田”，意思是田猎所用的网。本义：打猎用的有长柄的网。后引申为动词“用毕猎取”之意，如“鸳鸯于飞，毕之罗之”（《诗·小雅·鸳鸯》）。

纳木依人称毕宿为“绿苏里骨”，而西夏文的6个义为“网”的字，就有两个皆音“呤”（[illegible]《简》1634字；[illegible]《简》5452字），两个皆音“都”（[illegible]《简》4580字；[illegible]《简》2787字）。“呤都”连读音近于“绿苏”；而西夏文义同于动词“毕”的《简》3015字“[illegible]”（获取的“获”），音读为“吙”，更与“绿”或“绿苏”急读音相近。

在汉语文化系统中，毕宿星官的内涵得到了充分的发育。内中包含有星官15个，可见表14-1。

表14-1　毕宿星官图（有星官15个）

星官	注释	所处星座	星数
毕	网小而柄长的狩兔网，或雨师	金牛座	8
附耳	贴向皇上身边说话，或倾听野兽的猎人	金牛座	1
天街	天上的街道，让日月五星通过	金牛座	2

续表

星官	注释	所处星座	星数
天节	指用金、玉、铜、竹或木制成的符节，为古代门关出入所持的凭证，分成两半，右半留存中央，左半发给边防，出使时把右半交给使臣，过关时合之以验明真假	金牛座	8
诸王	王室侄孙	金牛座	6
天高	观测用的高台	金牛座	4
九州殊口	翻译人员	波江座	6
五车	五辆车，或指五帝的车场	御夫座/金牛座	5
柱	又名三柱，分列于五车内外，拴马用的木桩	御夫座	9
天潢	又名天横，为银河的桥梁或渡口	御夫座	5
咸池	传说中太阳沐浴之处	御夫座	3
天关	日月五星所经的大门	金牛座	1
参旗	参宿所持的旗帜，或解释为参宿所持有的弓矢	猎户座	9
九斿	皇帝的军旗，斿字同旒，古代旗旌的下垂饰物或飘带	金牛座/波江座/天兔座	9
天园	种植蔬果的地方	波江座/凤凰座	13

毕宿星官众多，却不见半点田猎的景象，倒是超过 1/3 的“天”字号星宿（天街、天节、天高、天潢、天关、天园），明示其“毕”之捕捉必与天象有关。果然，蔡邕《独断》曰：“雨师神，毕星也，其象在天，能兴雨。”《搜神记》亦有：“风伯、雨师，星也。风伯者，箕星也。雨师者，毕星也”之记。毕由田网衍生成雨师，则其网中收放的便只能是天上的云雨了。《诗经》：“月离于毕，俾滂沱矣。”《风俗通义》说：“雨师者，毕星也。”其下即引用此诗“月离”两句为证。总之，与昴宿一样，毕宿最初的功用当亦在于辨明天象。上古之人不仅发现了毕宿与云雨的密切关系，甚至进一步认识到云雨之兴常与“（日月五星）离于毕”的同步。因此，“天高”上密切关注的，还有毕宿中的日月所浴的“咸池”及五星离“毕”须乘的“五车”和栓车之“柱”。于是，驻“毕”离“毕”，昴宿星官图呈现的平衡被打破，新一年的云雨开辟新的世界，天街开始热闹了。

至于由政治体视角而衍生的“诸王”“九州殊口”“参旗”和“九

斿”，则将天街的热闹演变成了世间的诸王之争。“九州殊口”的出现，当与天街对面的昴宿幻化为“胡星”同时，都是胡汉意识形成后的产物。只是“边兵”的收放可由不得雨师的毕网，于是，原本在参宿的星官“参旗”“九斿”，亦被扩编至了毕宿。司马迁在《史记·天官书》中说参宿西边有“勾曲九星”三处，“一曰天旗，二曰天苑，三曰九斿”。张守节　正义：“九斿九星，在玉井西南，天子之兵旗，所以导军进退，亦领州列邦。”还有“参旗”的“天弓”之变，更加重了毕宿“为边兵”（《史记·天官书》）的意味。昴五车也演变为了五种兵车，即《周礼·车仆》中的“戎车、广车、阙车、苹车、轻车”。甚至连大名鼎鼎的咸池，也由最初的“日月所浴之处”，让位合并给了《史记·天官书》中的“五潢，五帝车舍”。

只是，寻常百姓并非以政治体视角“讨生活”。天象云雨的收放，令纳木依人首先想到的是生活中婚姻的嫁出与娶进，如若赶上了雨师收放猎网的毕宿时节，嫁出亦即离“毕”，则风雨交加；娶进亦即驻“毕”，则云收雨霁，就只有用纳木依巫师的星占来解释了：“这天婚嫁事，于婆家利，娘家则不吉”①。

窝乌所骨：纳木依语“觜宿”。在纳木依巫者汉牛马章的记忆中，逢“窝乌所骨”日，“不得动土修造房屋，不得婚嫁。可以送鬼、送精灵。”② 可见“觜宿”在纳木依人心目中之神圣。觜，《说文》：“鸱舊头上角觜也”，注称：“凡羽族之味锐，故鸟味曰觜。”觜宿三小星位于参宿两肩上方，形状可与角状的鸟嘴相联系，故名。总之，无论“鸟之毛角”还是如“鸟之毛角”的鸟味，都是在状“觜宿”形似鹰鸱类猛禽头部。正是汉语文献赋予“觜宿”的这一象征，唤起了纳木依人骨子里对作为守护神的大鹏鸟之敬畏记忆。杨福泉曾论及：“2004 年，日本学者宫本神酒男、依达等人曾向我出示了他们到四川冕宁等地进行田野调查时所拍摄到的纳木依‘错布露骨’图的照片和光碟，据我观察，其内容不少与纳西人的‘神路图’（恒日皮）上的内容相同或相似，神鸟（大鹏）口叼

① 龙西江：《冕宁县联合公社藏族的传说及天文历法》，《雅砻江流域民族考察报告》，民族出版社 2008 年版，第 81 页。

② 龙西江：《冕宁县联合公社藏族的传说及天文历法》，《雅砻江流域民族考察报告》，民族出版社 2008 年版，第 81 页。

大蛇的图片就完全与‘神路图’上的图相同。”① “窝乌”当即纳木依人对“作为守护神的大鹏鸟”之称谓。

大鹏鸟是川陕诸羌与嘉绒藏区较普遍的一种崇拜。陈东在其《藏区边缘的宗教：雅安硗碛藏族乡宗教调查》中揭示：“硗碛人亦称大鹏鸟为‘琼’，又称‘嘉琼’。当地藏族撒尔炅老人说，从前有一妖精蛇专门吃人，人们备受其害，后来大鹏鸟将蛇咬死，为民除了害。（注：讲述人：撒尔炅；翻译人：佟元琼；地点：泽根村一组；时间：2005 年 9 月 22 日。）硗碛民众对大鹏鸟尤为敬信，认为它是“天上飞的最凶”，“天上飞的东西都崇敬”。（注：讲述人：杨国庆；翻译人：佟元琼；地点：泥巴沟咎落村；时间：2005 年 9 月 17 日。）过去，嘉绒土司中普遍流传大鹏鸟卵生的传说，据马长寿先生考证：“‘嘉戎土司，其远祖降自琼鸟之说，类皆有之。’改土归流前，凡嘉绒土司之门额俱雕有大鹏式之琼鸟。”② 硗碛在康定东，与同出于羌语支的纳木依人共居四川省西南部，春秋战国时为青衣羌国所在地，居民为青衣羌人。“硗碛”当地人的读为“iau^{31} $dʒi^{55}$”，是嘉绒藏语“$iɔŋ^{31}$ $dʒi^{55}$”的音译，本意是又平又宽物产丰富的地方。由《纳木依语概要》中记“qa^{13}鹰、老鹰”可知，其音与“琼”相近，自然界的猛禽鹰之称谓，当即神话里的大鹏鸟之称谓的语源。而被认为与纳木依人同源的纳西人，则称“鹰”为“weq”，③ 呈现着“窝（we）+琼（q）”的内涵。纳木依人除了以守护神（窝乌）称大鹏鸟外，或亦如硗碛人另称大鹏鸟为“琼”。

这一点，我们还可以溯源的方式进一步考察。西夏文存有□（《简》1684 字）〔喉音，音为、乌〕，西夏文字书中，一释□□〔为守〕神祇（同 44B2），一释□□〔乌叔〕守护神（同 5A3）。□之“为”“乌”二音若连读，则正近于“窝乌”。另外，西夏文□（《简》3310 字）“〔轻唇音，伟刮切，音斡〕，广、昊、弘也。（形）”；□（《简》5861 字）“〔牙音，音乌〕，雕、鹫也。（名）”西夏文字书对□的释读为“雕鹫也，大禽之谓也（海 33. 211）。”□□连读即“斡（窝）乌”，大鹏鸟也。可见西夏文可以从守护神和大鹏鸟两方面追溯到：用“窝乌”称谓“觜

① 杨福泉：《纳木依与“纳”族群之关系考略》，《民族研究》2006 年第 3 期。

② 陈东：《藏区边缘的宗教：雅安硗碛藏族乡宗教调查》，《西藏研究》2008 年第 2 期。

③ 和志武：《纳西语概况》，《和志武纳西学论集》，民族出版社 2008 年版，第 264 页。

宿”的纳木依人文化含义。从而再次显示出西夏文与纳木依语在古羌语基础上的共同缘分。

站在更加古老的游牧民族神鸟崇拜的文化立场，西夏文中的和纳木依人口述中的“觜宿（窝乌〔𗿢𗹿〕所骨）”，将汉语中的“觜宿”星占文化内涵进行了深层的梳理与唤醒。汉以降，《史记·天官书》：“觜觿为虎首，主葆旅事。”已经纳入了四象中的白虎一方，表现出了华夏中心理念形成后，重整秩序的强烈愿望；《晋书·天文志》发展为：“觜觿三星，为三军之候，行军之藏府，主葆旅、收敛万物。”进一步明确其“旅事”是“行军之藏府”，觜宿的初义已经遮蔽殆尽。结合着“觜宿星官图”（见表14-2）来品味纳木依人的以守护神相称，当可更领会初心在民间的至理。

表14-2　　觜宿星官表（有星官3个）

星官	注释	所处星座	星数
觜	猫头鹰头上的毛，或指鸟咀	猎户座	3
司怪	主管预兆及山精妖怪的神	猎户座/金牛座/双子座	4
座旗	插在座位旁的旗，有标明尊卑位置	御夫座/天猫座	9

先秦《石氏星经》称：“座旗九星，在觜宿上，司怪西北。”可见觜宿星官的形成，早在华夏政治体视角将星宿军旅化之前。而“司怪”亦可视为对“口叼大蛇”的大鹏鸟之命名；在此语境中的“座旗”，自然应归于大鹏鸟为守护神的标志。联系到大鹏鸟在纳木依魂路图“错布露骨”上的噬蛇图像，“窝乌所骨”的“可以送鬼、送精灵”星占亦可以溯源至星官“司怪”之形成。现今流行的民间《择吉通书》中的“觜宿”星占，释觜宿为“西方第六宿，居白虎之口，口福之象征，故觜宿多吉。”有口诀称“觜宿值日主吉良，埋葬修造主荣昌，若是婚姻用此日，三年之内降麒麟”。与“窝乌所骨”相比照，一方面解禁了“不得动土修造房屋，不得婚嫁”的日常生活禁忌，另一方面，也回归了“觜宿”的守吉初义。

第二节　天珠误读与水土守护

纳日骨：纳木依语“参宿”。《西步天歌》：“参宿七星明烛宵，两肩两足三为腰”。参宿在夜空中的夺目程度由此可见一斑。从冬季到次年的初夏，参宿都是夜空中最醒目的一个星座。古代参宿只包括猎户腰带的三颗星，民间又称福禄寿三星、将军星，参宿一是其中的寿星。所谓“三星高照，新年来到”，当夜晚八点钟左右看见三星高挂南天，正是中国春节之时。后来才加上肩足四星成为现在的参宿（见表14-3）。只是天文学家们较真，要去辨讹：“其实参宿三星与福禄寿三星本来没有任何瓜葛，只因古时天文星占为官方垄断，民间百姓的星官知识有限，人们以讹传讹，误将参宿三星当成了福禄寿三星。”①

表14-3　　参宿星官图（有星官7个）

星官	注释	所处星座	星数
参*	三颗星	猎户座	7
伐	讨伐	猎户座	3
玉井	玉石做的井	猎户座/波江座	4
屏	屏风	天兔座	2
军井	军队的井	天兔座	4
厕	厕所	天兔座	4
屎	排泄物	天鸽座	1

在西夏和纳木依文化中，三星高挂的岁首岁尾不仅是世俗间的盛事，更是祭天祈瑞的神圣时刻。西夏《圣立义海》载：“年末腊日，国属金土日，……准备供奉天神。”② 其中，当然也缺少不了众星宿。西夏文献《尊贵的九曜》一书将一些星辰视作主管祸福的神，并有诗赞美这些神：“光耀闪闪照乾坤，奋力驱开众恶魔，主管降福和降祸。”③ 参宿的福禄寿三星自然属降福之星，因此在纳木依巫师的口述中，才有纳日骨星占

① 徐刚、王燕平：《星空帝国：中国古代星宿揭秘》，人民邮电出版社2016年版，第178页。

② ［俄］克恰诺夫、李范文、罗茅昆：《〈圣义立海〉研究》，宁夏人民出版社1995年版，第53—60页。

③ ［俄］聂历山：《十二世纪时西夏的天文学》，载《西夏语文学》第1册，第52—73页。

“禁忌同 9”，也就是同于神圣的觜宿之说。①

至于纳木依人，何耀华先生在专项的调查中指出：“在阿什的藏文经典中，天神称为许勒旺金南坎，许勒旺金是名字，南坎是天空之意，因藏族认为天神是能管天及天下万事万物的最大的神，农历正月初一黎明时均要祭天。”② 此时高挂于南天的参宿三星，必然会被以“瑞象”称之，于是，“参宿”便有了“纳日骨”之称谓。

古羌语族群衍生的诸族读“天、黑”为“纳”音已多有先贤论及；然并非都进一步流变出以音读“纳”称“祥瑞”。例如奉“赤面人房”为祖先的吐蕃一脉，则另以“扎西”等音读表“吉祥”之意；而尊“勒（纳）波黑头”为祖先的羌语支主流，却由其祖先崇拜而升华出以“纳”音称“祥瑞”的表述。首先有西夏文𗁅（3377 字）“〔来日音，音腊〕，瑞象也(形）”。承继而来的至少还有自称“纳木依”的“纳日骨”。其实，随便翻一本《羌语日常读本》，都会让读者感受到：表述“吉祥、好”的读音“纳”之羌语的强大生命力。例如：

羌语日常用语

部分词汇语音收听

……

【12 月 11 日】汉语吉祥如意 羌语 Na ji na lu 汉语注音：纳吉纳禄！

一、问候

1、你好 genan 格喃

2、你们好 Ili naye 哦勒呐衣

3、大家好 Ssuxxi ngugu nay 嚅基咕呐呀

4、你好吗 Wu nan mi 悟喃眯

5、好得很 Nagule 那咕勒衣

6、上午好 Ozugvu nan 哦阻古喃

① 龙西江：《冕宁县联合公社藏族的传说及天文历法》，《雅砻江流域民族考察报告》，民族出版社 2008 年版，第 81 页。

② 何耀华：《冕宁县联合公社藏族社会历史调查》，《雅砻江流域民族考察报告》，民族出版社 2008 年版，第 52 页。

7、下午好 ZzanDu Na 咋都那

8、晚上好 Mavha na 嘛哈那[1]

原来，“纳”作为西夏、纳木依一脉的古羌语支的自称，已经化生为同音的祝福语“吉祥（纳）”。一个“纳”字，将本来由汉文献结构过的“参宿”，改造为了与西夏及纳木依文化血肉相连的精神家园！[2]

有了纳木依人“纳日骨”的参照，我们可以尝试解开“参宿星官图”中那些经年的误读了。

首先当然是那颗来历不清的星官“屎”。察《开元占经》，从先秦诸星占到《史记·天官书》，只有“天矢星”并无星官“屎”。直到《宋两朝天文志》，才见有“……左足下四天厕临，厕下一物天屎沉”[3] 之记。理由无非是：①“矢”先秦之时即通于“屎”，如《左传·文公十八年》：“杀而埋之马矢中。”杜预注：“矢，或作屎。”②先秦星占便有“天矢”与“厕”星的搭配，如“石氏曰：天矢一星，在厕南”。

令人费解的是，参宿在先秦星占中的总体功能为“衡”，如“巫咸曰：参为衡”，石氏赞曰：“参伐斩刈阴气孳，故置玉井以给厨。”其中“厨”即“除”的通假，在强调星官“伐”与“玉井”的相生相克；为何要结构出与“衡”毫无关系的厕和屎出来呢？厕和屎又为何会依色泽变化而辨吉凶？只有将中国印度二十八宿的演进视为一体，并参之以二者之间纽带的藏羌语天体文化影响（包括纳木依人二十八宿文化），才有可能去其蔽。

冯时以为；“新城新藏曾经讨论了二十八宿初创时期的某些特点，其中的一些关键性结论在今天看来仍然不可动摇。他认为，印度之二十八宿相当于中国二十八宿起源之态，……这些观点有的已经得到新的考古学证

---

① 道客巴巴：《羌语日常用语》培训资料。

② 另外，与冕宁县纳木依人为邻的，有身居盐源、木里二县的自称“纳日”的族群。据郭大烈的《木里藏族自治县项脚公社“纳日”和“拉热”人的文化习俗》称：“纳日人自称 na-zʅ。拉热人自称 la-ze，汉称‘水田’。新中国成立后，他们曾被称为‘藏族’。据最近编写的《木里藏族自治县概况》认为，纳日人和拉热人都是纳西族的支系。”

③ 《文献通考·象纬考二》，（宋）马端临《文献通考》，上海师范大学古籍研究所等点校，中华书局 2011 年版。

据的支持，如中国二十八宿古距度的发现确实证明这个体系并非一成不变，这一点我们在前文已做论证。"[①] 如此，回到起源阶段在某种意义上讲，就是重新认识印度二十八宿。譬如参宿，朱芾煌的《法相辞典・参宿》解为"梵名 Ardra 。音译頞达啰。意译湿、米湿、未湿。又称生眚宿、生养宿。二十八星宿之一"[②]。比较《中国天文考古学》所列"中国与印度二十八宿对照表"，"参"梵名 Ardra 的意义标为"宝石"。原来，起源阶段的"参宿"得义于"宝石"，与星官"矢（屎）"发音同（"湿"）星数亦同（一颗星）。而这种在某处被称为"湿、米湿、未湿"的宝石星，同时还具备着"生眚、生养"的形态与功能。

先来看"生眚"，《说文・目部》云："眚，从目生翳。"拟形于参宿则有段成式《酉阳杂俎・贝编》："参属日，姓天婆斯絺，形如妇人黶。"[③]《说文》："黶，面有黑子。"原来，"参宿"之宝石既具"面有黑子"如"目生翳"的特质，又有"斯絺"或"湿"的特称，世上唯一与之相符合的就只有天珠了。天珠又称"天眼石"，根据原产地划分，可以分为西藏天珠（通体蚀白后画黑线）、西亚天珠（红玉髓上蚀白线）、印度天珠（通体蚀黑后画白线，如龟背纹"寿珠"）、尼泊尔天珠（透明玛瑙上交替蚀刻黑白线）。当下天珠收藏大热，满世界都有介绍"天珠的藏语发音为'思怡'（DZI），为美好、威德、财富之意，而梵文是以'昧自尬'称呼天珠"。其中，"思怡"亦即"斯絺"，"昧自尬"亦即"米湿"。梵语"无、莫、不"音近相转，因此，不但"米、昧"通转，《酉阳杂俎》的"（天）婆斯絺"，也应同于《新唐书》中的"吐蕃妇人辫发，戴不瑟瑟珠，云珠之好者，一珠易一良马"之"不瑟瑟"。

其实，"瑟瑟"与"不瑟瑟"或"婆斯絺"区别大了。《新唐书》里记载唐德宗曾派人在西域采购玉器，得"瑟瑟百斤"；《旧唐书》里说将军高仙芝曾在中亚的石国"获大块瑟瑟十余石"；野史则更甚，《明皇杂录》说唐明皇和杨贵妃在华清池泡澡，专门用瑟瑟装修温泉房，"尝于宫中置长汤屋（温泉房）数十间……又于汤中垒瑟瑟及沉香为山"。杨慎在自己的《升庵集》里留下一句："瑟瑟本是宝名，其色碧。"20 世纪初的

---

① 冯时：《中国天文考古学》，中国社会科学出版社 2010 年版，第 368 页。

② 朱芾煌：《法相辞典》，上海人民出版社 2016 年版。

③ （唐）段成式：《酉阳杂俎》。

欧洲汉学泰斗、法国人沙畹（Edouard Chavannes）认为瑟瑟是绿松石。但绿松石早在商代就已广泛使用，没必要放着好好的中国名字不叫，换个洋名。美国学者劳费尔（Berthold Laufer）在1919年写了一本研究古代中国和伊朗关系的巨著《中国伊朗编》，称瑟瑟是“萨珊朝波斯（古伊朗）的宝石”，“相信瑟瑟是一个伊朗字的译音，然而这字源尚未详”①。这跟唐朝编纂的《周书·异域传》里说波斯国出产“马瑙（玛瑙）、水晶、瑟瑟”倒是对上了，但到底是什么宝石还是没有确定。可见，瑟瑟应为玛瑙水晶之外宝石的泛称。

而“不瑟瑟”关键在“不”。古时从西域到天竺包括中国西南西北诸族，都有称圆似珠状物音近于“pu”的习俗。如梵语称觉悟、圆通为“Bodhi（菩提）”；再如葡萄的“葡”，纳木依人称“锅”为“pu[55]”等等。所以“天婆斯絺”即天珠宝石，“不瑟瑟”则为珠宝石。至于“昧自尬”或“米湿”，由纳西人称“眼”为“mieq”可知，“昧自尬”或“米湿”当俱为“（天）眼宝石”之称。

再说“生养”，当是由天珠功能而来。“天珠的藏语发音为‘思怡’（DZI），为美好、威德、财富之意”，自然宜生养。

然而，起源阶段的“参宿”本就天珠一星的记忆，早就被“体系并非一成不变”的起源地所淡忘，何况它还戴上了“梵名 Ardra”或“天婆斯絺”的包装。于是，当其重返经春秋战国混战影响已经结构为“参伐斩刈阴气孳，故置玉井以给厨”母题的参宿星官图时，陌生的“天婆斯絺”就此讹变成了“天盆—天屏—天厕”+“斯絺—矢（屎）”之诠释。

其实“参属日，姓天婆斯絺”的中印合璧的努力，正是为了完善“故置玉井以给厨（除）”的功能。因为持续而残酷的战争，人间制衡的需求已经远远超过了对单纯的“美好、威德、财富”之祈求。于是便有了“巫咸曰：参为衡”的参宿新母题，有了星宿图中“军井”与“玉井”的并举。“甘氏赞曰：军井给水，师用不竭。”问题是，先秦时的星占中，参宿本无师（唯一占兵的，因为有“胡人入塞”，“胡人出”，当为后世伪之。），参宿星官中的“伐”并非动词之事实，先秦星占应早就想到，因此才有“石氏曰：参伐，一曰钟龙。”的强解。《初学记》卷二八

① ［美］劳费尔：《中国伊朗编》，林筠因译，商务印书馆1964年版。

引晋戴凯之《竹谱》：“钟龙竹，伶伦所伐也。”《太平御览》卷九六二引沈怀远《南越志》：“罗浮山生竹，皆七八围，节长一二尺，谓之钟龙。”在军井旁强调有一片钟龙竹，不觉得有些莫名其妙么？玉井、军井，实为分别用来瘗玉祀地和伐祭奠天的祭坑。只不过军井的意义随“伐”而解大家知晓，而玉井的意义随“天婆斯絺”而占的设计，却因为“天婆斯絺”的误读而无所依附。

只有在殷墟卜辞得到充分解读的今天，人们才知道，自商朝起，伐即是祭天的一种方式。卜辞有“丁丑卜，贞：王宾武丁，伐十人，卯三牢。”（前一，一八，四）这种伐祭的卜辞，据胡厚宜先生初步的统计，有一三一次。其中不记人数的八十次，记人数的五十一次。每次最少一人，最多百人。《殷墟书契·后编》有一片，居然有“伐二千六百五十六人”（后下，四三，九）。[①] 所谓“参伐斩刈阴气孳”，一点不为过矣。于是才要放在参宿上加以制衡，方法就是瘗玉：古代祭山祭地礼仪。治礼毕埋玉于坑，《诗·大雅·云汉》“上下奠瘗，靡神不宗”即是。于是，才把“天婆斯絺”请了回来；只可惜为春秋无义战所震慑的二十八宿重构模式，无福消受“天婆斯絺”闪烁的宝石光芒，只好衍生出强解为厕与屎之色变的星占。

有赖纳木依人葆有着参宿“吉祥”的记忆，帮助我们找回了二十八宿初始阶段的参宿模样。

柱乌阿骨：纳木依语“井宿”。“柱”在有羌诸族都是一个非常受崇敬的词语。《左传·昭公二十九年》：“稷，田正也，有烈山氏之子曰柱为稷，自夏以上祀之。”而诸羌葆有着炎帝烈山氏之后的历史记忆。诸羌之中唯一立国的党项羌，以其西夏文标明：

> 在党项人自己的字书《同音》里，党项人的自称只有一个，即“𗼇𗟲（列谢）夏人、党项人（同35B2）”。《简》序号2282，亦收此𗟲字，谓“〔正齿音，音射（你）〕番、党项人也。（名）”对此，党项人给出了自己的解释：“番者党项也，弥药也，番人之谓也。（杂9.242）。”意即：“党项也，弥药也”，使其文化认同在一起

① 王玉哲：《试述殷代的奴隶制度和国家的形成》，《历史教学》1958年第9期。

的只因“列谢（番）”之“谢”。①

“列谢”者，烈山氏之后裔。而烈山氏之子柱，因“举以为田正，天下赖其功”（蔡邕《独断》），遂被诸羌奉为守护神中的地神。在葛维汉田野调查中，有从羌族“木上寨巫师的经书中发现的”诸羌寨守护神名称，便赫然列有“柱”的大名：“上神溪，zu-kwe-sei”，结合同样为葛维汉所记“和平寨巫师在盛大的还愿仪式上诵经译文”，其“（五）呼唤当地神灵”章节的“Ta-er-pi（大耳比）的Ze-beh地神……大邑坪的地神Zre-beh”，② 知道：①42个被呼唤的神灵中，地神的称呼皆近于“柱”，而地神也恰与柱的“田正”之职相吻合；②口述中的地神“柱”发音与经书书面的略有差异。具体到纳木依人，“柱”不仅是特指守护神的“乌”（详见“回归雨师与大鹏记忆”节）之限定，在《纳木依语概要》中，“柱”已被抽象为所有“好、正确”的专称，即“zu^{53}好；正确”。③

纳木依人不依汉文献的字面标注“井宿”而称“柱乌阿骨”，标志着作为“华夏边缘”的诸羌，一直存有“皈依主流”与“恪守传统”的文化纠结。党项羌在创生西夏文时，曾在诸如“二十八宿名称”等词语上，表达出其“皈依主流”的文化努力。西夏文𗑱𗡶〔渴迎〕井宿（珠061），即完成于对汉字“井宿”的字面直译；然而并不代表诸羌“一般文化史”层面的全部文化选择。当然，纳木依人选择“柱乌阿骨”标注“井宿”，更多的还是因为“井宿”及其流行的“井宿星官图”的文化理解里，无法表达出他们的历史记忆（见表14-4）。

表14-4　井宿星官图（有星官20个）

星官	注释	所处星座	星数
井	水井	双子座	8

① 喻权中：《草原记忆中的“秩序天下”之发端》，《论草原文化》（第14辑），内蒙古教育出版社2018年版，第188—208页。

② 葛维汉：《葛维汉民族学考古学论著》，巴蜀书社2004年版，第53、76页。

③ 刘辉强：《纳木依语概要》，《雅砻江流域民族考察报告》，民族出版社2008年版，第369页。

续表

星官	注释	所处星座	星数
钺	古代一种兵器（钺音越）	双子座	1
南河	井宿南面的河流	小犬座	3
北河	井宿北面的河流	双子座	3
天樽	酒杯	双子座	3
五诸侯	五个诸侯，分别为帝师、帝友、三公、博士、太史	双子座	5
积水	酿酒而储的水，或负责供水酿油煮食的官员	御夫座	1
积薪	储存的柴薪，或负责供应燃料给厨房的官员	双子座	1
水府	负责供水、灌溉或防洪工事的官员	猎户座	4
水位	量度水位的工具，或负责泄洪的官员	小犬座/巨蟹座	4
四渎	四条大川，分别为长江、黄河、淮、济（渎音读）	麒麟座/双子座	4
军市	为军队服务的市场	大犬座	6
野鸡	野鸡	大犬座	1
丈人	老人家	天鸽座	2
子	儿子	天鸽座	2
孙	孙	天鸽座	2
阙丘	宫门外的两座小山	麒麟座	2
天狼	天上的狼，代表侵略	大犬座	1
弧矢	射天狼的弓箭	大犬座/船尾座	9
老人	南极老人，即寿星公	船底座	1

结合了星象分布可知，井宿星官图充分发育至现有的20个星官模样，当即始于“五诸侯”有定说之时。上图中的五诸侯注释，依据的是《黄帝占》和《晋书·天文志上》，其实是同时有违于“诸侯”初义和“五诸侯”的先秦星占的。“诸侯”之说，始见于《易·比》，本用来指古代帝王所分封的各国君主；其后才衍生出喻指掌握军政大权的地方长官之义。至于星官“五诸侯”，其构建之初，《石氏星经》便讲得明白：“石氏曰：五诸侯五星，在北戍之南，东西列，东端第一星齐也，西端一星秦也，其余星皆为诸国。”① 可见“五诸侯”指的就是春秋五霸。关于“春秋五霸”史上至少出现过8种说法，但通常用的则是《史记索隐》或

① （唐）瞿昙悉达：《开元占经》，九州出版社2012年版，第643页。

《荀子》版，前者指齐桓公、宋襄公、晋文公、秦穆公和楚庄王；后者的说法是齐桓公、晋文公、楚庄王、吴王阖闾和越王勾践。具体到“五诸侯”星官，《石氏星经》之说西端到秦，则只能是《史记》五霸；然若按井宿强调的包括长江、黄河、淮、济的“四渎”视界，则更可能是先有了东周《荀子》版的五霸为底本，其后定型于战国的《石氏星经》及西汉《史记》的五霸。

有了“五诸侯”，象征权力的“钺”才知道为何而立，“阙丘”之内，“积水”“积薪”也就知晓在为谁的“天樽”煮酒论英雄；而“阙丘”之外，又必然要有支撑权力之“钺”的“军市”与“弧矢”，以抵御象征胡的“天狼”与象征翟（狄）的野鸡。也就是说，“五诸侯”的加入，为井宿增加了半数的星官。抛开这半数的星官，呈现于人们眼前的是纯净的主掌水土的“田正”天下：“井”上承有银河的“南河”“北河”为源，先秦星占的记忆中，“石氏曰：南北河星不具，道不通。一曰大水”。影响的只是旅程与年成；“井”下泄又成“四渎”之源，即“甘氏赞曰：四渎受输，涤源注海”。其中的“水府”“水位”，则为田正“柱”之职守，因此有“石氏曰：水位星，主水衡”，“甘氏赞曰：水府堤防，开道激满”之说。只是“柱乌阿骨”值日时，柱要出现在“水衡”“开道”的目的地——“丈星”“子星”“孙星”组成的农家旁，以“田官之长”的身份督促播殖用水的到位。原来，最初的田正“柱”就是星官“老人”。“老人星”衍变为寿星公、南极老人当是《春秋元命包》时的后话，先秦时的则为“巫咸曰：老人星，木官也。”此木官当然不可能是《山海经·海外东经》中的“东方句芒，鸟身人面，乘两龙”。郭璞注：“木神也，方面素服”哪位了。所谓“木官”亦即“木主”为“柱”，属于古文献中常有的“止戈为武”的拆字法。至于后世衍变为寿星公、南极老人，当与“柱”造福万民，“天下赖其功”（蔡邕《独断》）密不可分。

原来，纳木依人的“柱乌阿骨”星占“婚嫁同于10（不得婚嫁），家里的东西借人或卖人于己不利”。正是极言不要把“柱乌阿骨”带来的水土之利嫁了出去送了出去。回望相当于中国二十八宿起源之状态的印度之二十八宿，井宿被梵语称之为“Punarvasu”，义为“屋”，[①] 透露出井宿的原初，即是纳木依人“柱乌阿骨”命名及其星占所涵盖的“丈、子、孙与守护神柱共处的那个农家”。

第三节　巫风的恪守与聚众的改造

“米依枯骨”与“吃蔑枯骨”：按照龙西江的考证骨子吉骨是“纳木依二十八宿之首宿为昴宿”后的排序，“米依枯骨”与“吃蔑枯骨”应各为二十八宿四个七星序列中第1、4序列的第六星宿，即“鬼宿”和“娄宿”。问题在于：纳木依人的“米依枯骨”与“吃蔑枯骨”星宿命名和星占，与其所源出的汉文献鬼宿娄宿命名及星占截然相反。民间《择吉通书》认为：鬼宿“犹如一顶戴在朱雀头上的帽子，鸟类在受到惊吓时头顶羽毛成冠状，人们把最害怕而又并不存在的东西称作‘鬼’，鬼宿因此而得名，主惊吓，故多凶”。占曰：“鬼宿值日不非轻，一切所求事有惊，买卖求财都不利，家门灾祸散零丁。”而“米依枯骨”在纳木依巫师记忆中，却是“修房造屋、结婚都好，但稍有点火重。可以做帛”。至于“娄宿”，民间《择吉通书》认为：“娄，同‘屡’，有聚众的含意，也有牧养众畜以供祭祀的意思，故娄宿多吉。”占曰：“娄宿之星吉庆多，婚姻祭祀主荣华，开门放水用此日，三年之内主官班。”而“吃蔑枯骨”在纳木依巫师记忆中，却是“这天最坏，妇女连头发都不敢梳，任何事都不敢做”。反之，若将“米依枯骨”与“吃蔑枯骨”同“鬼宿”和“娄宿”的对应调换，则可大体吻合。

首先，看“吃蔑枯骨”与“鬼宿”及其星官的对应。

何谓“吃蔑”？“吃蔑”者“魑魅”也，《通典·乐典》：“蚩尤氏帅魑魅与黄帝战于涿鹿，帝命吹角作龙吟以御之，余惊慌而退也。《史记·五帝本纪》索隐引服虔云：“魑魅，人面兽身四足，好惑人。”透露出“魑魅”的三方面信息：（1）魑魅源自蚩尤族团，对于华夏族而言，属于早就被驱往边缘的四裔文化范畴，即所谓“投诸四裔，以御魑魅”（《左传·文公十八年》），自然，其称谓只能源于四裔特别是与蚩尤关系密切

---

① 冯时：《中国天文考古学》，中国社会科学出版社2010年版，第366页。

的苗、羌族团；（2）魑魅有形，人面兽身四足；（3）魑魅重要功能之一为“好惑人”。参著于文献，充分具备这三方面的只有西夏文的[illegible]《简》1172字：

〔重唇音，薄泥切，音墨〕①鬼魅也。（名）

例：[illegible]〔凶墨〕鬼魅、魍魎（同 6b1）。

释：鬼：〔墨〕左虚右；鬼者魔鬼，鬼喜变骗人，如狐种种也（合编乙 04 下 31）。

其一，西夏文基底源于古羌语，与“魑魅”源出的文化区域蚩尤族团或“四裔”均关系密切，西夏文称“鬼魅”的“音墨”，也属于一音相转范畴。

其二，作为会意文字，[illegible]呈“〔墨〕左虚右”结构，“〔墨〕左”用来标其音，“虚右”当用来模形或者表意，而西夏文的“[illegible]（虚）”字右半边，恰呈“人面兽身四足”之象。

其三，“魑魅”的“好惑人”，恰好可以[illegible]的“鬼喜变骗人”做注解。

当然，最能说明问题的还是纳木依人的第一手资料：《纳木依语长篇语料：僧侣与女妖精的故事》，其“综述”云：

本长篇语料的发音人名叫朱小华，纳木依语 ɑ^{55} ʐɑ^{53} ȵi^{33} ma^{55} ts^{h}ɚ^{31}，是一位帕孜，帕孜即纳木依人的祭司。朱小华居住于四川省凉山州木里县二区倮波乡一村干海子，全村共有五十余戶，其中五户是汉族，其馀均为纳木依人。朱小华生于 1961 年，现年 50 岁，母语为纳木依语，其父亲也为帕孜，从十多岁开始跟随父亲学习作法，家有五兄弟，自称是木里县现今惟一一位帕孜。

本书中记录了一个僧侣和女妖精的神话故事，故事的名字纳木依语为 mo^{53} ɤo p^{h}æ^{33} tsɿ tʂ^{h}a^{33} mi^{55} na^{33} pu，音译为“莫沃帕孜察迷纳布”。其中“帕孜”即僧侣，“莫沃”是僧侣的名号，“察迷纳布”是一个女妖精的名字。本篇故事的大意是莫沃帕孜去打猎的时候救了女妖精察迷纳布一命，然后察迷纳布就嫁给了莫沃帕孜，后来莫沃帕孜知道察迷纳布是妖精以后，将她杀死并加以敬神。①

溯其源，则西夏文有[illegible]〔《简》0187 字、《简》1284 字）音“纳布”〕，意为“老妖”；而“察迷”亦即“吃蔑”，刘辉强的《纳木依语概要》记“tsæ^{53}鬼”，音亦近于“吃”或“察”。“察迷纳布”者“魑魅老妖”也。另外，亦与纳木依人关系密切的彝人，称鬼［ȵ̥i^{55} tshɿ^{33} xa^{55}mo^{21}］，汉字注音“聂吃哈蔑”，急读也与“吃蔑”同，再次支持“吃蔑”即“鬼”的汉藏语系藏缅语族（包括纳木依语）语称。“吃蔑枯骨”为纳木依语中的“鬼宿”应无碍了。

厘清这一倒误，“这天最坏，妇女连头发都不敢梳，任何事都不敢做”的星占便有了着落。“任何的事”当体现在“外厨”、“天社”、“天记”三星官上；“不敢做”则因为“鬼”“积尸”“爟火”“天狗”的凶险；特别强调“妇女连头发都不敢梳”，缘于《说文解字》：“鬼，人所归为鬼。从人，象鬼头。鬼阴气贼害，从厶。凡鬼之属皆从鬼。䰟，古文从示。”籀文䰟那长长的披发，揭示了古人记忆中披发与鬼的关联程度（见表 14-5）。

表 14-5　　鬼宿星官表（鬼宿有星官 7 个）

星官	注释	所处星座	星数
鬼	又叫舆鬼，即众多的鬼，或车上的鬼	巨蟹座	4
积尸	尸体或尸气	巨蟹座	1
爟	示警的烽火	巨蟹座	4
天狗	天上的狗	罗盘座/船帆座	7
外厨	皇宫外的厨房，负责烹制祭品	长蛇座	6
天社	祭祀土地神的庙宇，或指管理庙宇的官员	船帆座	6
天记	检查畜生年岁的官员，或兽医	船帆座	1

其次，再看“米依枯骨”与“娄宿”及其星官的对应（见表 14-6）。《史记·天官书》：“娄为聚众。”古代的天文典籍中把娄宿视为主管

① 清华大学计算器系郭家宝：《纳木依语长篇语料：僧侣和女妖精的故事》，道客巴巴网，2017 年 7 月 31 日。

牧养牺牲或兴兵聚众的地方。“娄”三星象征国泰民安，否则兵乱四起；而沿着纳木依语的“米依日骨”命名上溯，在西夏文中，我们再次与以“音弥（依）”的𘟙（《简》1903字，“族姓”）、“音米（依）”的𘟚（《简》5223字，“家、宅”）不期而遇。原来，纳木依人将娄宿的“聚众”之义，与纳木依自称中表族群的“木（米）依”等同了起来，皆因为娄宿的“聚众”，不仅包括了代表狩猎的“左更”、代表游牧的“右更”和代表农业的“天仓”，也具备了代表政权的“天大将军”。

表 14-6　　娄宿星官表（娄宿有星官6个）

星官	注释	所处星座	星数
娄	聚众，也指天狱，也通塿，作小土丘之解（娄粤音娄）	白羊座	3
左更	管理山林的官员	白羊座	5
右更	管理畜牧的官员	双鱼座	5
天仓	方形的谷仓	鲸鱼座	6
天庾	露天的积谷处（庾粤音雨）	天炉座	3
天大将军	天上的将军	仙女座/英仙座/三角座	11

需要指出的是，纳木依人的改造，并未完全脱离传统的文化融合。西夏文的以“𘟛𘟜〔啰迎〕娄宿（珠053、孔222）”相称，已经显示了党项羌以“啰”为“娄”音读的名号相传；而纳木依人的“米依枯骨”星占“修房造屋、婚姻都好，但稍有点火重，可以做帛。”更从“火重”、“做帛”两方面直追传统：

其中，“火重”显然源于娄之“过火候”的方言流布。如“娄，空也。”（《说文》）段玉裁注：“凡中空曰娄，今俗语尚如是。”［方言］：虚弱，过火候。如：“他的身体可娄啦”，“篝火烧娄了”。

而“做帛”，亦当本于娄宿星占原有的“有牧养众畜以供祭祀”。“做帛”者，羌族彝族祭祖之谓。林俊华的调查报告曾对彝族“做帛”进行了详细描述

火把节也是祭祖节日。除杀牲外，有些地区还以新荞、新米做荞粑、米饭供祭，表示感谢祖灵赐予新收获。超度祭祀，大小凉山彝族称“作帛”，滇、黔彝族称“打嘎”或作斋，是最隆重的祭祖大典。

他们认为死者未经超度，灵魂会滞留家中作祟；只有经过超度，才会升入乐土，成为神灵。经过超度之后，把供奉在家的灵牌送往僻静的山洞中。一般是每隔三代超度一次，富有之家，则每代超度。作帛时间少则一二天，也有长达六七天的。作帛时，家族亲朋携牛、羊或猪、鸡等前来献祭；出嫁的女儿祭品必须从丰。亲戚进村前，主人邀集青壮男子数人至数十人，手持刀枪，在村外相迎，并厉声喊杀。据说，这是告诉祖先，子孙和亲属的勇敢兴旺。作帛时，毕摩用竹、木、山草在屋外搭祭堂。祭祀仪式须按彝经规定，经过请祖灵、十二道场、护灵哭别、送灵等程序；其中以十二道场最为复杂，须由毕摩依星座图案，用树枝在地上插十二个方阵，引导亲友祭祀十二场。护灵哭别，系由家属和亲友在村外的场地上哀哭转圈，鸣枪舞矛，表示惜别和驱除祖灵去阴间路上的邪魔；最后将灵牌装入白布小袋，送往山洞（称祖宗洞）中供奉。①

最终，导引出了纳木依人决定将自称的“木（米）依”、亦是家乡命名的“米易（依）”赋予这“修房造屋、结婚都好”，并宜“作帛”祭祖之星宿。在纳木依人的文化情怀中，一般性聚众的“娄宿”升华为了祥瑞的“族人（木依）”之星，或“家乡（米易）”之星。

赫摸底食骨：纳木依语“柳宿”。比照西夏文纖《简》2878 字：“〔重唇音，米（比）和切，音麦〕柳也。（名）例：〔麦西〕柳树（同8A7）。”“麦西”音近于“（赫）摸底”；另外，《女直译语 · 阿波本》（364）“柳树—速黑莫”，其“（速）黑莫”亦与“赫摸（底）”音近。显示纳木依人的柳宿称谓与北方诸族的广泛联系。

至于“赫摸底食骨”与“柳宿”星占的截然相反，再次将纳木依星宿与印度二十七星宿的联系问题显现了出来。汉文献天官传统的二十八宿体系，视柳宿星占为“多吉”，所谓柳宿“居朱雀之嘴，其状如柳叶（鸟类嘴之形状大多如此），嘴为进食之用，故柳宿多吉”是也。其星官图亦在彰显酒肉之食（见表 14-7）：

① 林俊华：《纳木日和他们的巫师》，《西藏旅游》2004 年第 5 期。

表 14-7 柳宿星官表（有星官 2 个）

星官	注释	所处星座	星数
柳	形似垂柳	长蛇座	8
酒旗	酒馆外以作招徕的旗帜，或造酒之官	狮子座	3

故有星占云“柳宿修造主钱财，富贵双全入家来，葬埋婚姻用此日，多招福禄主荣昌。”

而“赫摸底食骨”星占“日子不好，一般任何事情都不宜做”。与中国二十八宿体系中的“柳宿”星官及星占，看不出半点关联；却与印度二十八宿阿沙离沙（梵文：Āśleṣā）关系密切。阿沙离沙又作不觐宿，是印度占星学二十八宿（纳沙特拉）之一，与中国二十八宿的柳宿相对应。觐者朝见也。“日子不好，一般任何事情都不宜做”正好用来作“不觐”亦即“不朝见”的诠释，佛教经典的“不觐宿者，主雨雪龙王”，“不觐宿日生，放逸多欲”（《舍头谏太子二十八宿经》），则进一步道出“日子不好”的具体内涵。

第十五章　草原场域的西南：纳木依语记忆中的二十八宿牧声（3）

第一节　比翼的星鸟与雷车

阁来击骨：纳木依语“星宿”。西夏文有𗂧（《简》0108）“〔牙音，具得切，音吃〕星、辰也”。音近于“阁”，或与“阁来切”一音相转。时至今日，方言中，“街”仍然广泛地被“具得切”与“阁来切”两音混读。

纳木依巫师只为“阁来击骨”画出了一星，应该是连“阁来击骨”对应的星宿名又为“七星”以及天上的星象形状已概莫能知，加之星占的含混之词，有理由相信，纳木依人的记忆中，对于象征朝堂的星宿兴趣淡薄，只留下了起码至西夏以来羌语对这一星象的称呼（见表15-1）。

表15-1　　星宿星官表（有星官6个）

星官	注释	所处星座	星数
星	七星，代表衣服	长蛇座	7
天相	天上的丞相	六分仪座	3
天稷	天上的谷，或负责农事的官员（稷粤音即）	船帆座	5
轩辕	轩辕黄帝	狮子座/天猫座	17
御女＊	黄帝的女伴	狮子座	1
内平	法官	小狮座	4

＊御女即轩辕十七。

木都里骨：纳木依语“张宿”。张宿有两解：（1）《尔雅》：“鸟张嗉”，注称：“嗉，鸟受食之处也。”可见张宿取意于朱鸟。《史记 律书》另有所指：“张，言万物皆张也。”张宿六星，其形状像张开的弓矢而得名。古羌族以游牧为基底，自然会更倾向于第二说。西夏文有𗥑

(5710)“〔来日音，略西切，音力〕箭、矢也。(名)”其例词有“𗋽𗗙〔吶力〕弓箭（同46B2）”。同字书另有例词“𗋽𗤋〔力突〕张弓（同13A5）”可见西夏文中“弓、箭”皆可以音读为“力”。至于“张”，西夏文又有𗊱（0026）、𗤋（2078）的细分：𗊱（音兀），释文为“敞（𗊱）开也，解也，敞也，为张开之谓也（海17.152）。”而𗤋（音突），释文为“张、拉、拔、抽也。(名)”释文：“张（𗤋）：置左拔右，张者绷也，为置弓弦之谓也（海5.233）。”𗊱𗤋𗗙组合一起，音读即是“（木）兀都里”，释义则为“张弓搭箭”。由此，“木都里骨”星占的“最宜打猎”想来不必进一步解释了。

木麻所骨：纳木依语“翼宿”。“翼宿”居朱雀之翅膀之位，故而得名“翼”，鸟有了翅膀才能腾飞，故翼宿星占多吉：“翼宿值日主吉祥，年年进禄入门堂，一切兴工有利益，子孙富贵置田庄。”而纳木依人更看重的是腾飞而来的猎物。西夏文有：

> 𗏇（2890）“〔重唇音，音没〕鹤也。(名)”例词“𗏇𗓱〔没末〕鹤（同3A1）。”
>
> 𗐗（3672）“〔重唇音，谋栏切，音抹〕鹅也。(名)”例词“𗐗𗔩〔抹牙〕鹅（双音节词）（同7A7、珠166）。”

可见“𗏇𗓱、𗐗𗔩”皆双音节词，前者急读如“木”，后者急读如“麻”。应该都是“木麻所骨”的词源之一。𗏇𗓱被尊为“鹤者仙禽也，鹤也，飞禽中冬季牧者之谓（海82.221）”，是猎物的赐予者；而𗐗𗔩只是“鹅者飞禽名鹅之谓也（海31.111）”，猎物中的一种。赐予者与飞禽，对于“最宜打猎”而言，二者缺一不可。因此才有了“木麻所骨”的“同16（木都里骨）”星占（见表15-2）。

表15-2　翼宿星官（有星官2个）

星官	星官英文名	注释	所处星座	星数
翼		朱鸟之翅膀，也代表戏班乐团	巨爵座/长蛇座	22
东瓯		地名，在浙江南部温州一带（瓯粤音欧）	唧筒座/船帆座	5

米依日骨：纳木依语“轸宿”。汉文献中，“轸”为南方第七宿，居朱雀之尾，鸟儿的尾巴是用来掌握方向的。轸宿又称“雷车”，古代称车箱底部后面的横木为“轸”，其部位与轸宿居朱雀之位相当，故此而得名。青铜器番生簋的金铭有“車 雷轸”，丁山谓“当即《庄子·达生篇》所谓雷车之声”。丁山又因甲骨卜辞（《文录》，516。）叹谓：“一版之上，连刻三个雷字，足见殷商时代对于雷神恐惧的心理了。”[①] 故轸宿星占多凶。如民间《择吉通书》所言“轸宿凶星不敢当，人离财散有消亡，葬埋婚姻皆不利，朝朝日日有惊慌”。《酉阳杂俎》的一则故事曾经揭示到了雷公及雷车的凶险：

> 建州山寺唐柳公权侍郎，尝见亲故说：元和末，止建州山寺。夜半，觉门外喧闹，潜于窗棂中窥之。见数人运斤造雷车，宛如图画者。久之，一嚏气，忽斗暗，其人双目遂昏。

只是，在奉神鸟崇拜又农业与游牧渔猎并重的纳木依人眼中，朱雀雷车俱是宝贝。溯其原本，可能还会与古羌族的根出华胥记忆有关。因为华胥雷泽履大人迹，在《山海经》《淮南子》中是被明记为雷神迹的。即“雷泽有雷神，龙首人颊，鼓其腹则雷”；“雷泽有雷神，龙身人首，鼓其腹而熙”。其间的细微差别，本无人能说清，却被纳木依人的调查报告一语中的：

> 雷公有公、母之分，公的称“米衣”，母的称“始。”[②]

西夏文“雷鸣”写若𗯿（5475），音“址”；另有𘅍（4892），音“皆”。而“址、始”，“皆、熙”一声相转。至于“米衣（依）”“木雅”，原本就是党项人、纳木依人对“族、人”的自称，现在知纳木依人尚依此称雷公，可见党项人、纳木依人与雷公崇拜的渊源。于是，依据轸宿星官功能，纳木依人结构出了符合其文化的星占：“日子好，宜于修房

---

① 丁山：《中国古代宗教与神话考》，上海书店出版社 2011 年版，第 357 页。

② 何耀华：《冕宁县联合公社藏族社会历史调查》，《雅砻江流域民族考察报告》，民族出版社 2008 年版，第 53 页。

造屋、狩猎。但容易和邻人发生冲突。”其中：

“宜于修房造屋”，衍生于“负责土木建造”的星官“土司空”；“狩猎”，则繁衍自星官“青丘”，《元和郡县志》记载，“齐景公有马千驷，田于青丘”，故将青丘改名为“千乘”。杜甫“渔阳突骑猎青丘，犬戎锁甲围丹极”（《虎牙行》）、“春歌丛台上，冬猎青丘旁。”（《壮游》）仇兆鳌注引《寰宇记》：“青丘在青州千乘县 。齐景公田於此。”都说明，岁月的陶冶早已将青丘化为了“骑猎”的代名词；

“容易和邻人发生冲突”，导火索自然跑不了星官“军门”，《方言》卷三“轸，戾也。”亦支持了纳木依人的诠释有据；另外，也符合了雷公的暴脾气。只是因为是纳木依人眼中的“日子好”，雷公戾气导致的“冲突”也就降解为了“容易发生”。

与纳木依人关系密切的彝人，也在彝语中称“雷公”［mu³³tsɿ³³si³³］，音读“慕吉西”，急读正近于“米依”。旁证纳木依语是将“轸宿”视为了雷公之宿（见表 15-3）。

表 15-3　　轸宿星官表（星官八个）

星官	注释	所处星座	星数
轸	朱雀的尾巴，又名天车	乌鸦座	4
长沙	地名，在湖南省	乌鸦座	1
左辖	插入轴端孔穴内的左钉，辖也可代表黄帝所封的王或诸侯，左辖意指册封同姓诸侯	乌鸦座	1
右辖	插入轴端孔穴内的右钉，辖也可代表黄帝所封的王或诸侯，右辖意指册封异姓诸侯	乌鸦座	1
青丘	青翠的山丘，传说中青丘是海外国名，也可代表一个落后民族的国号或酋长	长蛇座	7
军门	军营的门	长蛇座	2
土司空	负责土木建造的官员	长蛇座	4
器府	存放乐器的地方，或掌管音乐的官员或机构	半人马座	32

第二节　牧者的“血”之敏感与“角”的神圣

左勃阿骨：纳木依语“角宿”。西夏文中，音近于“左勃”的有𗠰𗢳（《简》2292 字，《简》2653 字），汉字注音为“卓兵”：“冠角”之义，强调了角的神圣性，恰与传统对角宿功能与形象的认识相吻合。传统认识里，角宿属木，为东方七宿之首，有两颗星如苍龙的两角。因为日月和行星常会在这两颗星附近经过，古籍称角二星为天关或天门（见表 15-4）。《天问》："何阖而晦？何开而明？角宿未旦，曜灵安藏？"道出了角宿这扇天门对开启日曜的关键作用。只因为文化视角的不同，使秉持农业文化为基底的汉民族与恪守游牧文化为准绳的华夏边缘诸族，对角宿给出了不同的价值评估与理解。在农业民族眼中，日月行星常会于角宿，必然带来对农事诸多不利的冲突与变更，因此角宿主凶，民间《择吉通书》所谓"角宿值日不非轻，祭祀婚姻事不成，埋葬若还逢此日，三年之内有灾惊"，正是这种价值评估与理解的体现；而在游牧民族，有天门守夜是牧者的福分，因此角宿出被理解为"不得修马厩、牛栏等，其他均可做"（见龙西江《冕》文，第 83 页）。

表 15-4　　角宿星官表（有 11 个星官）

星官	注释	所处星座	星数
角	苍龙之角	室女座	2+16
平道	修路官	室女座	2
天田	天子的田	室女座	2+7
周鼎	周朝的神鼎，代表皇权	后发座	3
进贤	举荐贤才	室女座	1+9
天门	黄道上的门	室女座	2+11
平	断狱的法官	长蛇座	2+4
库楼	武器库	半人马座	10+1
柱	支撑库楼的天柱	半人马座/豺狼座	11
衡	殿边的栏杆，士兵操练的地方	半人马座	4
南门	库楼的南门	半人马座	2+2

左曲枯骨：纳木依语"亢宿"。参照西夏文纆毲（《简》2292 字，《简》5337 字），汉字注音为"卓聚"，分别为"冠"和"连接"之义。传统认识里，亢宿属金，东方第二宿，为苍龙的颈，龙的咽喉。《尔雅 释鸟》上云："亢，鸟咙"，注称："亢即咽，俗作吭。"因此，亢亦可视为"（头）冠"之"连接"；咽喉依然有"关索"之义，难怪游牧文化的纳木依人，会认为左勃阿骨与左曲枯骨，功用相同（见龙西江《冕》文，

第 83 页）。农业文化视角则更看重“有龙角之护卫，变者带动全身，故多吉。”以致民间《择吉通书》有“ 亢宿之星事可求，婚姻祭祀有来头，葬埋必出有官贵，开门放水出公侯”之称（见表 15-5）。

表 15-5　亢宿星官表（有 7 个星官）

星官	注释	所处星座	星数
亢	苍龙的颈（亢粤音抗）	室女座	4
大角 *	苍龙的角，代表帝座	牧夫座	1
左摄提	定季节的官员	牧夫座	6
右摄提	定季节的官员	牧夫座	6
顿顽	审讯或狱官	豺狼座	2
阳门	边塞的城门	半人马座	2
折威	行刑或执行死刑的官员	天秤座/长蛇座	7

依枯食骨：纳木依语“氐宿”。《说文》：“氐，至也。”《尔雅·释天》：“天根，氐也。”注称：“角、亢下系于氐，若木之有根。”《史记》记载：“氐，东方之宿，氐者言万物皆至也。”民间《择吉通书》认为：氐宿是东方第三宿，为苍龙之胸，万事万物皆了然于心。龙胸，乃龙之中心要害，重中之重，故多吉。占曰“ 氐宿之星吉庆多，招得横财贺有功，葬埋若还逢此日，一年之内进钱财”。

纳木依语称“氐宿”为“依枯食骨”，是因为古羌语支有将“人、子”音读做“yi（依、宜）”的传统。如西夏文的𗹭𗧓〔音“得宜”〕，义为“童子（同 23A1）”；𗦳𗧓〔音“礼宜”〕，义为“男子（同 47B1）”。纳木依语中的“依”更显见为“人、族”的读音。至于“枯”，参照西夏文𘎳（《简》3985）“〔牙音，括腰切，音葛〕①根脚、根基，负重也。（名）②〔葛〕也。③〔藁〕也”，“枯”“ 葛”音近，亦当为古羌语支“根基”的拟音。明了“依枯食骨”语义的“族根”、“人脉”内涵，便更能领会“依枯食骨”星占中“不得迁移任何有血的生物”的深意。西夏文𘂤（《简》5907）的语义中“众生；血也”并列。“任何有血的”强调，应看作党项羌、纳木依人对“众生”的缘于族群认同的特殊领悟。

第十六章　草原场域的西南：纳木依语记忆中的二十八宿牧声（4）

第一节　房、心、箕的认同与酒祭中的苯波

依鸭结骨：纳木依语“房宿”。房宿为东方第四宿，苍龙腹房，古人也称之为“天驷”，取龙为天马和房宿有四颗星之意。龙腹，五脏之所在，万物在这里被消化，故多凶。

参照西夏文[illegible]（《简》2560 字）〔喉音，音野〕“帐、舍、堂、宅、宇、廟、泡也。（名）”音义皆近于“依鸭结骨”中的“鸭”，亦即“房宿”的“房”；至于“依鸭结骨”中的“依”，则反映出纳木依语“房宿”融入了宋以来房宿观念的发展。《宋史・天文志三》：“房宿四星，为明堂，天子布政之官也，亦四辅也。”顺应这一变化，西夏文[illegible]（《简》0758、0109 字）既被释为“房宿”（珠 054），又被释为“人星”（珠 083）。“布政、四辅”之“人”，自要有别于常人。于是，人们发现，西夏文有用音读为“依、宜”的字，来专指“有别于常人”的“子”，如：[illegible]〔我宜顶“尼正”〕君子有礼（珠 294）。由此可知，“依鸭结骨”指的是已经衍生出“人星”之意语境中的“房宿”。只是在纳木依巫者残存的记忆中，对“人”的强调只剩余了与“牲畜”的切分，于是，“依鸭结骨”凶吉的强调竟然成了“不得买牲畜进家，不得修马厩牛栏”。

叶食兹都里骨：纳木依语“心宿”。参照西夏文[illegible]（《简》4209 字，《简》0109 字），释义“心宿”〔珠 051〕，汉字注音为“（啄则）迎”。其“啄则”音与“叶（食）兹（都）”相近。另外，西夏文[illegible]（《简》2518，聂则切，音你）“心也。（名）”其“聂则（切）”读音，亦合于“叶（食）兹（都）”的急读。

命名的趋同，可知以党项、纳木依为代表的羌语支对汉文献“心宿”的大致认同。“心宿”又称心星，即著名的心宿二（天蝎 alpha），古代称之为火，大火，或商星。民间《择吉通书》以为：心为苍龙腰部，肾脏之所在，新陈代谢的源泉，不可等闲视之，故多凶。占云“心宿恶星元非横，起造男女事有伤，坟葬不可用此日，三年之内见瘟亡。”纳木依人关注的重在畜牧，因此星占才会有“同上（叶食兹都里骨）”之说，两个“不得”禁忌均关乎畜牧。

里布所骨：纳木依语“尾宿”，又称龙尾，《左传》：“童谣云‘丙之晨，龙尾伏辰’”，注称：“龙尾者，尾星也。日月之会曰辰，曰在尾，故尾星伏不见。”参照西夏文的𗏁（《简》5207 字）〔舌头音，音你〕：“末、尾、东也。（名）”音近于“里布所骨”之“里”。则知纳木依人的“里”与西夏文的𗏁，当皆出于古羌语对“尾”的指称，据此，纳木依语“里布所骨”的“布”，极有可能来自“巴”的汉语借音。

民间《择吉通书》以为：尾宿九颗星形成苍龙之尾。龙尾，是斗杀中最易受到攻击部位，故多凶。占云“尾宿之日不可求，一切兴工有犯仇，若是婚姻用此日，三年之内有悲哀。”纳木依人也由此得出“同上”的星占。

兹里日骨：纳木依语“箕宿”。西夏文有𘜶𗣼（《简》2923 字，《简》0109 字）字书释为“〔皮迎〕箕宿”。（珠 051）其实，西夏文中的“皮”，亦即𗤶（《简》1153），本就读作“召夷切”，音近于“箕”；另外，西夏文亦将与“兹”同音的“子”读为𗒹（《简》2867）〔牙音，音介〕。可见西北方言的汉字音读中“箕、兹、子、介”不分。纳木依语不见与“箕”相当的名词称谓，但却据《诗·小雅·大东》“维南有箕，不可以簸扬”，将“箕”所具有的“驮”之功能，称之为“兹里”之“兹（dzl）”，加之将助词“子”音读作“里（li）”（《雅》186），“驮子”变成了“箕”的代名词。西夏文亦然，其𗫂（《简》4444），“〔略祀切，音勒〕者也”。音义皆近于“兹里”之“里”，“𘜶𗫂?（箕者）”，构成了西夏文“𗤶𗣼（箕宿）”之外，一种生产工具的专称。

箕宿星官世界之无趣，可以从《诗·小雅·大东》“维南有箕，不可以簸扬”读出。至于衍生出的风师风伯诸多传奇，似乎尚与纳木依人的

"兹里日骨"记忆无关。《周礼·大宗伯》称："以燎祀司中、司命、风师、雨师。"郑玄注："风师，箕也"，意思是"月离於箕，风扬沙，故知风师其也"。其中的"风扬沙"，应该是"不得买牲畜进家，不得修马厩牛栏"星占的主因（见表16-1）。

表16-1　箕宿星官表（有星官3个）

星官	注释	所处星座	星数
箕	本是扬米去糠的农具，亦指风伯	人马座	4
糠	箕扬出的糠	蛇夫座	1
杵	捣物的棒槌（杵粤音处）	天坛座	3

依拉按骨：纳木依语"斗宿"。斗宿由来已久，《诗经·小雅·大东》中，便有"维北有斗，不可以挹酒浆"的诗句。"挹，抒也。从手，邑声。"（《说文》）抒，形声。从手，予声。本义：舀出。这真是一个有意思的强调：一方面将南斗六星比喻做酒器之"斗"；另一方面又特意指出不得（以此）挹酒。蹊跷何在？愚以为：只有将这一比喻与后世繁衍出的星占和斗宿诸星官命名相比照，才可找到符合语境的答案。后世繁衍出的星占中，斗宿由南斗六星为首的十星官构成。其中，历来有"北斗主死，南斗主生"之称的南斗六星，由天府星、天梁星、天机星、天同星、天相星、七杀星组成。皆主人的延寿解厄，富贵官禄。因此，南斗六星君，被视为管理世间一切人、妖、灵、神、仙等生灵的天官。其所在地也被称之为天庙。至于其他星官的命名及寓意，可在列表中见出（见表16-2）。

表16-2　斗宿星官表（有星官10个）

星官	注释	所处星座	星数
斗	形如斗，亦指天庙，玄武的蛇身。	人马座	6
建	日月五星所经的关城，亦可指旗。	人马座	6
天弁	祭祀之类用爵弁	天鹰座/盾牌座	9
鳖	水鱼，又称神守。	望远镜座/南冕座	11

续表

星官	注释	所处星座	星数
天鸡	桃都山上的神鸡，天下所有公鸡皆随之啼叫，亦有说是蓬莱东岱舆 山崆的天鸡，只叫醒背负太阳的三足乌，三足乌啼则世上公鸡方啼。	人马座	2
天籥	开闭黄道的锁	蛇夫座/人马座	8
狗国	狗住的国度	人马座	4
天渊	天空深潭	人马座	3
狗	守门狗	人马座	2
农丈人	掌农事的官	人马座	1

十星官中，关键在于对“天籥”的识读，旧注皆以为“掌管街市的官长。”当源于《甘石星经》载：“天弁九星，在建北，近河，为市官之长。暗，凶，无万物；明，大，万物兴众”。单独释之，或有所出；然而放在整个斗宿的语境中，却是处处失据：（1）斗宿非昴宿，没有天街，何来街市；（2）市官之长无以带弁为标志的记载；（3）天弁所守斗、建，一亦谓“天庙”，一又为“日月五星所经的关城”，守之职则只能是祭酒神祝之流，以致星占有“皆主人的延寿解厄，富贵官禄”之谓；（4）考察弁服，古之帝王及诸侯、士大夫，文事如祭祀之类用爵弁服，武事如誓师、田猎之类用皮弁服。爵弁用于冠礼、祭礼。《仪礼·士冠礼》：“爵弁服，纁裳、纯衣、缁带、袜韐。”士以上如大夫等也有服爵弁服者，《礼·杂记上》：“诸侯以褒衣、冕服、爵弁服。”斗宿无武事场所而彰显斗（天庙）、建之守，则星官天弁，只能是祭祀之类用爵弁。《开元占经》记：“甘氏曰：‘天庙十四星，在张南。’（天子之祖庙也）”亦支持天弁乃主持祭祀之祭酒神祝类身份。

明瞭天弁即主管帝王祭祀的神祝祭酒之类，斗宿的语境便可清晰：头上是日月五星在“建”，等待着天弁的祝祭以开启天籥（《晋书·天文志上》：“天籥八星在南斗柄西，主关闭。”）；三界，分别有来自天渊的神守（《酉阳杂俎·广动植之一》：“鳖无耳为守神”，《本草纲目》“淮南子曰：鳖无耳而守神。神守之名以此。”①）、被农丈人（《晋书·天文志

① （明）李时珍：《本草纲目》，北京出版社2017年版。

上》："农丈人一星，在南斗西南，老农主穑也。"）所期盼的天守（天鸡）、出自狗国的世守（狗）。如此神圣世界所环绕的天庙，只能是被文化权力结构出来的帝王祭祀场所。《诗·小雅·天保》云：

吉蠲为饎，是用孝享。禴祠烝尝，于公先王。君曰：卜尔，万寿无疆。

有译文为："吉日沐浴备酒食，用它将那上天祭。四季祭祀祖庙里，先公先王在一起。神尸说要给你福，江山万代无尽时。"其中的禴祠烝尝，便是周礼制中的"古代宗庙四时祭名"，改夏殷制法而来。《通典·礼典第四十九》曰："殷禴禘尝烝，亦因虞夏之制。《王制》云'春禴，夏禘，秋尝，冬烝'。郑玄云'此夏殷之法'。其祭尚声，《郊特牲》云：'臭味未成，涤荡其声，乐三阕，然后出迎牲，声音之号，所以诏告天地之间也。'滌荡犹摇动也。其祭贵肝。"

因为"其祭尚声"，斗宿便营造了一个"声音之号，所以诏告天地之间也"的多声部世界。其间天弁巫祝、鸡鸣狗吠，可谓吟唱相间。关于祝，《说文·礻部》："祝，祭主赞词者。从示，从人、口。一曰从兑省。《易》曰：'兑，为口、为巫。'"《玉篇·礻部》："祝，祭词也。"《尚书·洛诰》："王命作册，逸祝册。"孔颖达疏："读策告神谓之祝。"由此可见，"祝"有三义：①祭主赞词者：祭祀时司祭礼的人，即男巫，亦名觋（音席 xi）。②祭词：祭神的祝祷词。③读祭词者，即用言语向鬼神祈祷求福的人。在斗宿，应即指天弁。

"其祭尚声"在藏缅语族（包括羌语支）文化中亦根深蒂固。朗加曾在自己的新浪博客记载第十世班禅——确吉坚赞对苯波教看法："在古藏文的记载中，苯教的苯（Bon）是'颂咒'、'祈祷'、'咏赞'之义，这在原始信仰的各种仪式中是个极其重要的部分"。"'苯'这一个字，是藏文，从象雄文'吉'（gyer）（或译为"杰尔"），意译过来的，实际上是'念'和'读'的意义，就像念经读书。"① 其实，这里的颂、咏，更准确的概括应为"吟唱"。

① 《第十世班禅——确吉坚赞对苯波教看法》，朗加的（新浪）博客，2010 年 7 月 2 日。

于是，我们现在知道，纳木依人为何要称斗宿为“依拉按骨”了：《纳木依语概要》记“（会念经的）巫师”为“$a^{53}rə^{31}$”，承袭的正是藏缅语族（包括羌语支）有一类音读“拉”的语词，语义是“念—唱”全都囊括在内的。西夏文□（《简》3102），“〔来日音，路察切，音啦〕领唱也。（动）”；□（《简》5584），“〔来日音，音拉〕歌也。（名）”，并在字书中进一步解释□：“吟唱，歌唱，唱歌，教歌用谓。”另外，西夏文有□（《简》3119），〔喉音，夷已切，音乙〕，字义有三：

（1）众、多、群也。（形）；（2）和尚也；（3）又音［伊］、〔易〕、〔裔〕、〔医〕、〔云〕、〔翼〕、〔夷〕、〔意〕、〔羿〕、〔异〕也。

□□或□□合读，其音、意正与依拉按骨的“依拉”相同，皆可译为“群声颂唱”。

以音读“拉”称“颂唱”在中国北方诸族都有着深厚的文化传统。13世纪的《华夷译语》便有词条：“唱（512）倒剌 daqula”；《续增华夷译语》亦有：“咏”（189）土兀蓝 duqulan”。比较同书称单纯的“说”为“言（511）兀格 uge”（《华夷译语》），“言（214）客蛮 kemen”（《续增华夷译语》），[①] 足见以音读“拉”称“颂唱”传统的稳定性和普遍性。《穆》的“qaila-”词条，更是令人理解了“依拉按骨”所指颂唱世界的丰富性：

> ①叫，鸣。②嗥叫，吼叫。③叫喊，呼喊。④呼唤。⑤哭。⑥轧轧响，作吱吱声。~ba kerie：乌鸦叫了。~ba menekei 蛙鸣了。~ba taqia：鸡叫了。~ba mis 猫叫了。~ba usun 水潺潺作声了。~ba eljigen 驴嗥叫了。~ba qonici qonini 牧羊人喊羊了。~ba qarcigai 鹞叫喊了。~ba tebeni moritan 众骑马人大声呼唤了他们。Ukeri：n de：reqailaqu 挨着死者哭。~ba uzuk 芦杆笔作了吱吱声。[②]

只有依拉按骨的“依”，方令该词语显示出藏缅语族（包括羌语支）对斗宿自称的独特性。从西夏文□（音乙）的“众、多、群也”释

① 贾敬颜、朱风合辑：《蒙古译语 女真译语汇编》，天津古籍出版社1990年版。

② 保朝鲁编：《穆卡迪玛特蒙古语词典》内蒙古大学出版社2002年版，第411页。

读，到纳木依语的以“依”为“人们”与“族群”，都显露了藏缅语族（包括羌语支）在自身文化语境中对斗宿文化的独特记忆与领悟。

现在，我们可以来进一步理解，“其祭尚声”的祭祀世界里，斗为什么“不可以挹酒浆”了。前面提到的《通典·礼典第四十九》，在讲解了何为帝王四时之祭后，又具体的描述了其祭祀的场面与过程，其中有：

……

乃迎尸主入室，即席，举奠斝将祭之。时祝则诏王拜妥尸，郊特牲云“举斝角诏妥尸”是也。拜讫，尸遂祭酒以菁茅，谓之缩酒。左传云：“尔贡苞茅不入，王祭不供，无以缩酒。”尸遂啐之，奠之，尸乃坐。于是王以玉爵酌象樽盎齐以献尸。此五献也。……王及后每献，皆作乐如初。

原来，祭酒是需要先用菁茅滤酒去渣，谓之缩酒。见《周礼·天官·甸师》“祭祀共萧茅”。且缩酒又必须盛之以奠斝，方符合祭之礼数。《周礼·考工记·梓人》贾公颜疏引《韩诗说》云：“爵一升，觚二升，觯三升，角四升，散（斝）五升。”可见作为酒器，奠斝只小于“斗十升”的酒器老大“斗”，则为奠斝缩酒的非斗莫属！于是，才有了当需要奠斝祭酒时，斗便成了缩酒之专用的，“不可以挹酒浆”的强调。

斗宿被纳木依人改造成了“群声颂唱”的神圣世界，容不得日常生计，其星占才会有“同上（不得买牲畜进家，不得修马厩牛栏）”之禁忌。

第二节　隐去“牛绳”血腥与唤醒“天乙归妹”

依卑枯骨：纳木依语“牛宿”。西夏文𗉕𗖰，字书释为：“〔（音）乙部〕，耕牛”（同乙 46B43）。“乙部”音义俱与纳木依语以“牛宿”为“依卑枯骨”的“依卑”相近。与党项羌同源的纳木依人，应该是也传承了古羌语的这一称谓，并将其用在了“牛宿”上。然纳木依人为何星占会得出“同上（不得买牲畜进家，不得修马厩牛栏）”之禁忌，却须详加分解。

已经有人对斗宿星官作为统一图景做过描述："从斗宿星官——'南斗六星'开始，向东望去。就在斗宿的东面不远，银河的东岸，有彼此互相距离较近的六颗亮星，组成两个倒置的三角形，一上一下，很有特点。不过上面的那个三角形更大一些，更亮一些。这几颗星组成了一个头上有两角，却只有三只足的牛，这就是牛宿星官——古人称其为'牵牛'。在这头天'牛'的南边有九颗小星，是'天田'星官，显然是这头牛耕作的地方；而在牛宿的东面近处还有"罗堰"三星，罗堰是类似水库的古代水利设施。再向南看，在接近南方地平线的地方，有'九坎'九星。坎是蓄水的低地，用于农田灌溉的管道。有耕牛、有田地、有水池，俨然一幅农耕景象。"（徐刚、王燕平：《星空帝国：中国古代星宿揭秘》）

只是，结合星象图去认识这些表象下的历史真相，却要严峻血腥得多（见表 16-3）。

表 16-3　　牛宿星官图（有星官 11 个）

星官	注释	所处星座	星数
牛 *	牵牛鼻的绳	摩羯座	6
天田	天子的田	摩羯座/显微镜座	4
九坎	九个灌溉用的水井	显微镜座	4
河鼓	天军之鼓	天鹰座	3
织女	天帝之孙，她也是民间精于织布的仙女	天琴座	3
左旗	军旗	天鹰座/天箭座	9
右旗	军旗	天鹰座	9
天桴	河鼓的鼓槌	天鹰座	4
罗堰	以土堆成的灌溉系统	摩羯座	3
渐台	近水的台	天琴座	4
辇道	帝王车径	天琴座/天鹅座	5

其一，与上述图景描述截然不同的是，星官"牛"只余下了一条"牵牛鼻的绳"，将从《史记・天官书》："牵牛为牺牲。"到《宋史・天文志三》："牛宿六星，天之关梁，主牺牲事。"的平淡讲述，血淋淋的具象化起来。牺牲二字本来就以牛为形旁，这不奇怪。奇怪的是，为何单单选上牛宿来强调？原来，在中国古代汉朝以前，牛宿是冬至点所在的星

宿，有被视为日月五星会聚处（天之关梁），历来受到观天者的重视。从汉朝以来，冬至祭天便逐渐成为传统。《资治通鉴》卷第二十记：“汉武帝元鼎五年十一月，辛巳朔，冬至；昧爽，天子始郊拜泰一，朝朝日、夕夕月则揖。”当然，也因为冬至便正式步入农闲，耕牛已经完成了其农事的使命。于是冬至当值的“牵牛为牺牲”，便成了顺理成章之事。

其二，严峻与血腥的真相，被掩盖在了未经剖析的对“天田、九坎、罗堰”的想当然里。

首先从最显而易见的“九坎”入手，因为只有一地域称井为“坎”——新疆维吾尔。坎儿井，是“井穴”的意思，早在《史记》中便有记载，时称“井渠”，而新疆维吾尔语则称之为“坎儿孜”。坎儿井是荒漠地区一特殊灌溉系统，普遍于中国新疆吐鲁番地区。坎儿井与万里长城、京杭大运河并称为中国古代三大工程。吐鲁番的坎儿井总数达1100多条，全长约5000公里。《荀子·正论》有云：“坎井之蛙，不可与语东海之乐。”坎井之名，由此正式出现在先秦典籍之中。而九坎现于牛宿，不仅将牛宿象征的世界从天庭拉回到了地面，更撕裂理想的农耕图景显露大漠中的西域之真相。

再读一下“罗堰”，“堰”原本就是西南西北对灌溉系统的方言称谓，最要紧的是汉语“罗”音读称“土”，却只见于古羌语支。西夏文有[illegible]（《简》2627），被释为“〔来日音，音勒〕①土地也。②活业。③虞。”纳木依巫师汉牛马张的记忆中，土神被称为“牛邱沙打”（《雅》第95页），其“牛邱”急读如“诺”。而“勒、诺”，皆音近于“罗”。可见，“罗堰”是与西域“坎儿孜”配套的灌溉系统：一个负责蓄水，一个用来最节省的运水。了解了“九坎”、“罗堰”的西域底色，“天田”的谜底也应随之大白：实为汉代对于西域未开垦处女地的称谓。汉代视“天田”同内地“草田”同为国有土地，汉政府开垦天田以为西域屯田。《流沙坠简考释·戍役类》：“若干人画天田，率人画若干里、若干步。”[①] 原来，“九坎”“罗堰”“天田”，构成的正是戍守军队的屯田系统。

其三，所谓“辇道”，其实也是先神明鬼道而后帝王天子之用的。

---

① 王国维：《流沙坠简》，中华书局1999年版，第3页。

《史记·孝武本纪》:“乃立神明台、井干楼,度五十余丈,辇道相属焉。”《汉书·司马相如传上》:“华榱璧珰,辇道纚属。”颜师古注:“辇道,谓阁道可以乘辇而行者也。”《史记· 封禅书》载:“古者天子以春秋祭泰一东南郊用太牢具,七日,为坛开八通之鬼道。”何况西域屯军之祭天,也只能是代天子而为,辇道就更为居于牛宿的日月五星专用了。

其四,严酷的现实里,牛郎织女的眷恋已化为了牛羊豕三牲全备的“太牢具”,织女的命运又将如何?其实《诗经·大东》已经讲得明白:“跂彼织女,终日七襄。虽则七襄,不成报章。”在天上的织女从出现一直到它落下地平线,14 个小时七个时辰里,没有停止其运行,却未织成一匹布。为什么?因为织女要为日月五星引路,更要“终日七襄”为河鼓七通报时。“国之大事,在祀与戎。”(《春秋左传·成公十三年》)真正的军国大事,竟要如此驱使每年只能与牛郎见一面的织女!

其五,无论是在甘氏系统还是在石氏系统中,左、右旗星都与河鼓星相提并论,在古代的战争中,旗和鼓也都是互相配套的。预测战争成败是中国古代星占学的重要功用之一,因此关于左、右旗的占辞也是旗鼓相配。《开元占经》引石氏曰:“河鼓旗扬而舒者,大将出,不可逆。当随旗之指而击之,大胜。”这指的是右旗,至于原先属于甘氏系统的左旗,《开元占经》只记录了甘氏短短的赞辞:“左旗幽谷,阻险隐逃。”也就是说左旗星与河鼓的左星有着某种联系感应,均与在险要之处设立关隘、桥梁守御,阻止敌军进犯有关。可见,中土的军事视野,一直是把左面亦即西方作为防御的重点,而将右面亦即东方视为大将出击的据点。

“国之大事,在祀与戎”面前,又哪来“买牲畜进家”与“修马厩牛栏”俗事的位置。

马依食骨:纳木依语“女宿”。在流传至今的星官体系中,织女星实际属于牛宿,而非女宿。真正的女宿星官,其实就位于牛宿的东北方不远处,由 4 颗星组成长方形,像一个向上开口的簸箕。女宿又名“婺女”,或称“须女”,1978 年在湖北随县发掘出战国早期的曾侯乙墓,出土文物中有一个漆箱,箱盖上以篆文书有二十八宿的名称,其中牛、女二宿写作牵牛和婺女,可见这两宿的名字由来已久,不一定是从牛郎和织女二星转变而来的。

刘辉强的《纳木依语概要》中,列出四个缓读音近于“马

（ma^{53}）依（yi^{55}）”的词：“女人（mi^{55}）猴子（mi^{31}）火（mi^{53}）母的；熟的（mi^{13}）”，① 其中，最接近的只有读高平调^{55}的“女人”。并且，也只有这个词可以同时符合“女宿”称号及“马依食骨”“不得出门远行，不得修房造室，不得结婚，不然使男方受害”的星占条件。西夏文“女”写做[illegible]（音没、米），释做“女（[illegible]）：女儿，女之谓（同丁 5B33 背注）”。可视为纳木依人称“马依食骨”的词源。由“马依食骨”星占及西夏文[illegible]得以弄清：“马依”意为“女儿”或“未嫁女”，尚可进一步了解女宿古称的婺女即是与嫁女的“出女”“繇（从）女”相对的“入女”“不繇女”。婺本“不繇（从）”之义有《说文》：“婺，不繇也”为证，而“入女”为婺，则见载于西夏文[illegible]“〔喉音，音坞〕容、入、进也。（动）”。也正是婺的“不繇”之义，被纳木依人加以符合其族群文化的改造，使“不从”成了“不嫁”，才产生了“马依食骨”的“四不”星占。

据此，可以进一步来匡正对女宿星官传统注释上的误读了。

其一，在女宿的南方广大天区中，分布着“十二国”诸星，依《宋史·天文志三》所记，它们分别是“赵、越、周、齐、郑、楚、秦、魏、燕、代、韩和晋”。其中“赵”“周”“秦”和“代”，都是两颗星组成，其他都只有一星。历史记载，东周到了春秋晚期，晋国的韩、赵、魏、智、范、中行氏六卿专权。到了公元前 458 年，只剩韩、赵、魏、智氏四家。五年后，韩、赵、魏联合击败智氏，平分其地，分别建立韩、赵、魏三个政权。公元前 403 年，周威烈王封这三家为侯国，正式承认了他们诸侯的地位，始有韩、赵、魏国。史学界就以“三家分晋”事件作为春秋与战国的分界点。可见这里“赵”等星官的出现不会早于这个年代。

然代国（338—376 年），十六国时期鲜卑人拓跋猗卢建立的政权，是北魏的前身，竟然也混迹在战国十二国家中，就显得有些不伦不类。何况女宿早以“婺女”之称列于战国早期的曾侯乙墓“二十八星宿图”上，则其星官“十二国”似不应晚出至三国时期。

其二，“离珠”绝不止“妇女身上的珠饰”这么简单。《星经》卷

① 刘辉强：《纳木依语概要》，《雅砻江流域民族考察报告》，民族出版社 2008 年版，第 372 页。

下："离珠五星，在女北，主藏府，以御后宫，移则乱，西入女一度，去北辰九十四度也。"道出了其象征"御后宫"的奥妙。可知所谓婺女"即织布女工"的不实，也难怪，时至今日，习惯上仍然存在着将女宿中的星官"女"，与织女星混为一谈的现象。"离珠"昭示人们：婺女是一个以"不从"闻名，且有离珠之德"以御后宫"的著名人物。这个人物非太任莫属。

其三，"瓠瓜""败瓜"，实为"胎教"的隐喻。其中，"败瓜"并非注释认为的"坏掉的瓜"，而是指"腌制之后的瓜"。其与自然生长的绿白色的"瓠瓜"并举，用来强调"胎教"产生的"瓠瓜"至"败瓜"之变化。"瓠瓜"学名蒲瓜，又称"匏"，即所谓"瓠，匏也，从瓜夸声。凡瓠之属皆从瓠。胡误切"（《说文》）而"包"依《说文解字》"象人裹妊，巳在中，象子未成形也。元气起于子……布交切"，即"胞"之初文，与"匏"仅有声纽的轻浊交替，韵母完全相同。闻一多先生在其著名的《伏羲考》一文中就通过语音训诂指出作为人类始祖的"伏羲"即"匏瓠"，女娲即是"匏瓜"，足见"匏"是基于"包"原生意义孳乳出的同源词，其"语义共象"即"饱满、繁殖、滋育"。至于"败瓜"，显然是强调在自然生长的"匏瓜"之上，又加入了人工教化。如《文献通考·象纬考二》所记："《宋中兴天文志》：石氏云：旁五星曰败瓜，主种，与瓠瓜略同。"①

中国历史上，太任以"胎教"闻名于世。《诗经·大雅·大明》："挚仲氏任，自彼殷商，来嫁于周，曰嫔于京。乃及王季，维德之行。太任有身，生此文王。"《列女传·母仪传·周室三母》："大任（太任）者，文王之母，挚任氏中女也。王季娶为妃。大任之性，端一诚庄，惟德之行。及其有娠，目不视恶色，耳不听淫声，口不出敖言，能以胎教。"② 正是此"三不从"之胎教，让太任获得了婺女的美名。

其四，"天津"、"奚仲"与"婺女"并出，除了明示太任为奚仲之后，也在讲述着太任另一则著名的故事：

① （宋）马端临：《文献通考》，上海师范大学古籍研究所等点校，中华书局 2011 年版。

② （汉）《列女传》，江苏古籍出版社 2003 年版。

太任是殷商时期挚国（今河南平舆）国君任侯的二女儿，因生得美丽端庄，聪慧善良，性格温顺典雅，从小就具有高尚的品德，所以芳名远播。长大后的太任，就嫁给了周先王季历为妻。为了迎娶她，季历举行了十分浩大的迎亲仪式。由于人多，东西也多，就干脆把渡船连在一起，搭成了浮桥，让大家赶着车马、抬着东西从上面通过。这是历史上最早的一次婚嫁记载。

本为渡口的“天津”就这样变成了浮桥的“天津”。此事记载于《诗经·大雅·文王之什》：“大邦有子，俔天之妹。文定厥祥，亲迎于渭。造舟为梁，不显其光。”白寿彝主编的《中国通史》评价道：“《周易·归妹》爻辞有‘天乙归妹’，即指‘大邦有子，俔天之妹’的出嫁的故事。这个故事写到爻辞里，可见其流传之广。”①

其五，星官“扶筐”，《甘氏星经》曰“扶筐七星，在天津北”，又赞曰“扶筐采叶，翊养玄羞。”明里是在赞蓄养蚕宝于玄羞之所；然不可忽略的是，《诗经·大雅·大明》记得是王季及文王两代之妻皆娶于殷商的历史。其不但成就了著名的“太任胎教”故事，也结构出了以“帝乙归妹”为基本内涵的《周易·归妹卦》。其中：

上六，女承筐无实，士刲羊无血，无攸利。

冯时以为：“马王堆西汉帛书《合阴阳》载房中术即以女体有‘拯（承）筐’之称，学者以为即骨盆之隐语，甚是。故此‘承筐无食’即言女子不孕，而‘刲羊无血’则指新婚之夜不见红。……于是终有文王休妻之事，也才有归妹卦六三爻的爻辞。”②“扶筐采叶，翊养玄羞”则恰与“承筐无实”相反，可知，“翊养玄羞”的不只是蚕宝，也象征了太任的女子之孕。

其六，“十二国”在“奚仲”与“太任”的语境中，只能是对包括奚仲在内的黄帝十二姓的强调。《国语·晋语》中胥臣云：“黄帝之子二

① 白寿彝主编：《中国通史》（04 册）（第三卷·下册），上海人民出版社 2015 年版。

② 冯时：《中国天文考古学》，中国社会科学出版社 2010 年版。

十五宗，其得姓者十四人，为十二姓，姬、酉、祁、己、滕、箴、任、荀、僖、姞、儇、衣是也。”要知道，中国最早的邦国正是由“以姓为国”开启的。其实，历史沧桑并未能尽数抹去“十二国”星官与奚仲及其后裔太任关系的记忆。明代徐天博在《过薛》中写道：“西去官桥旧薛城，城中百亩春田平，三千食客皆尘土，十二侯邦就战争，林鸟有声应吊古，汀花无语自含情，千年野庙荒碑在，行路犹能说姓名。”① 就明确点出“十二国”即包括奚仲在内的十二姓所封之侯邦。只是后世为了政治秩序中的建构“分野”需要，才出现了如《宋史·天文志三》中的改造后的“十二国”。

虽然，纳木依人依照自身的文化需求，将“婺女”的“三不从”胎教改造成了游牧文化浓郁的“三不得”，“嫁女”颠覆为“未嫁女”，但也正是这种改造与颠覆，为今天恢复女宿原貌的努力提供了端口（见表16-4）。

表 16-4　　女宿星官表（有星官 8 个）

星官	注释	所处星座	星数
女	又名须女，即织布女工，是玄武的龟或蛇身	宝瓶座	4
十二国 *	战国十二国家	摩羯座	16
离珠	妇女身上的珠饰	天鹰座/宝瓶座	5
败瓜	坏掉的瓜	海豚座	5
瓠瓜	一种绿白色的瓜	海豚座	5
天津	银河渡口，跨越银河的桥梁	天鹅座	9
奚仲	奚仲是车的发明者，姓任，是黄帝之后	天鹅座	4
扶筐	盛桑叶的器具	天龙座	7

① 孙启民主编：《枣庄运河文化——枣庄诗选》，青岛出版社 2006 年版。

第十七章　草原场域的西南：纳木依语记忆中的二十八宿牧声（5）

第一节　凶象吉占，除凶趋祥的时空转换

塔牙结骨与锡都里骨："塔牙结骨"，龙西江依纳木依巫师的记忆，推定为纳木依语"虚宿"。《说文》："丘谓之虚。"古代的城邑，往往是丘居的，在城邑毁灭后，丘就改称为墟。虚位于北官的中央，《尔雅·释天》："玄枵，虚也。"注称："虚在正北，北方色黑，枵之言耗，耗亦虚意。"因此虚有大丘，故地及虚耗的意思。

虚宿在远古时即已相当著名，成书于周代的《尚书·尧典》中记载的四仲星里就有虚宿："宵中星虚，以殷仲秋。"彼时虚宿在秋分前后的傍晚出现在南方中天。从牛宿二向女宿一作假想的连线，并延长约一倍半，所碰到的一颗三等星便是虚宿一。古人称为"天节"。当然，由于岁差的关系，现在虚宿在黄昏时刻出现在中天这一天象已经推迟至每年的农历十月了。

关于虚宿的星占意义，《史记·天官书》里就说："虚为哭泣之事。"《晋书·天文志》进一步说："虚二星，冢宰之官也，主北方邑居、庙堂、祭祀、祝祷事，又主死丧哭泣。"总之，人们是因为随着"宵中星虚"而至的秋风肃杀、农事敛杀、狱事刑杀，而将虚宿与故地及虚耗、刑断及哭泣联系在了一起。其实，秋收秋决不过是去故老待新生的两面。诚如《礼记·月令》所言，一方面："孟秋，命有司修法治、缮囹圄、具桎梏、禁止姦。仲秋，申严百刑，斩杀必当。季秋，趣狱刑，勿留有罪"；另一方面："孟秋，农乃登穀，命百官始收敛。仲秋，命有司趣民收敛。季秋，农事备收，举五穀之要，藏帝藉之收于神仓。"故虚宿可以凶象吉占。有星占云："虚宿值日吉庆多，祭祀婚姻大吉昌，埋葬若还逢此日，一年之内进钱财。"民间流行的解释可见于其星官表（见表17-1）。

表 17-1　　虚宿星官表（有星官 10 个）

星官	注释	所处星座	星数
虚	空虚、废墟或负责处理丧事的官员	宝瓶座/小马座	2
司命	掌处罚罪过、夭寿或鬼魂的神	宝瓶座	2
司禄	掌爵禄及增寿的神	宝瓶座/飞马座	2
司危	掌安泰危败的神	小马座	2
司非	掌是非或罪过的神	小马座	2
哭	大哭	宝瓶座/摩羯座	2
泣	低泣	宝瓶座	2
天垒城	天上的防御工事	宝瓶座/摩羯座	13
败臼	破烂的臼	南鱼座/天鹤座	4
离瑜	妇女上衣的玉饰	南鱼座/显微镜座	3

星官表中的“虚、司命、司禄、司危、司非、哭、泣”六位，注释皆与文献相扣，“天垒城、败臼、离瑜”注释，则是有进一步申明的必要。首先是“天垒城”，注释“天上的防御工事”没错，问题是主语缺失，以致最新出版由陈久金作序的《星空帝国：中国古代星宿揭秘》一书，以为：“这座天垒城可以理解为匈奴、丁令等北方少数民族在边境上建立的一座面对中原王朝的军事营垒。”① 其实，天垒城的功用早有人讲明，如隋李播《天象赋》：“败臼察灾而扬辉，天垒守夷而骈照。”防守的对象是“夷”，其与败臼的“察灾”功能一样，是“司命、司禄、司危、司非”审理万事的场所和工具；同样，败臼之“败”，也并非形容词“破烂”之义，《星经》卷下：“败臼四星，在虚、危南，主政治。”点明“败”如政治之“治”的动词，败臼者，察明避免灾陷也。同理，败臼是“司命、司禄、司危、司非”审理之辅助；离瑜则是“司命、司禄、司危、司非”祝福之祥瑞。离通“螭”，为古代传说中没有角的龙。《史记·周本纪》有云：“如虎如罴，如豺如离。”琢螭于美玉（瑜）之上以求祥瑞，传统由来已久。守夷、察灾、蓄瑞三大功能，将天相刑杀之必然，引导到了除凶趋祥的时间转换之路。

① 徐刚、王燕平：《星空帝国：中国古代星宿揭秘》，人民邮电出版社 2016 年版，第 129 页。

理顺虚宿星官含义，可以发现，纳木依巫师记忆中的“虚宿”称谓“塔牙结骨”，其实是与下一星宿“危”的称谓“锡都里骨”发生了篡讹。“锡”、“虚”本就音近可互为音读；另外，纳木依语“杀，宰（猪羊）”音读也为“ʃ i（锡）”。而“都”之音读，又近于纳木依语常用语时间的“时（tu^{31}）”，纳木依语指示代词有“ti^{53}-tu^{31}这时，tr^{53}-tu^{31}那时（指时间）”。① 则“锡都”在纳木依语中，可做“虚耗之时”、“杀，宰（猪羊）之时”双解。只是“杀，宰（猪羊）”又通常为初民祭祀的代用语，以致“锡都里骨”的星占可以完全同于虚宿的虚耗、刑断及祭祀。

至于“塔牙结骨”，《纳木依语概要》记“ta”，分别有“钉”和“盖”之意；又记“房子”音读为“$jy^{53}qa^{31}$”。二者合读则音近于“塔牙”，“盖房”之义。② 西夏文亦有𗢳（《简》3640），释做“〔舌头音，音他〕托、依、靠、持、柱。（动）”，另有西夏文𘃡（《简》2560）〔喉音，音野〕“帐、舍、堂、宅、宇、廟、泡也。（名）”音近于“牙”。二者合读亦音近于“塔牙”，“盖房”之义。

再来看“危宿”，《史记·天官书》：“危为盖屋。”《史记索隐》中引《礼记》称：“中屋履危，盖升屋以避兵也。”《晋书·天文志》：“危三星，主天府天市架屋。”与“塔牙结骨”之义相比较，知“塔牙结骨”应为“塔牙里骨”；而“锡都里骨”则应移为“锡都结骨”，并互换位置。当然，“塔牙里骨”与“锡都结骨”被赋予同样的星占：“宜于结婚，修房造屋，修马厩。”也就成了顺理成章之事（见表17-2）。

表17-2　　危宿星宿表（有星官11个）

星官	注释	所处星座	星数
危	屋顶	宝瓶座/飞马座	3
坟墓	山陵坟墓	宝瓶座	4
人	万民	飞马座	4

① 刘辉强：《纳木依语概要》，《雅砻江流域民族考察报告》，民族出版社2008年版，第365—395页。

② 刘辉强：《纳木依语概要》，《雅砻江流域民族考察报告》，民族出版社2008年版，第365—395页。

续表

星官	注释	所处星座	星数
杵	军粮杵	飞马座/蝎虎座	3
臼	军粮臼	飞马座/天鹅座	4
车府	车库	天鹅座/蝎虎座	7
天钩	形似钩	仙王座/天龙座	9
造父	造父为古时驾马车高手，传说以骏马献周穆王，被封赵城。 也有说他就是以相马闻名的伯乐	仙王座	5
盖屋	以茅草盖屋顶，亦代表管理宫室的官员	宝瓶座	2
虚梁	空置的陵园	宝瓶座	4
天钱	天上的钱财	南鱼座	5

锡麻所骨：纳木依语“室宿”。《纳木依语概要》中，语音为“麻（ma^{31}）”的词有三类：（1）不；（2）玉米（ma^{31} dza）；（3）（香）炉。连接三者的，只有汉语中语音为“bao”的诸词。首先，玉米又可称为“苞（bao）米”；其次，（香）炉状为煲（bao）形；最后，“不”的方言可以音近于“bao”。如此，纳木依语音“麻（ma^{31}）”的词汇中，亦当包含有“堡”，[4]再结合语音“锡”构成词汇的意义单元，则“锡麻”。古羌语支称“宫堡”为“锡麻”是有其本源的。西夏文有[illegible]（3236）[illegible]（1892），音读为“西米”。其中，[illegible]西夏字书释为“宫者宫殿也，内宫也，天子住处宫城之谓”（海 73. 231）；而[illegible]则被泛指为“家、宅、宫、舍、居、厦也”（海 19. 252）。“西米”作为词语，应该是兼指天子住处与相关设施。如若将纳木依语的“锡麻”视做承袭同样以古羌语为基底的西夏语“西米”而来，则“锡麻”之义正可与室宿星官图丝丝相扣（见表 17-3）。

表 17-3　　室宿星官表（有星官 11 个）

星官	注释	所处星座	星数
室	营室，亦代表龟身	飞马座	2
离宫	皇帝的行宫	飞马座	6
雷电	雷神	飞马座	6

续表

星官	注释	所处星座	星数
垒壁阵	军营四周的防御工事	双鱼座/宝瓶座/摩羯座	12
羽林军	皇帝的近卫军	宝瓶座/南鱼座	45
鈇钺	刑具，斧头	宝瓶座	3
北落师门	军营北门，也有说它代表驻扎北方的羽林军的南方军门	南鱼座	1
八魁	捕捉禽兽的罗网，亦代表负责捕猎禽兽的官员	鲸鱼座	6
天纲	军帐	南鱼座	1
土公吏	负责土木营造的官员，或负责物流的官员	飞马座	2
螣蛇	形似飞蛇	仙女座/蝎虎座/仙后座/仙王座/天鹅座	22

需要指出的是，上古之时曾有将室、壁二宿合称为“营室”时期。《周官·梓人》即载：“龟蛇四游，以象营室也。”春秋时期室宿在秋末冬初的傍晚出现在南方中天，此时是农闲时节，“营室”遂被看作农闲开始建房的标志。

其后，东壁首先被官方从营室中单独分出，成了室、壁两宿。曾侯乙墓漆箱盖上称这两宿为西萦与东萦。其中：室宿两星是西壁或西萦，又称为定。《诗经》中有“定之方中，作于楚宫”的诗句。为什么？似乎没有人去追问。倒是下文纳木依语以“窝鱼日骨”对“壁宿”古老记忆的恪守，让人们清楚了从战国时期开始的对“祀”与“戎”功能的分别强调：春秋时期的“营室”，集中体现着“国之大事，在祀与戎”的观念，至于西萦与东萦的分野，则分别了“室”的以天子行宫为代表的田猎军戎之事，与“壁”的以六神做法为代表的行巫祭祀之事。所以，当华夏中心文化被沧桑陶冶的只留下“室、壁俱与造房相关”记忆时，纳木依人却通过对“锡麻所骨”与“窝鱼日骨”不同星占的强调，复原了二十八星宿历史构建中被人们遗忘的重要一环。

第二节　拾回“时间之神”与走向死而复生

窝鱼日骨：纳木依语“壁宿”。壁宿在《玉匣记》里的描述是这样的："壁水貐，吉。"吉凶星占曰"壁星造作进庄园，丝蚕大熟福滔天；奴婢自来人口进，开门放水出英贤。埋葬招财官品进，家中诸事乐陶然；婚姻吉利生贵子，早播名声着祖鞭。"意思就是说壁宿值日，做什么都大吉大利，开枝散叶，不亦乐乎。"貐"又称猰貐、窫窳，集中见载于《山海经》一书：

> 贰负之臣曰危，危与贰负杀窫窳。（《山海经·海内北经》）
>
> 开明东有巫彭、巫抵、巫阳、巫履、巫凡、巫相、夹窫窳之尸，皆操不死之药以距之。窫窳者，蛇身人面，贰负臣所杀也。（《山海经·海内西经》）
>
> 又北二百里，曰少咸之山，无草木，多青碧，有兽焉，其状如牛，而赤身、人面、马足，名曰窫窳，其音如婴儿，是食人。（《山海经·海内西经》）

合在一起，猰貐具备了神话特有的死而复生之玄异；不仅如此，猰貐在六巫合力"操不死之药以距之"下，易形换骨，由原来的"蛇身人面"，升华为"其状如牛，而赤身、人面、马足"。游牧与农业并重的纳木依人，正是因为葆有着猰貐不死神话与壁宿星官相契合的古老记忆，才形成了独特的"窝鱼日骨"星占"不得修马厩，宜埋死人作帛。"

其中，"不得修马厩"上承着猰貐死而复生之身的"其状如牛、马足"等，下应了壁宿六星官中的"壁、天厩、土公"三位：人家有专门"负责土木营造"的土公，有壁立的天厩，更重要的，里面住着不死的猰貐，即"壁水貐，吉"，哪里还需要你这时候去"修马厩"。

壁宿的其他 3 星宿，则进一步丰满了猰貐死而复生神话的细节。

1. "夹窫窳之尸"的应该就是"锧"，"锧"有两解，早有《公羊传》的"负羁絷，执鈇锧"，被视为与"鈇（斧）"类似的刑具，或直指腰斩的刑具；晚又生《玉篇》的"锧，铁锧砧"之说，解为腰斩的砧板。"夹窫窳之尸，皆操不死之药以距之"中的"夹、距"两动词（距用作动词，可见《墨子·公输》"墨子九距之。"），则正对应着"锧"之两解：夹（拼接）窫窳之尸的处所用"铁锧砧"；"距（锯）之（窫窳之尸）"，则又需"执鈇锧"。

2. 帮助窫窳之尸吸收“不死之药”的，非“霹雳、云雨”莫属。中国北方游牧诸族历来便有视“雷震”、“雨水”为生命或复生之神助传统。《魏书·高车传》记载：高车人“喜致雷震，每震则叫呼射天而弃之移去。至来岁秋，马肥，复相率候于震所，埋送羚羊，燃火，拔刀，女巫祝说，似如中国祓除，而群队持马旋饶，百币乃止。人持一束柳桋，回竖之，以乳酪灌焉。”《后汉书·乌桓鲜卑列传》“桓帝时，鲜卑檀石槐者，其父投鹿侯，初从匈奴军三年，其妻在家生子。投鹿侯归，怪欲杀之。妻言尝昼行，闻雷震，仰天视而雹入其口，因吞之，遂妊身。”而中国北方特别是草原区域强烈的季节性气候，使得人们将雨水视为主宰大地山川返青生命再生的苍天之泪。有一首差不多够得上家喻户晓的匈奴民歌“失我祁连山，使我六畜不蕃息。失我焉支山，使我妇女无颜色”。常人多引《五代诗话·稗史汇编》：“北方有焉支山，上多红蓝草，北人取其花朵染绯，取其英鲜者作胭脂。”以为“北地胭脂”代指北方的美女。其实路易·巴赞在他的名著《古突厥社会的历史纪年》中广泛地考证了诸突厥语族中“yas（焉支）”一词后指出：“实际上，以上文提到的千差万别的语音表象而出现的 yas 一词，意为‘潮湿的’、‘潮湿’、‘眼泪’（最常见的是在词组 kozyasi 中，意为‘眼睛湿润’）。请参阅楚瓦什语 kus-sul，意为‘眼泪’、‘新鲜的’、‘绿色的’（植物）、‘新生儿’、‘嫩幼的’（动植物和人类）。”① 显然，能使植物返青新生的“潮湿的”、“潮湿”、“眼泪”，皆是对春雨的一种象征。你可以像常俗的将焉支视为“胭脂”，或者认同路易·巴赞为“yas”定义的“草于春天的重新返青”，再或者就将焉支简称为大青山、青河之“青”，但你一定要记住，一声“焉支”里，饱含了北方牧人们对雨水世界带来新生的感恩。沿此思路，或许会对中国北方从西到东那些著名的“崦嵫”“奄制”“鸭子（水）”产生深一层的理解。于是，六位大巫利用雨水世界带来焉支（新生）的神奇，调和不死之药复活了猰貐。

神话虽然并非出于羌语族文化本源，但羌语族浓郁的巫风传统，却让猰貐复活神话走心。于是，西夏文专门为此六巫创生了一个词：[illegible]

① ［法］路易·巴赞：《古突厥社会的历史纪年》，耿昇译，中国藏学出版社2014年版，第62—74页。

(《简》5138) 𗇋 (《简》3200), "〔音吴抽〕六神 (同 25A3)。" 字书释其二字结构字义时, 少有的赞曰 "神者六神也, 吉凶齐合为驱除鬼魔, 弃鬼惊骇也" (海 11.171)。要知道, 这里的𗇋, 可是同时被破例的定义为 "神、巫也" 的双重身份。被赋予如此殊荣的六神, 是不会不在西夏文中留名的, 果然, 我们在西夏文中找到了六位的尊容:

巫彭: 西夏文𗇋 3439〔重唇音 哺经切 音兵〕巫、禳也。(名)

巫抵: 西夏文𗇋 0393〔舌头音 音溺〕巫师也。(名)

巫阳: 西夏文𗇋 1280〔来日音 音领〕巫师也。(名)

巫履: 西夏文𗇋 4550〔来日因 六贞切 音林〕巫、驱鬼者也。(名)

巫凡: 西夏文𗇋 3280〔重唇音 别匝切 音巴〕巫师也。(名)

巫相: 西夏文𗇋 4536〔来日音 音禳〕巫、驱鬼者也。(名)

其中, 巫凡之 "凡", 郭沫若《卜辞通纂》: "凡字, 槃之初文也。象形。"① 知古音 "f、b" 相同, 伏羲又称雹戏, 槃亦音 "般" 而与 "巴" 一音相转; 至于巫阳之 "阳", 西夏文本来就读作 "领、令", 即西夏文𗇋 2826 "〔来日音 音令〕太阳也。(名)"。而 1-2-3 的比例配置, 构成了 "吉凶齐合" 的经典组合: 1 位 "禳也", 禳者祭名, 祈祷消除灾殃、去邪除恶之祭, 见于《仪礼 · 聘礼》"禳乃入。" 注: "祭名也。" 正合着 "驱除鬼魔" 的功能强调; 2 位 "驱鬼者也", 把住生死两端的安全, 可算得上 "弃鬼惊骇" 搭档; 3 位 "巫师也", 各掌 "去猰貐之尸蛇足"、"换猰貐再生之马足"、"拼接猰貐 '其状如牛' 之新身" 三大工程。

现在, 我们应该明了, 纳木依人巫师为何将 "窝鱼日骨" 定义为 "宜埋死人作帛", 因为这正是神圣再生的开始。对了, 别漏了图书馆, 从有了这个场所, 它就是巫史们的特权标志。《宋史 · 天文志》说: "壁宿二星, 主文章, 天下图书之祕府。明大, 则王者兴, 道术行, 国多君子; 星失色, 大小不同, 王者好武, 经术不用, 图书废; 星动, 则有土功。" 看吧, 巫史们也不放过利用修史的机会, 自诉比建房更为重要的 "宜埋死人作帛" 的巫之看家本领。

只是, 作为外来神话, 当古羌语族后裔创生出西夏文, 并试图为猰貐命名时, 遭遇到了尴尬: 没有与之相当的羌语称谓。他们已经失去可能走

---

① 郭沫若:《郭沫若全集: 考古编 2 · 卜辞通纂》, 科学出版社 2002 年版。

进伟大的巫师们所拥有过的图书馆。于是，源于古羌语的㲃〔《简》0260音我〕“红也。（形）”、𦍑〔《简》0775音鱼〕“鱼也。（音）”被创生了出来。前一字状猰貐再生后最突出的形色“红”，后一字则用来记“猰貐”之音。这种记忆，被古羌语族的后人，纳木依人的巫师保存至今，以至西夏文用以“我（窝）鱼”为注音的㲃𦍑（红貐），浓缩的那段精彩神话，在纳木依人巫师的一声“窝鱼日骨”呼唤中，再次喷涌而出！（见表17-4）

表17-4　壁宿星官表（壁宿有星官6个）

星官	注释	所处星座	星数	增星
壁	墙壁，图书馆	飞马座/仙女座	2	23
霹雳	雷神	双鱼座	5	9
云雨	云和雨	双鱼座	4	10
天厩	马房，或指管理马房的人	仙女座	10	1
锧	腰斩的刑具，或指割草的工具	鲸鱼座	5	
土公	负责土木营造的官员	双鱼座	2	11

土呷按骨：纳木依语“奎宿”。奎宿记名最早见于曾侯乙墓的漆箱盖的天文图中，“奎”写作“圭”。圭有三义，对应着“奎宿”星官的三大功能：

1. 古代测日影的仪器“圭表”的部件。在石座上平放着的尺叫圭，根据日影的长短可以测定节气和道路方向。对应着“奎宿”星官中的“阁道”“附路”“王良”（春秋时的驾马车高手），和（驱车之）“策”。

2. 圭尺后因代表规矩和道路方向而升格为玉质礼器，长条形，上兑下方。中国古代贵族朝聘、祭祀、丧葬时以为礼器。依其大小，以别尊卑。进而衍生出“圭币”，古代祭祀时用的圭玉和束帛。《汉书·郊祀志上》：“黄犊羔各四，圭币各有数，皆生瘗埋，无俎豆之具。”文莹《玉壶清话》卷一：“朕执圭币三见於天矣。”李焘《续资治通鉴长编》卷十六“朕三执圭币以见上帝，岂食言乎？”明言圭币是“以见上帝”的天门通、天道通，对应着“奎宿”星官中的悬空“阁道”“附路”以及“军南门”。

3.《史记·天官书》："奎曰封豕，为沟渎。"正义："奎，天之府库，一曰天豕，亦曰封豕，主沟渎，西南大星，所谓天豕目。"对应着"奎宿"星官中的"奎""外屏""天溷"和"土司空"。故奎宿星占多吉。《择吉通书》有云："奎宿值日好安营，一切修造大吉昌，葬埋婚姻用此日，朝朝日日进田庄。"

汉文献"奎宿"及星官的多义，也影响着纳木依人及与之关系密切的羌语族、彝语族、西夏语族及契丹语族对"奎宿"命名的取舍。

其中，江休复《嘉佑杂志》载："契丹谓圭为曜辣。"曜者星宿也，则曜辣便是契丹语"奎（圭）宿"的读音。

西夏文"奎宿"𗊬𗎂（简 3047、0109，音六迎），其中"𗊬"义为"①瓶也；②奎也。例词𗊬𗎂〔六迎〕奎宿。（珠 053）"瓶，器形亦如圭之"长条形，上兑下方"，因此𗊬才同时兼有了瓶、奎两义；耐人寻味的是，西夏文将"胃宿"也称之为𗊭𗎂〔六迎〕（珠 053、孔 222），并释𗊭"胃肠，粪便囊谓"（合编甲 17.013）。瓶与囊音读皆为"六（路）"，且奎宿的"天之库府"与胃宿的"谷仓"（详见下文）又皆为"盛东西器物"，知以古羌语为基底的党项羌有以"音读如六（路）"指"盛东西器物"的词源。而𗊬、𗊭的音读如六安之"六（路）"，又使其音近于契丹语"奎"的"辣"音。

中国彝族谱碟里面有记乌蒙王支谱系，以为"俄格德额、德额阿隆（德额隆）、阿隆恩阿之世住在乌洛洛木，形成彩解尼维家，分住布鲁火克管辖区域，上至瓦萨边，下至解指依乌地，左至哄史山，右至火岩地。德额阿隆传至土呷欧摩，（乌蒙）达到鼎盛形成了乌蒙王家。"知彝族有"土呷"为姓为名。查彝文有字音"日呷"［ga^{33}ʑʅ^{33}］，意为"沟渎"，音"色呷"［sɯ^{33}ga^{33}］，意为"省道"；另外，有字音"土楚"［thu^{22}tshu^{21}］，意为"土族"。二者相加，知"土呷（thu^{21}ʑʅ^{33}）"亦为"（土）沟渎"之义。再者，又有字音"胛"［tɕɛ^{33}］，"圭臬"之义。圭臬是指土圭和水臬，古代测日影、正四时和测量土地的仪器，引申为某种事物的标尺、准则和法度。可以据此做出决定或判断的根据。如此，彝族的"土呷"亦含有奎宿同样的"圭臬"、"沟渎"之义。

至于纳木依人的"土呷按骨"命名，侧重的则是圭臬"测时"的初始词义。刘辉强在《纳木依语概要》中指出：纳木依语指示代词有

“$ti^{53}-tu^{31}$这时，$tr^{53}-tu^{31}$那时（指时间）”；另外，纳木依人称“神、鬼”的惯常用语发音如“dʒæ（洁）”，音近于“甲”。⑻则“时间+神”的音读，亦应近于“吐呷”。时间之神的最大神奇，就体现为超越生死，而这一点，恰是“窝鱼”或者“猰貐”的精髓所在。难怪“吐呷按骨”的星占简洁成了两个字“同上（窝鱼日骨）”。

路易·巴赞曾特别强调其对《阙特勤碑》的一个发现：

> 但在第一碑（北侧第11行，HI52-53）中，有一个短句子，它对于8世纪时突厥人很发达的“哲学”和宗教观念史极其重要，但他却在某种程度上未能引起人们的注意，而且还被前后的刊布者们以一种明显的误解作了翻译：
>
> “od taŋri yasar”……
>
> 这里很明显，“od taŋri yasar”系指“时神”，可能继承伊朗文Zervan（时间之神）。因此，“od taŋri yasar”就意为“主宰一切的时间之神”。这是通过宗教观念的一种迂回道路而向“时间”的抽象思想迈出了踏实的一大步。①

由星官图“圭臬”“通道”与“驾车”的测时象征，到“土呷按骨”（时间神之宿）的记忆之强调，也应启迪我们对“华夏边缘”星宿文化的重新审视（见表17-5）。

表17-5　　　　奎宿星官表（9星官）

星官	注释	所处星座	星数
奎	白虎的足，代表仓库或大猪	仙女座/双鱼座	16
外屏	厕所的屏障	双鱼座	7
天溷	猪圈或厕所	鲸鱼座	4
土司空	负责土木建造的官员	鲸鱼座	1
军南门	军营的南门	仙女座	1
阁道	高楼间架空的通道，也可能指苑圃之间的通道	仙后座	6

① ［法］路易·巴赞：《古突厥社会的历史纪年》，耿昇译，中国藏学出版社2014年版，第233—234页。

续表

星官	注释	所处星座	星数
附路	又作傅路，指阁道的便道或备用道路	仙后座	1
王良	春秋时的驾马车高手，曾为造父驾车。古人视王良五星中的四星为拉马车的四匹马，最后一颗才王良本人	仙后座	5
策	马鞭	仙后座	1

枯兹食骨：纳木依语“胃宿”。《史记·天官书》：“胃为天仓。”胃宿就像天的仓库囤积粮食，故胃宿多吉。有星占云：“胃宿修造事亨通，祭祀婚姻贺有功，葬埋若还逢此日，田园五谷大登丰。”上文在解析“土呷按骨”时，已指出过：“以古羌语为基底的党项羌有以‘音读如六(路)’指‘盛东西器物’的词源”，以致西夏文中“奎宿”“胃宿”的音读完全相同。西夏文“奎宿”[illegible]（简 3047、0109，音六迎），“胃宿”也称之为[illegible]〔六迎〕（珠 053、孔 222）。

然而，纳木依人记忆中的“枯兹食骨”却没那么简单。纳木依人认为：“月亮与昴星聚合纳木依称为星星过渡，这一天大吉大利，是最美好的一天。与昴星相邻的胃宿也称之为星星过渡。”这一过渡，应该是由前一星宿图中的“圭臬”“通道”与“驾车”的测时象征衍生而来。是“过渡”二字，让“胃宿星官图”扫清了过往对其整体含义的遮蔽（见表 17-6）。

表 17-6　　胃宿星官图（有星官 7 个）

星官	注释	所处星座	星数
胃	胃，又指谷仓	白羊座	3
天廪	柴房（廪粤音凛）	金牛座	4
天囷	圆形的谷仓（囷粤音坤）	鲸鱼座	13
大陵	陵墓	英仙座	8
天船	天大将军的兵船，或指银河中航行的船	英仙座/鹿豹座	9
积尸	陵墓内的尸体	英仙座	1
积水	天船中的积水	英仙座	1

原来，以“胃为天仓”只是展示了胃宿演变的结果，整个胃宿，上演的是：以“大陵”“积尸”为开端，以“天船”“积水”为中介，以“天囷”“ 天廪”为终局的活剧。

从西夏文仍将胃宿称为𗏁𗇋〔六迎〕（珠 053、孔 222）观察，达成对“胃宿星官图”整体理解的时间，应在西夏之后。然而，西夏文中有𗇋（音口仡，《简》0108），“星、辰也”；𗖵（音骨，《简》0860），“体也”，并附例词“𗥃𗖵𗍫〔没各普〕天体上。”两词音读皆近于“枯”。另外，西夏文𗍫（音寂，《简》5539），“渡、度、往也”，音读也于“兹”相近，连读“口仡寂”或“骨寂”，都与“枯兹”音近，又都含有“星星过渡”之义。其中即或有纳木依语“枯兹食骨”之语源。

参考文献

一　中文古籍

保朝鲁编:《穆卡迪马特蒙古语词典》，内蒙古大学出版社 2002 年版。

（唐）段成式：《酉阳杂俎》，曹中孚校点，上海古籍出版社 2012 年版。

《二十五史》（点校本），中华书局 1982 年版。

（清）傅恒等纂：《钦定皇舆西域图志》，天津古籍出版社 1986 年版。

贾敬颜、朱风合辑：《蒙古译语　女真译语汇编》，天津古籍出版社 1990 年版。

（唐）瞿昙悉达：《开元占经》，九州出版社 2012 年版。

（明）李时珍：《本草纲目》，北京出版社 2017 年版。

（汉）《列女传》，江苏古籍出版社 2003 年版。

（宋）马端临：《文献通考》，上海师范大学古籍研究所等点校，中华书局 2011 年版。

乌兰校勘：《元朝秘史》（校勘本），中华书局 2012 年版。

（清）许容监修，李迪等撰，刘光华等点校整理：（乾隆）《甘肃通志》，兰州大学出版社 2018 年版。

（唐）玄奘、辩机撰，范祥雍汇校：《大唐西域记汇校》，上海古籍出版社 2011 年版。

（唐）彦悰：《唐护法沙门法琳别传》，《大正新修大藏经》第 2051 部。

二　欧亚草原诸族文字典籍与字书

安双成主编：《满汉大辞典》，辽宁民族出版社 1993 年版。

保朝鲁编：《穆卡迪马特蒙古语词典》，内蒙古大学出版社 2002 年版。

北京大学东方语言文学系波斯语教研室：《波斯语汉语词典》，商务印书馆 1981 年版。

韩有峰、孟淑贤：《鄂伦春语汉语对照读本》，中央民族学院出版社 1993 年版。

《汉藏对照词典》（藏文）协作编纂组：《汉藏对照词典》，民族出版社 1991 年版。

胡和编：《达斡尔语　汉语对照词汇》，黑龙江省民族研究所、黑龙江省达斡尔族学会，1988 年。

贾敬颜、朱风合辑：《蒙古译语　女真译语汇编》，天津古籍出版社 1990 年版。

李范文编著：《简明夏汉字典》，中国社会科学出版社 2012 年版。

麻赫默德·喀什噶里：《突厥语大词典》，民族出版社 2002 年版。

内蒙古大学蒙古学研究院蒙古语文研究所：《蒙汉词典》，1999 年。

涂吉昌、涂芊玫编著：《鄂温克语汉语对照词汇》，黑龙江省鄂温克族学会黑龙江省民族研究所，1999 年。

乌兰校勘：《元朝秘史》（校勘本），中华书局 2012 年版。

三　中文参考文献

［德］卡尔·雅斯贝斯：《历史的起源与目标》，魏楚雄、俞新天译，华夏出版社 1989 年版。

［德］康德：《实践理性批判》，商务印书馆 1960 年版。

［德］默茨：《吐鲁番文献所见古突厥语行星名称》，桂林、杨福学译，《敦煌研究》1997 年第 2 期。

［俄］马尔夏克：《突厥人、粟特人与娜娜女神》，毛铭译，漓江出版

社 2016 年版。

［俄］聂历山：《十二世纪时西夏的天文学》，载《西夏语文学》，第 1 册 52—73。

［俄］叶莲娜·伊菲莫夫纳·库兹米娜著，［美］梅维恒英文编译：《丝绸之路史前史》，李春长译，科学出版社 2015 年版。

［法］勒内·格鲁塞：《草原帝国》，蓝琪译，项英杰校，商务印书馆 2014 年版。

［法］勒内·格鲁塞：《蒙古帝国史》，龚钺译，翁独健校，商务印书馆 2013 年版。

［法］路易·巴赞：《古突厥社会的历史纪年》，耿昇译，中国藏学出版社 2014 年版。

［法］石泰安：《汉藏走廊古部族》，耿昇译，王尧校订，中国藏学出版社 2013 年版。

［法］石泰安：《西藏的文明》，耿昇译，王尧校订，中国藏学出版社 2012 年版。

［加］蒲立本：《上古汉语的辅音系统》，潘悟云、徐文堪译，中华书局 2008 年版。

［美］巴菲尔德：《危险的边疆——游牧帝国与中国》，袁剑译，江苏人民出版社 2011 年版。

［美］菲利浦·希提：《阿拉伯通史》（第 10 版），马坚译，新世界出版社 2014 年版。

［美］劳费尔：《中国伊朗编》，商务印书馆 1964 年版。

［美］马立博：《中国环境史》，关永强、高丽洁译，中国人民大学出版社 2015 年版。

［美］米尔恰·伊利亚德：《萨满教 古老的入迷术》，段满福译，社会科学文献出版社 2018 年版。

［美］芮乐伟·韩森：《丝绸之路新史》，张湛译，北京联合出版公司 2015 年版。

［日］爱宕松男：《契丹古代史研究》，邢复礼译，内蒙古人民出版社 2014 年版。

［日］白鸟库吉：《东胡民族考》，方壮酋译，山西人民出版社

2015 年版。

［日］杉山正明：《游牧民的世界史》，黄美蓉译，中国工商联合出版社 2014 年版。

［日］新城新藏：《中国上古天文》，沈璿译，山西人民出版社 2015 年版。

［伊］贾利尔·杜斯特哈赫选编：《阿维斯塔》，元文琪译，商务印书馆 2005 年版。

［伊］志费尼：《世界征服者史》，何高济译，翁独健校订，内蒙古人民出版社 1981 年版。

［英］阿诺德·汤因比著，［英］D. C. 萨默维尔编：《历史研究》，郭小凌、王皖强、杜庭广、吕厚量、梁洁译，上海世纪出版集团。

［英］道森编：《出使蒙古记》，吕浦译，周良霄注，中国社会科学出版社 1983 年版。

［英］凯伦·阿姆斯特朗：《轴心时代》，孙艳燕、白彦兵译，海南出版社 2010 年版。

［英］克劳逊：《早期突厥诸族天文学术语综考》，杨富学译，《西北民族研究》1998 年第 2 期。

［英］希安·琼斯：《族属的考古》，陈淳、沈辛成译，上海古籍出版社 2017 年版。

［英］约翰·布罗：《历史的历史——从远古到 20 世纪的历史书写》，黄煜文译，广西师范大学出版社 2012 年版。

白寿彝主编：《中国通史》，上海人民出版社 2015 年版。

白於蓝：《战国秦汉简帛古书通假字汇纂》，福建人民出版社 2012 年版。

蔡大伟、陈曦、赵欣、朱泓、周慧：《蒙古国胡拉哈山谷 M21 号匈奴墓主的线粒体 DNA 分析》，《边疆考古研究》（第 13 辑），2013 年 7 月。

曹纳木：《鄂尔多斯蒙古族妇女首饰略考》，《鄂尔多斯学研究》2010 年第 2 期。

岑仲勉：《冒顿之语源及其音读》，《西北通讯》第 3 卷第 1 期（1948-07），陈东：《藏区边缘的宗教：雅安硗碛藏族乡宗教调查》，《西藏研究》2008 年 2 期。

陈琳国：《中国北方民族史探》，商务印书馆 2010 年版。

陈凌：《有夏的有》，《保定师范专科学校学报》2007 年第 3 期。

陈士林：《彝文 vyxtu（vuxtu）与楚语“於菟”》，《中国民族古文字研究》第二辑，1993 年。

陈序经：《匈奴史稿》，中国人民大学出版社 2007 年版。

陈永志：《契丹史若干问题研究》，文物出版社 2011 年版。

陈勇：《汉赵史论稿——匈奴屠各建国的政治史考察》，商务印书馆 2015 年版。

邓聪、吕红亮、陈玮：《以柔制刚砂绳截玉考》，《故宫文物月刊》2005 年第 265 期。

邓宏烈：《羌族宗教文化研究》，四川出版集团巴蜀书社 2013 年版。

丁福保：《丁福保佛学大辞典 》，中国书店 2011 年版。

丁山：《中国古代宗教与神话考》（影印本），上海文艺出版社 1988 年版。

董婕、朱成杰：《牛河梁红山文化遗址建筑设计思想研究》，辽宁科学技术出版社 2016 年版。

杜建录主编：《西夏学论集》，上海古籍出版社 2012 年版。

俄军、杨福学主编：《回鹘学译文新编》，甘肃教育出版社 2015 年版。

樊波成：《金日磾的“日”不读“密”》，《文史知识》2012 年第 5 期。

范恩实：《扶余兴亡史》，社会科学文献出版社 2013 年版。

方豪：《中西交通史》，上海世纪出版集团。

冯时：《中国天文考古学》，中国社会科学出版社 2010 年版。

福赫德：《契丹语考》，《民族语言研究情报资料集》第五集，黄振华译，中国社会科学院民族研究所语言室编，1985 年。

高明士：《天下秩序与文化圈的探索》，上海古籍出版社 2008 年版。

高娃：《满语蒙古语比较研究》，中央民族大学出版社 2005 年版。

葛维汉：《葛维汉民族学考古学论著》，巴蜀书社 2004 年版。

葛兆光：《宅兹中国——重建有关“中国”的历史论述》，中华书局2011年版。

耿世民：《阿尔泰共同语与匈奴语》，《维吾尔与哈萨克语文学论集》，中央民族大学出版社2007年版。

龚煌城：《西夏语动词的人称呼应与音韵转换》，《语言暨语言学》2001年第2期。

顾炳枢：《功夫非凡的“于菟舞”》，《文化交流》2005年第3期。

郭静云：《天神与天地之道——巫觋信仰与传统思想渊源》，上海古籍出版社2018年版。

郭静云：《夏商周：从历史到神话》，上海古籍出版社2013年版。

郭沫若：《郭沫若全集：考古编》，科学出版社2002年版。

郭沫若：《郭沫若全集·历史编》，人民出版社1982年版。

哈斯巴特尔：《阿尔泰语系语言文化比较研究》，民族出版社2006年版。

哈斯巴特尔：《关于阿尔泰诸语数词“一”及其相互关系》，《满语研究》2003年第2期。

哈斯巴特尔：《试论蒙古语数词“一”的起源》，《民族语文》1995年第2期。

韩建业：《早期中国　中国文化圈的形成与发展》，上海古籍出版社2015年版。

郝二旭：《“肩水”小考》，《中国历史地理论丛》2010年第1期。

和志武：《和志武纳西学论集》，民族出版社2008年版。

胡鸿：《能夏则大与渐慕华风——政治体视角下的华夏与华夏化》，北京师范大学出版社2017年版。

胡厚宣：《甲骨文土方为夏民族考》，《殷墟博物苑刊》创刊号，中国社会科学出版社1989年版。

胡厚宣：《甲骨学商史论丛初集》，齐鲁大学国学研究所，1944年。

黄奋生：《藏族史略》，民族出版社1985年版。

黄文弼：《西域史地考古论集》，商务印书馆2015年版。

黄现璠：《古书解读初探——黄现璠学术论文选》，广西师范大学出版社2004年版。

吉田丰：《西安新出史君墓志的粟特文部分考释》，荣新江、华澜、张志清主编《粟特人在中国——历史、考古、语言的新探索》，中华书局 2005 年版。

翦伯赞：《中国史纲》第 1 卷《史前史　殷周史》，商务印书馆 2010 年版。

金海主编：《论草原文化》（第 14 辑），内蒙古教育出版社 2018 年版。

金景芳、吕绍纲：《〈尚书·虞夏书〉新解》，辽宁古籍出版社 1996 年版。

［俄］克恰诺夫、李范文、罗茅昆：《〈圣立义海〉研究》，宁夏人民出版社 1995 年版。

李德方、黄吉博：《黄帝炎帝的老家分别为新郑和洛阳》，《中国古都研究》（第 15 辑），三秦出版社 2004 年版。

李健胜、武刚等：《早期羌史研究》，人民出版社 2014 年版。

李绍明、童恩正主编：《雅砻江流域考察报告》，民族出版社 2008 年版。

历代西域诗选注编写组：《历代西域诗选注》，新疆人民出版社 1981 年版。

梁玉多：《论肃慎族系诸称谓的关系及勿吉的来源》，《满族研究》2010 年第 3 期。

廖玲：《羌族“释比”与彝族“毕摩”的比较研究》，《敦煌学辑刊》2012 年第 1 期。

林幹编：《匈奴史料汇编》，商务印书馆 2017 年版。

林幹编：《匈奴史论文选集（1919—1979）》，中华书局 1983 年版。

林俊华：《纳木日和他们的巫师》，《西藏旅游》2004 年第 5 期。

林梅村：《丝绸之路考古十五讲》，北京大学出版社 2006 年版。

林沄：《关于中国的对匈奴族源的考古学研究》，《林沄学术文集》，中国大百科全书出版社 1998 年版。

刘凤翥、王云龙：《契丹大字〈耶律昌允墓志〉之研究》，《燕京学报》2004 年第 17 期。

刘浦江：《宋辽金史论集》，中华书局 2017 年版。

刘宗迪：《失落的天书——〈山海经〉与古代华夏观》，商务印书馆 2016 年版。

陆思贤：《神话考古》，文物出版社 1995 年版。

吕智荣：《陕西清涧李家崖古城址陶文考释》，《文博》1987 年第 3 期。

罗仕杰：《试析史籍与汉简中所见的“居延”》，《止善》第七期（2009-12）。

罗新：《黑毡上的北魏皇帝》，海豚出版社 2014 年版。

罗新：《中古北族名号研究》，北京大学出版社 2009 年版。

马世之：《有蟜氏故里及其相关问题》，《黄河科技大学》2011 年第 2 期。

马一虹：《靺鞨、渤海与周边国家、部族关系史研究》，中国社会科学出版社 2011 年版。

聂鸿音：《西夏文献论稿》，上海古籍出版社 2012 年版。

饶宗颐：《饶宗颐史学论著选》，上海古籍出版社 1993 年版。

荣祥：《蒙古源流初探》（油印本）。

荣新江：《丝绸之路与东西方文化交流》，北京大学出版社 2015 年版。

荣新江：《中古中国与粟特文明》，生活 · 读书 · 新知三联书店 2014 年版。

荣新江：《中古中国与外来文明》（修订版），生活 · 读书 · 新知三联书店 2014 年版。

芮传明：《古突厥碑铭研究》（增订本），商务印书馆 2017 年版。

施安昌：《火坛与祭司鸟神》，紫禁城出版社 2004 年版。

史金波：《西夏语人称呼应和动词音韵转换再探讨》，《西夏学论集》，上海古籍出版社 2012 年版。

史佩信：《金日磾的“日”为什么读“密”》，《文史知识》1997 年第 8 期。

史佩信：《再说金日磾 的“日”为什么读 m i》，《古汉语研究》2008 年第 1 期。

宋耀良：《中国史前神格人面岩画》，上海人民出版社 2015 年版。

孙伯君、聂鸿音：《契丹语研究》，中国社会科学出版社 2008 年版。

孙进己、干志耿：《文明论》，黑龙江人民出版社。

孙启民主编：《枣庄运河文化——枣庄诗选》，青岛出版社 2006 年版。

孙庆伟：《鼏宅禹迹——夏代信使的考古学重建》，生活·读书·新知三联书店 2018 年版。

汤开建：《党项西夏史探微》，商务印书馆 2013 年版。

童超：《关于五胡内迁的几个考证》，《山西大学学报》1978 年第 4 期。

王炳华：《西域考古历史论集》，中国人民大学出版社 2008 年版。

王炳华主编：《孔雀河青铜时代与吐火罗假想》，科学出版社 2017 年版。

王国维：《流沙坠简》，中华书局 1999 年版。

王会军、曾庆存等：《9000 年前古气候的数值模拟研究》，《大气科学》1992 年第 3 期。

王明珂：《英雄祖先与兄弟民族——根基历史的文本与情境》，中华书局 2009 年版。

王明珂：《游牧者的选择——面对汉帝国的北亚游牧部族》，上海人民出版社 2018 年版。

王小盾：《经典之前的中国智慧》，北京大学出版社 2016 年版。

王小甫：《中国中古的族群凝聚》，中华书局 2012 年版。

王欣：《吐火罗史研究》（增订本），商务印书馆 2017 年版。

王兴运：《古代伊朗文明探源》，商务印书馆 2008 年版。

王雪樵、王铎：《“居延泽”即“碱泽”说》，《中国历史地理论丛》2008 年第 1 期。

王尧、陈践：《吐蕃简牍综录》，文物出版社 1986 年版。

王玉哲：《试述殷代的奴隶制度和国家的形成》，《历史教学》1958 年第 9 期。

王子今：《匈奴经营西域研究》，中国社会科学出版社 2016 年版。

王子今：《“匈奴西边日逐王”事迹考论》，《新疆文物》2009 年第 3—4 期。

闻一多：《闻一多全集》（2）《古典新义》，开明书店 1948 年版。

乌丙安：《神秘的萨满世界》，三联书店上海分店 1989 年版。

乌恩岳斯图：《论匈奴考古研究中的几个问题》，《考古学报》1990 年第 4 期。

乌云毕力格：《青册金鬘　蒙古部族与文化史研究》，上海古籍出版社 2017 年版

吴宏伟：《突厥语族语言语音比较研究》，中央民族大学出版社 2011 年版。

吴甲才：《解读西辽河上游一幅罕见的上古人类活动的彩绘岩画》，《赤峰学院学报》（汉文哲学社会科学版），　《红山文化研究专辑》，2008 年。

吴天墀：《西夏史稿》，商务印书馆 2010 年版。

吴玉贵：《突厥第二汗国汉文史料编年辑考》，中华书局 2015 年版。

武沐、王希隆：《“吐延”、“奢延”为匈奴语南北考》，《中国边疆史地研究》第 12 卷第 4 期。

徐刚、王燕平：《星空帝国 中国古代星宿揭秘》，人民邮电出版社 2016 年版。

徐中舒主编：《甲骨文字典》，四川辞书出版社 1988 年版。

许顺湛：《中原远古文化》，河南人民出版社 1983 年版。

许勇强：《〈史记〉记事“抵梧”简析》，《求索》2007 年第 2 期。

许月：《辽代契丹人群分子遗传学研究》，《吉林大学学报》（理学版）2006 年第 6 期。

许月、张雷、张全超、崔银秋、周慧、朱泓：《古代契丹与现代达斡尔遗传关系分析》，《吉林大学学报》（理学版）2006 年第 6 期。

许倬云：《西周史》，生活·读书·新知三联书店 2012 年版。

杨福泉：《纳西学论集》，民族出版社 2009 年版。

杨福泉：《纳西族与藏族历史关系研究》，民族出版社 2017 年版。

姚大力：《北方民族史十论》，广西师范大学出版社 2007 年版。

姚大力：《追寻“我们”的根源》，生活·读书·新知三联书店 2018 年版。

姚磊：《先秦戎族研究》，武汉大学出版社 2016 年版。

一之：《楚人源于羌族考》，《青海民族大学学报》（社会科学版）1981年第1期。

易谋远：《彝族史要》，社会科学文献出版社2007年版。

尹盛平：《猃狁、鬼方的族属及其与周族的关系》，《人文杂志》1985年第1期。

于学斌、赵静敏：《我国北方古代民族“贵壮贱老”习俗浅论》，《北方文物》1999年第2期。

喻权中、麻晓燕：《肃慎系统族源神话的历史考察》，《黑龙江民族丛刊》1999年第1期。

喻权中、张碧波：《东北亚诸族创世与起源神话考原》，《社会科学战线》2001年第1期。

喻权中：《中国上古文化的新大陆——〈山海经·海外经〉考》，黑龙江人民出版社1992年版。

张碧波、董国尧主编：《中国古代北方民族文化史》，黑龙江人民出版社2000年版。

赵丰主编：《丝绸之路美术考古概论》，文物出版社2007年版。

赵相如：《突厥语与古汉语关系词对比研究》，社会科学文献出版社2012年版。

照日格图：《论蒙古语与突厥语词根中的元音交替现象》，《中央民族大学学报》2010年第6期。

中共大兴安岭地委宣传部：《大兴安岭岩画》，2017年。

周大明主编：《文化人类学概论》，中山大学出版社2009年版。

周伟洲：《新出土中古有关胡族文物研究》，社会科学文献出版社2016年版。

朱圣明：《华夷之间：秦汉时期族群的身份与认同》，厦门大学出版社2017年版。

卓鸿泽：《塞种源流及李唐氏族问题与老子之瓜葛——汉文佛教文献所见中、北亚胡族族姓疑案》，《“中研院”历史与语言研究所集刊》第七十八本，第一分册；民国96-03。

四　中文博文与消息报道

《穿越时空探究古人类活动之谜 考古专家研究考证桦阳遗址》，中国网库，2012 年 8 月 21 日。

大家论坛：《於菟舞是古羌人虎图腾崇拜遗存——土族学者马光星谈“於菟”》。

大毛说玉的新浪博客：《再探牛河梁：6000 年风雨神都的云中绝唱》。

《第十世班禅——确吉坚赞对苯波教看法》，朗加的（新浪）博客，2010 年 7 月 2 日。

郭家宝：《纳木依语长篇语料：僧侣和女妖精的故事》，道客巴巴网。

国情实习：《牛河梁神秘遗骨直指黄帝》，中国新闻网，2013 年 7 月 12 日。

《黑龙江洞穴考古打开大兴安岭文化“无字史书”》，新华网，2014 年 11 月 16 日。

李沣：《大禹出生山东考》，新浪博客“东夷人士的博文”，2010 年 3 月 18 日。

《内蒙古赤峰市敖汉旗发现辽代“鹰军图”木版画》，《丝绸之路》，2000 年。

人民网：《黑龙江省饶河小南山遗址考古取得重要收获》2015 年 12 月 28 日，来源：黑龙江日报。

《日照天台山：东方太阳崇拜和太阳文化发源地》，：鲁网综合，2015 年 6 月 2 日。

《日照天台山太阳神祭坛遗址出土莒国带铭文青铜器》，铁血网，2010 年 1 月 3 日。

《日照学者：古籍所载“神山”琅琊天台山即涛雒财山》，日照网，2016 年 5 月 25 日。

《山东纪王崮 2 号墓空墓现身 或因兵败致建墓中断》，中国文化报 2014 年 2 月 12 日。

搜狐>历史>正文，《小南山文化成为黑龙江最早的新石器时代文化》，2017 年 11 月 21 日。

搜狐网“路生的文史空间”《新疆有座黄金古墓出土不少黄金，墓主人是个女人头上竟有一个钻孔》，2018 年 5 月 7 日。

唐山川的新浪博客：《国土：伊洛＝亦洛＝猗卢＝伊连＝若洛＝弱洛＝伊利＝伊犁＝野利》，2014 年 6 月 14 日。

魏文成新浪博客。

新华网山东频道济南 2010 年 11 月 3 日电（记者吕福明）。

新浪博客“张老大的博客”：《猛越河》，2015 年 3 月 5 日。

杨佳峰《西域蒲类古海——新疆巴里坤湖》，凯风新疆网，2014 年 6 月 18 日。

“中国红山文化”的新浪博客：《红山文化玉器与原始宇宙观》。

《中国社会科学院：科技考古揭秘小河墓地出土奶酪》，《中国社会科学报》2014 年 3 月 18 日。

《“中华第一玉石龙”改写长春人类居住历史》，东亚经贸新闻，2014 年 12 月 17 日。